中国MBA创新精品系列教材

运营管理

（第二版）

主　编　单汨源
副主编　陈　芝　杨　玲
主　审　陈荣秋

武汉理工大学出版社
·武　汉·

【内 容 提 要】

本书以运营管理基本原理和方法为基础，突出运营管理新思想、新方法、新模式，结合世界级公司及本土优秀企业的最佳实践经验，力求使读者通过本书的学习能准确地把握运营管理的最新发展和最新实践，更好地了解运营管理前沿动态，更好地开展企业运作管理实践。

本书共分九章，主要内容包括运营管理基础、运营战略与运营模式、项目管理、运营需求与能力规划、供应链管理、运营计划与控制、质量管理与质量控制、精益生产、运营系统的维护与改善等。

本书既可作为MBA教材、运营类本科和研究生教材，也可供企业培训、企业管理参考使用。

图书在版编目(CIP)数据

运营管理/单汨源主编. —2版. —武汉：武汉理工大学出版社，2015.8
中国MBA创新精品系列教材
ISBN 978-7-5629-4968-8
Ⅰ.① 运… Ⅱ.① 单… Ⅲ.① 企业管理-运营管理 Ⅳ.① F273

中国版本图书馆CIP数据核字(2015)第196072号

项目负责人：尹 杰
责任编辑：尹 杰
责 任 校 对：王 思
版 式 设 计：天成图文
出版发行：武汉理工大学出版社
武汉市洪山区珞狮路122号 邮编：430070
http://www.techbook.com.cn 理工图书网
印 刷 者：武汉天星美润设计印务有限公司
开 本：787×1092 1/16
印 张：20
字 数：367千字
版 次：2015年8月第2版
印 次：2015年8月第2次印刷
印 数：1～2000册
定 价：38.00元

第二版前言

运营，作为一种制造产品和提供服务的基本价值创造活动，是一切组织实现其使命和目标最重要的活动之一。而运营管理则通过对运营及其系统的设计、计划、组织、控制与改进，从而高效、低耗、优质、及时地制造或提供客户所需要的产品或服务，已成为一切组织，尤其是各类企业最重要的管理职能和赢得竞争的最重要手段。

自20世纪90年代以来，随着中国经济的快速发展，国内企业进入了持续快速发展通道。大批企业的快速成长和持续发展，带动了对企业高级经营管理人才的大量需求，从而大力推动了MBA教育的蓬勃发展。作为MBA的核心课程，运营管理也获得了快速的发展，理论体系不断完善、新理论与新方法不断涌现，大量企业的最佳实践更是为运营管理提供了丰富的营养。同时，运营管理教材层出不穷，为运营管理的教学和实践提供了强有力的支持。

本书主编长期从事运营管理的教学、科研与企业管理实践，已有20多年，并一直以此为乐、乐此不疲。虽然一直有编写一本运营管理教材的愿望，但由于各种原因一直不敢动笔。2008年，受武汉理工大学出版社尹杰编辑的邀请，有幸加入了该出版社组织的“中国MBA创新精品系列教材”的编写组织委员会，并承担了运营管理教材的编写工作，这才鼓起勇气开始了长达三年的编写工作。前后几易书稿，出版期限也一拖再拖，经过反复修改完善，终于完成了本书的编写。

本书共分为九章，内容包括运营管理基础、运营战略与运营模式、项目管理、运营需求与能力规划、供应链管理、运营计划与控制、质量管理与质量控制、精益生产、运营系统的维护与改善等运营管理核心内容。

在本书的编写过程中，编者力求以运营管理基本原理和方法为基础，突出运营管理新思想、新方法、新模式，结合世界级公司及本土优秀企业的最佳实践，力求使读者通过本书的学习能够准确把握运营管理的最新发展和最新实践，更好地了解运营管理前沿动态，更好地开展企业运作管理实践。

同时,本书坚持以供应链管理、精益生产、敏捷制造、大规模定制等多种先进运营模式的核心理念为指导,结合转换理论、流理论、价值理论,建立"转换-流-价值"的运营逻辑,遵循"运营模式-战略决策-系统构建-活动管理-资源管理-改善管理"的运营管理循环,对运营管理内容进行了重新组织,从而形成了本书的内容体系结构。

本书由单汨源教授负责总体设计和章节安排,分别由单汨源教授(第 1 章、第 9 章),陈芝博士、副教授(第 2 章、第 3 章),杨玲博士(第 4 章、第 6 章),郑培博士、副教授(第 5 章、第 7 章),周昕博士(第 8 章)完成各章节的编写工作,研究生姜容、张吉光、李仁茂、张东亮、张程、李盈协助查找了大量资料,完成了相关辅助性工作。本书最后由陈芝、杨玲统稿和审稿,单汨源定稿。

本书在编写过程中,得到了生产管理学权威、华中科技大学陈荣秋教授的悉心指导并进行了全书审读,得到了湖南大学工商管理学院院长马超群教授、原书记谢赤教授和副院长袁凌教授的热情鼓励、亲切关心和大力支持,在此谨致衷心的感谢。

本书在编写过程中参考了大量国内外运营管理教材和相关文献,吸收了其中的学术观点和研究精华。由于篇幅有限,在本书的参考文献中仅列出了其中一小部分,在此,谨向已列和许多未列参考文献的作者致以崇高的敬意和衷心的感谢。

本书在案例制作过程中,得到了湖南田汉大剧院有限公司刘逶迤总经理,南方电网惠州抽水蓄能电站有限公司顾问罗绍基院士、副总经理杨俊海先生,湖南中烟公司长沙卷烟厂刘京广副厂长,湖南九鼎科技集团股份有限公司杨林董事长、杨正兵副总裁,合肥美菱冰箱股份有限公司原制造总监胡正兵先生等的大力支持和无私援助,在此同样致以崇高的敬意和衷心的感谢。

同时,在本书的编写过程中,得到了武汉理工大学出版社、"中国 MBA 创新精品系列教材"学术委员会的大力关心和支持,特别是尹杰编辑的关心、理解和支持。在此,同样致以衷心的感谢。

本书虽经过反复修改和仔细校对,但由于时间紧迫和编者水平有限,书中难免有不当和疏漏之处,衷心希望采用本书的教师、学员和其他广大读者批评指正并提宝贵意见,以便再版时改正,编者联系方式 shanmiyuan@163.com ,欢迎与我们联系交流。

编　者

2015 年 6 月

目　录

1 运营管理基础

开篇案例——走进麦当劳

金色的拱形"M"标志在全世界已经成为一种不用翻译即可懂的大众文化，这就是深深扎根到消费者心目中的麦当劳。

当你走进麦当劳快餐店，身着统一制服、彬彬有礼的员工立马笑脸相迎，店内环境清新优雅、干净整洁，"金鱼缸"式透明设计的厨房让消费者不再把低价与低品质联系在一起。自助式的用餐方式、纸质餐具、快速的服务方式、标准化的流程等无不体现了麦当劳著名的"QSCV"运营理念。具体地说，Q代表质量(Quality)，S代表服务(Service)，C代表清洁(Cleanliness)，V代表价值(Value)。正是凭着这一运营理念，麦当劳走向一个又一个辉煌，成为世界上最著名的快餐连锁集团。

1.1 运营管理概念

1.1.1 运营的概念

社会是由许多组织组成的，无论是被称为第一部门的政府行政组织，还是被称为第二部门的赢利性组织，或是被称为第三部门的非赢利性组织，都会运用各种资源从事各种活动，以有效地完成其使命和实现其目标。

运营，是指各类组织为创造产品或服务而从事的活动的总称，是一种将投入的各种要素转换成满足要求的产品或服务而输出的活动。在实际生活中，创造产品的活动，通常称为制造、生产、作业等，而创造服务的活动称为运作、营运等。因此，运营在不同的组织中对应着不同的称谓。

图 1-1 所示为运营系统示意图，图中描述了投入、转换和产出三类运营活动之间的相互关系，三者共同构成了一个完整的组织运营系统。虽然不同的组织针对不同的客户需求所提供的产品或服务千差万别，但是，从运营的角度讲，不管所创造的是何种产品或何种服务，其创造该产品或服务的活动都由投入、转换和产出三类基本运营活动所组成。不同的是，不同的组织有不同的实现方式和方法，从而构成了不同的组织运营系统，创造了不同的产品或服务，形成了不同组织间的特色。表 1-1 给出了几种典型社会组织的投入、转换和产出活动。

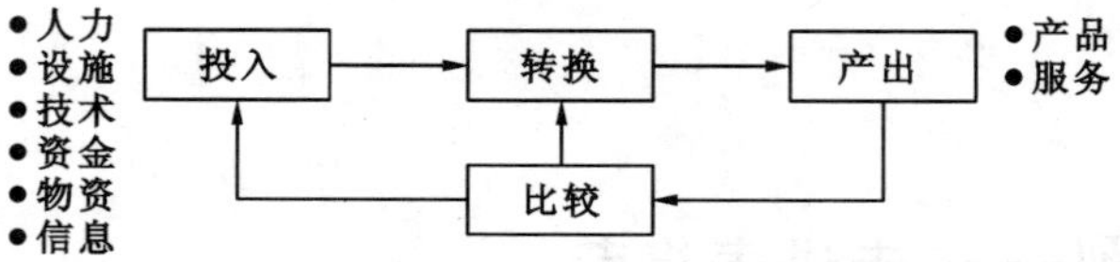

图 1-1　运营系统示意图

表 1-1　几种典型社会组织的投入、转换和产出活动

社会组织	主要投入	转换的内容	通常期望的产出
食品加工厂	生食品和相关设备	清洗、制罐等加工制造过程	罐装食品
运输公司	产地的物资、相关设备	位移	销地物资
咨询公司	情况、问题、资本	咨询	建议、办法、方案
大学	高中毕业生、教师、设备	传授知识和信息	高级专门人才
修理站	损坏的机器、技能、设备	修理	修复的机器
百货公司	购物者、商场、商品	商品交易	产品销售给顾客并使之满意
医院	病人、技能、设备	诊断与治疗	恢复健康的人

可以说运营是一切社会组织——无论是政府行政组织，还是赢利性组织或非赢利性组织最基本和最重要的活动。离开了运营，一切组织将丧失创造产品或服务这种赖以存在的基本功能，因而也就失去了其存在的价值。人们常说，离开执行一切将成为空谈。站在运营的角度也能得出同样的结论——离开运营一切也将成为空谈。

1.1.2　企业组织中的相关运营部门

在企业组织中，有许多活动属于运营活动，表 1-2 给出了制造企业中相关运营部门及其对应的相关职责。

表 1-2 运营管理部门及其职责

运营管理部门	职　　责
研究与开发	指导产品研究工作，进行开发
产品设计	细化产品设计以提高生产效率
工艺设计	选择或设计、开发生产工具、设备与工艺
设施计划与建造	计划、建造及修理各种设施
采购	在既定品种、交货条件与价格下，决定最佳购买来源
生产计划与库存控制	安排制造工序，管理库存
质量管理与控制	审查设计、产品与工艺，确保实现质量目标
维护与改善	设计相关的制度与程序，创建并维持一个可靠的系统

1.1.3 运营职能与其他职能的关系

由于担负着创造产品或服务的责任，运营职能在公司中占据十分重要的地位，起着非常关键的作用。但值得注意的是，运营职能并不是公司内部唯一的职能，也并不总是最重要的职能。从价值链的角度来看，公司的价值环节主要由产品或服务开发、运营、营销三大职能组成。

(1) 产品或服务开发职能

产品或服务开发职能负责创造全新的或改进的产品和服务，以实现和激发市场和客户的需求。

(2) 运营职能

运营职能负责生产或提供市场和客户所需的产品或服务，以实现市场和客户的需求。

(3) 营销职能

营销职能负责将公司的产品或服务传播到市场，同时发现和识别市场与客户的真实需求。

不同的公司对各种管理职能有不同的称谓，但是，几乎所有的公司都具有上述三项核心职能。表 1-3 通过一些实例进一步说明了三大核心职能的主要活动内容。

除以上三大核心职能之外，为了保证核心职能的作用能够得到有效发挥，还有一些辅助性的职能，如财务职能和人力资源职能。财务职能提供财务信息，以帮助公司更好地进行经济决策，更好地管理财务资源；人力资源职能为公司招募和培训员工，通过设计并实施有效的激励与约束机制，充分调动员工的积极性并发挥员工的能力。

表 1-3 三大核心职能活动示例

核心职能活动	网络服务供应商	快餐连锁店	慈善机构	家具生产商
产品或服务开发	增加新的信息内容;设计新的服务项目	安排店内装潢;设计汉堡、披萨饼等	开发、设计新的慈善或救助活动	采用流行色彩;设计新款家具
运　营	维护硬、软件设施及信息内容;提供新的链接和服务	制作汉堡、披萨饼等;招待顾客;餐后清理;设备维护	发放救济	制作家具组件;组装家具
营　销	促销网络服务;吸引用户注册;出售广告空间	制作电视广告;设计促销材料	拟定资助合同,邮寄募捐动员材料	刊登杂志广告;制订价格策略;向各大商场销售

1.1.4 运营管理的概念

无论何种组织,对其产出都有品种、数量、质量、成本、交货期、安全、效率等方面的要求,为有效满足这些要求,组织必须对由投入、转换和产出所组成的运营系统进行设计,并有效开展对其系统的运行、维护与改进工作。围绕有效满足需求所进行的运营系统的设计、运行、维护与改进,即是通常意义上的运营管理。为有效开展运营管理,组织需要围绕表 1-4 所示的运营管理体系要求实施运营管理。

表 1-4 运营管理体系要求

要　素	内　容
基本任务	以最有效的方式创造各种产品或服务以满足客户需要
基本目标	质量(Q)、成本(C)、交货期(D)、生产率(P)、士气(M)、安全(S)
管理要素	5M1E,即人(M)、机(M)、料(M)、法(M)、计量(M)、环(E)
管理对象	投入、转换、产出所构成的运营系统
管理功能	运营系统的设计、运行、维护与改进
基本内容	系统设计:选址、设施布局、产品与工艺设计 运行管理:计划、控制、组织、维护与改进 要素管理:物料、设施、人力、质量、进度、成本 技术与方法:工业工程、数理统计、运筹学、信息技术、制造技术

1.2 运营分类

分类是科学的基础，也是管理的基础。为实现运营的科学管理，运营管理者必须把握好运营的类型及其特点。无论何种组织，由于其产出不外乎产品和服务两种类型，因此，按照产出的类别，运营被划分为创造有形产品的制造型运营和创造无形服务的服务型运营。

1.2.1 制造型运营

制造型运营是指将有形投入转化成有形产品的运营活动。例如，电脑制造就是通过生产各类零部件并加以装配而成。从不同的角度出发，又可将制造型运营分为不同类型。

(1) 按工艺特性分类

① 加工装配型。加工装配型也称离散型，是指产品在结构上是可拆分的，产品由零部件或原件组成。因此，其产品加工过程是离散的。如机床、汽车、柴油机、锅炉、船舶、家具、电子设备、计算机和服装等产品的制造，都属于加工装配型。

② 流程型。流程型也称连续型，是指当原材料从一端投入，就按一定顺序经过各个工作地，在移动过程中不断改变形态和性能直至形成产成品。如化工产品(塑料、药品、肥皂和肥料等)、炼油、冶金、食品和造纸等的制造，均属于流程型。

(2) 按组织生产特点分类

① 面向库存生产(Make to Stock，MTS)。面向库存生产也称备货型生产，是指经过市场预测按已有的标准产品或产品系列进行的生产。生产的直接目的是补充成品库存，通过维持一定量成品库存以满足用户的即时需要，如日常生活用品等。

② 面向订单生产(Make to Order，MTO)。面向订单生产也称订货型生产，是指按用户特定的要求进行的生产。用户可能会对产品提出各种各样的要求，经过协商和谈判，以协议或合同的形式确认用户对产品性能、结构、质量、数量和交货期等的要求，然后组织设计和制造，如飞机、轮船等。

面向库存生产和面向订单生产是两种典型的运营方式，它们的特点如表 1-5 所示。

表 1-5　面向库存生产与面向订单生产的比较

类　型	特　点	实　例
面向库存生产	● 标准化产品 ● 需求可以预测 ● 价格事先确定 ● 交货期不重要，由成品库随时供货 ● 多采用专用、高效设备 ● 人员专业化	轴承、紧固件和小型电动机等产品的生产
面向订单生产	● 定制化产品 ● 需求难以预测 ● 价格订货时确定 ● 交货期很重要，订货时确定 ● 多采用通用设备 ● 多种操作技能人员	锅炉、船舶等产品的生产

企业在实际运营中，为了兼顾顾客的个性化要求和生产过程的效率，通常存在着由上述两种方式经不同组合所形成的运营方式。将运营过程分为设计、采购、加工、装配、发运五个部分，上述两种方式的不同组合形成了五种不同的运营方式，如图 1-2 所示。其中，组合的关键是确定备货与订货的分离点，简称“备货订货分离点”(Customer Order Decoupling Point，CODP)。

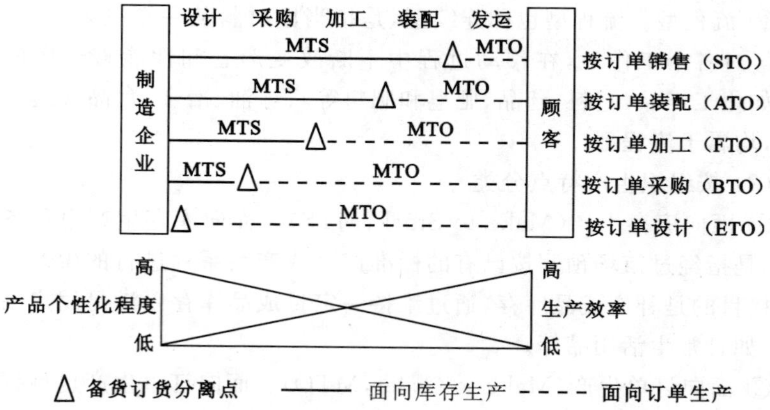

图 1-2　面向库存生产和面向订单生产的结合

(3) 按生产重复程度分类

① 单件生产。它的特点是生产对象基本上是一次性需求的专用产品，一般不重复生产，如神舟飞船、三峡电机、汽车模具等特殊装备。

② 成批生产。成批生产的对象是通用产品，其特点是生产的产品品种较多，每一品种的产量不大，生产具有重复性。大多数企业的生产均属

于成批生产，如服装、饰品等。

③ 大量生产。它的特点是生产的产品品种少，每一品种的产量大，生产过程稳定，不断重复地进行。最典型的例子是可口可乐饮料。

1.2.2 服务型运营

服务型运营是指提供无形产品——服务，而不制造有形产品的运营活动。从不同角度出发，可对服务型运营进行进一步分类。

(1) 按顾客参与与否分类

① 参与型。该类服务若无顾客参与则无法进行，如理发时，顾客始终参与服务过程。

② 不参与型。顾客无须参与服务过程，即可享受服务，如维修、邮政等。

③ 混合型。介于上述两种类型之间，即顾客部分参与服务过程，如就餐顾客参与了前台接待、就餐直到离开餐饮店的过程，而后台的食物准备则没有参与。

(2) 按服务性质分类

① 纯劳务型。纯劳务型服务一般不提供任何有形产品，如企业咨询、授课等。

② 准制造型。准制造型服务一般提供有形产品，如图书馆书刊借阅、餐饮等。

③ 混合型。介于上述两种类型之间，即提供部分对服务有辅助性作用的有形产品。

(3) 按服务重复程度分类

与制造型运营类似，服务型运营同样可以按照重复程度进行分类，包括专业化服务、商店式服务、大众化服务三类。将其与制造型运营类比，并按照产品-工艺过程对其进行分类，可得到图 1-3 所示的过程矩阵。

(4) 按交互和定制程度与劳动力密集程度分类

为了阐明服务业普遍存在的管理问题，罗杰·施米诺按客户交互和定制程度与劳动力密集程度对服务类型进行了划分，并设计了一个服务过程矩阵，将服务型运营划分为服务工厂、服务作坊、大众化服务、专业服务四种类型(图 1-4)，同时指出了不同服务类型的管理者所应关注的管理重点(表 1-6)。

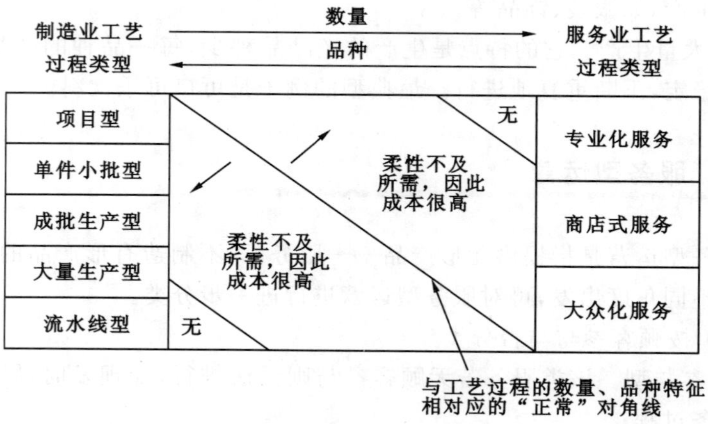

图 1-3　产品-工艺过程矩阵

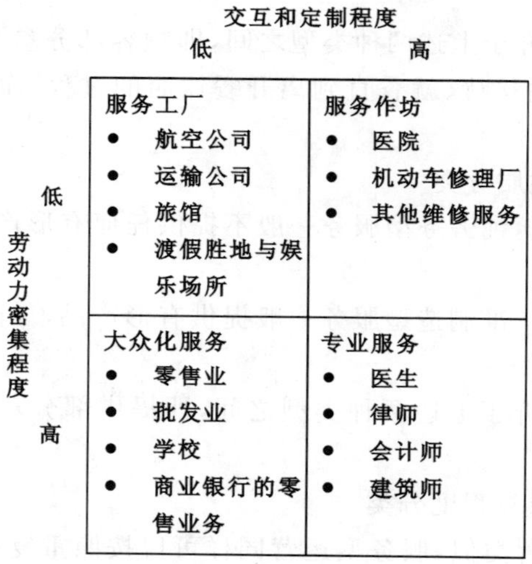

图 1-4　服务过程矩阵

表 1-6　不同服务类型管理者的管理重点

类型＼程度	高	低
劳动力密集程度	聘用、培训、工作方式设计、员工福利、劳动力安排、多种设施的控制、新单位的设立、成长管理	投资决策、技术进步、需求管理、服务计划
顾客接触/客户化程度	降低成本、保证质量、人员的工作进度、扁平组织结构、专业人员的技能、人员的稳定性	营销、使温暖服务、留意周围环境、标准运作步骤

1.2.3 制造型运营与服务型运营的对比

从产出性质和创造产出的过程分析，制造型运营与服务型运营存在如表1-7所示的主要差异。正是由于这些差异，从而导致两者在具体管理方式与方法上的差异。但值得注意的是，尽管制造型运营与服务型运营在"如何做"上差异甚大，但是在"做什么"方面却表现出了较强的相似性。事实上，目前这两种运营类型之间的相互渗透和交叉已经成为一个重要的主题，纯粹地提供产品或服务的企业是极少的，同时，由于两者的相似性，其在运营理念上是可以相互借鉴的。如制造业中的丰田汽车公司成功地将超级市场的运营方式应用于汽车制造中，创造了独特的丰田生产方式(TOYOTA Production System，TPS)，不仅使丰田汽车成为世界汽车界的巨头，同时还使其成为世界制造业的巨头。同样，麦当劳借鉴制造业中的标准化制造方式，实现了在不同门店高效率地提供相同品质餐饮的目标，使麦当劳成为世界著名餐饮品牌，其门店遍布全球100多个国家和地区。

表1-7 制造型运营与服务型运营的本质差异

特性＼类型	制造型运营	服务型运营
产出	有形产品	无形服务
产出性质	可储存	不可储存
生产与消费过程	可分离	不可分离

1.3 运营管理的基本原理

1.3.1 运营过程的组织原则

为实现优质、低耗、及时提供满足要求的产品或服务的运营管理目标，运营管理者在开展运营系统的设计、运行、维护与改进等各项运营工作时，必须遵循连续性、平行性、比例性、均衡性和适应性等基本原则。

(1) 连续性

所谓连续性，是指加工对象一旦投入运营过程，就能连续地经过各道工序和各加工阶段，或者在加工、检验、运输中，很少出现不必要的等待或等待处理现象。

运营过程的连续性包括运营过程在空间上的连续性和时间上的连续性。空间上的连续性是指运营过程的各个环节在空间布置上紧凑合理，使加工对象经历的物流路线顺畅,搬运工作量小,没有迂回往复的现象。时间上的连续性是指运营对象在运营过程中各工序的安排紧密衔接,没有不该出现的停顿和等待现象。

实现和提高运营过程的连续性,对企业来说意义是显而易见的。运营过程的连续性,减少和消除了运营过程中不必要的停顿和间断,从而加快了运营速度,缩短了运营时间,提高了运营系统中设施、人员等各种运营性资源的利用效率,减少了在制品的数量,加快了资金的周转速度,进而能有效地提高运营系统运行效率,降低运营成本,增加运营效益。

(2) 平行性

运营过程的平行性是指在运营过程的各阶段、各工序实行平行交叉作业。以机械制造为例,这种运营过程的平行性可以体现在以下三个方面:

① 各种零部件生产的平行性。由于产品是由许多零件和部件组成的,每一种零件的生产或者每一种部件的装配都可以单独进行。因此,可以在不同的工作面上平行地进行各种零件和部件的生产。

② 同一批次的产品或零部件在各工序上平行生产。成批生产时,某一批当中的各个产品可以在各工序上平行地进行生产。

③ 不同产品的平行生产。从一个工作地、一道工序来看,只能一个一个零部件、一种一种产品地进行生产。但从整个企业来看,就可以同时平行地生产不同类型的产品。当企业生产品种较多时,平行地进行各种产品的生产可以满足市场或用户对多种产品的需求。采用各种产品轮番生产的方式时,就可能会产生缺货现象或造成库存积压。提高生产过程的平行性,可以大大缩短产品的生产周期,同时运营过程的平行性是保证连续生产的必要条件。

(3) 比例性

运营过程的比例性主要是指运营过程的各阶段之间、各工序之间,运营能力的配置与产品制造或服务提供的要求成比例,使各个运营环节之间的运营能力保持相当或成比例关系,以保证运营过程协调一致,避免或杜绝瓶颈环节的发生。这样既可保证设备、生产面积和劳动力、资金的充分利用,又可为系统的连续运营提供必要保证。

(4) 均衡性

运营过程的均衡性是指运营系统各环节在不同时间段内实现均匀负荷。实现系统的均衡性运营,能有效避免运营系统时紧时松的现象,使人力和设备处于稳定运行状态,从而有利于保证和提高产品质量,缩短生产周期,降低产品成本。

(5) 适应性

运营过程的适应性又称柔性，是指运营过程对市场的变化所表现出来的应变能力。运营过程的适应性，是在新的市场环境下检验企业竞争力的一个重要指标。提高运营过程的适应性，可以增强运营系统参与市场竞争的能力，可以使企业及时抓住转瞬即逝的市场机遇，从而在残酷的市场竞争中立于不败之地。

1.3.2 运营分工的专业化形式

任何一种产品或服务的创造都是严密的专业分工与协作的结果，因此，专业分工与协作是运营活动组织的基础。运营单位分工专业化的原则和形式，影响着企业内部的运营分工和协作关系，决定着企业物料流向、物流路线和运输量，它是企业平面布置中必须考虑的重要问题。按照运营流程的不同类型，运营分工可分为工艺专业化、对象专业化和混合专业化三种基本形式；随着技术的发展以及生产环境的复杂性，又出现了成组专业化、敏捷虚拟化等其他多种形式。

(1) 工艺专业化

所谓工艺专业化是指按相同工艺特征建立运营单位的形式。在工艺专业化运营单位中，集中了相同类型的设备和相同工种的员工，对不同类型的工件进行相同工艺方式的加工，或者提供某类相同服务。如制造业中的机械制造类企业的铸造厂、锻造厂、电镀厂等；服务业中的中小学校按学科专业特性划分的中小学的语文、数学、外语教研室等。

(2) 对象专业化

按相同的加工对象建立运营单位的形式称为对象专业化或产品专业化。在对象专业化运营单位中，集中了为加工某种产品的全部或大部分加工工艺，或为某类顾客提供服务。如制造业中的汽车制造厂、齿轮制造厂、飞机制造厂等；服务业中的医院系统的专科医院、胸科医院、五官科医院、肿瘤医院等。

(3) 混合专业化

混合专业化是介于上述两者之间的一种专业化形式。以上两种形式各有优缺点及其适用性，并在企业的不同运营活动中同时存在，因此，将这种混合形式称为混合专业化。如制造业中的食品加工行业，按照食品加工工艺以及食品种类两方面的原则进行组织设计。

(4) 成组专业化

所谓成组专业化是指按照一定的准则将相似的产品分类成组建立运营单位的形式。在成组专业化运营单位中，根据零件的结构、形状、特点、工艺过程和加工方法的相似性，对所有产品零件进行系统的分组，将类似的零件合并、汇集成一组，同组产品能够采用同一方法进行处理，以便提高效益。尤其是针对多品种、小批量的生产，成组专业化能使企业获得如大批量生产一样高的经济效果。

(5) 敏捷虚拟化

敏捷虚拟化是指企业能够低成本地快速组建和快速解散，以敏捷地响应知识经济时代快速多变的市场机遇。它的核心思想是将不同企业的核心能力进行"强强联合"，以实现对市场需求和机遇的快速反应。

不同的专业化形式，有着不同的优点和缺点。表 1-8 中以制造业为例，比较了工艺专业化和对象专业化两种形式的优、缺点和其适用范围。

表 1-8　工艺专业化与对象专业化的对比

专业化形式	优　点	缺　点	适用性
工艺专业化	有利于员工技术水平的提高和设备的充分利用；对市场需求变化、生产产品或服务对象变化有较强的适应性	生产过程的连续性程度有所降低，从而使得生产周期延长，生产过程中在制品增多、流动资金占用量上升，而流动资金的周转率下降	市场需求多变时
对象专业化	具有连续性强、生产周期短的优点，从而使得在制品库存减少、流动资金占用量下降，同时还加快了流动资金的周转	不利于员工技术水平的提高和设备的充分利用；不足以应对市场需求变化，柔性较差	市场需求量大且较稳定时

1.3.3　运营期量标准

所谓期量标准就是为运营对象(产品、部件、零件、活动等)在运营期限和数量方面所制订的标准要求。运营期量标准既是运营管理者组织运营活动的重要依据，也是实现运营过程协调、高效运行的重要基础。不同的运营类型和运营组织形式通常有不同的期量标准。

通常，大量流水线生产型企业的期量标准有节拍、流水线工作指示图表、在制品定额等；成批生产型企业的期量标准有批量、生产间隔期、生产周期、生产提前期、在制品定额等；单件生产型企业的期量标准有生产周期、生产提前期等。

(1) 批量和生产间隔期

批量就是相同产品(或工件)一次投入或产出的数量。

生产间隔期又称生产重复期，是指前后两批产品(或工件)投入或产出的时间间隔。

平均日产量等于计划期产量除以计划期工作日数。

批量、生产间隔期和平均日产量的关系为：

批量＝生产间隔期×平均日产量

(2) 生产周期

产品的生产周期是指产品从原材料投入生产起，一直到成品出产为止的全部日历时间(或工作日数)。

(3) 生产提前期

生产提前期是指产品(或零件)在各生产环节出产(或投入)的时间同成品出产时间相比，所要提前的时间。提前期可以分为投入提前期和出产提前期。

1.3.4 运营效率度量

在运营活动的组织过程中，运营效率是判断管理成功与否的重要标准。运营效率的度量主要通过生产率、绩效以及竞争力评测三种标准来评判。

(1) 生产率的概念

生产率是评价一个国家、行业或商业单位使用其资源(或生产要素)效率的一种常用的度量标准。从广义上说，生产率指的是产出与资源投入之间的比率，其计算公式为：生产率＝产出/投入。

值得注意的是，生产率是一个相对指标，它需要与其他量进行比较才能识别其真正的含义。例如，经营一家餐馆，该餐馆上月的生产率是每个工时接待 8.4 名顾客，如果仅有此数据，很难对这家餐馆运营好坏作结论。

比较生产率可以用两种方法：一是一个企业可以与同行业的类似企业进行比较，如果可以获得有关数据，那么也可以利用行业数据进行比较(如比较不同店的生产率)。二是在同一家企业内度量不同时期的生产率，这样可以比较同一企业在不同时间段的生产率。

如上述实例中，发现该餐馆去年同期每工时只接待了 6 名顾客，而上月同期该餐馆的主要竞争对手每工时接待了 11 名顾客，由此可以看出，该餐馆生产率较去年同期提高了 40%，而与主要竞争对手对比，则较其低 83.33%，仍有较大差距。

(2) 生产率度量方法

如表 1-9 所示，生产率可以通过单因素测量、多因素测量和全要素测量来表达。如果仅关心单一投入与产出的比率，就使用单因素测量；如果要了解一组(但并非全部)投入与产出的比率，就使用多因素测量；如果要表示总投入和总产出的比率，则可以用全要素测量来描述整个组织或者国家的生产率。

表 1-9　生产率度量方法

单因素测量	$\frac{产出}{劳动力}$、$\frac{产出}{资本}$、$\frac{产出}{原料}$或$\frac{产出}{能源}$
多因素测量	$\frac{产出}{劳动力+资本+能源}$
全要素测量	$\frac{总产出}{总投入}$或$\frac{生产的产品或服务}{采用的所有资源}$

(3) 提高生产率的途径

为提高生产率,可以采取多种途径,具体包括:

① 激励和团队作业。

② 投资一定的技术和设备,并改善组织的人力资源状况。

③ 管理每天的作业,使劳动力和资本发挥更大的效率。

④ 采取标杆管理(Benchmarking)。标杆管理由施乐首创,提出了仅注意内部是不够的观念。

除此之外,在管理以及技术上的其他创新活动均能在一定程度上实现生产率的提高。生产率的提高可实现降低成本、节省时间、提供更多更好的产品或服务等多种目标,无论对企业还是国家而言,均具有重大意义。

1.4　运营管理简史与发展趋势

1.4.1　运营管理简史

可以在人类历史的一切运营活动中追溯运营管理的历史。从中国的万里长城到京杭大运河,从埃及的金字塔到印度的佛加雅大佛塔,没有有效的管理,这些伟大的工程是无法完成的。然而,以现代工厂系统为研究对象的运营管理则始于产业革命。表 1-10 至表 1-13 分阶段地对运营管理历史进行了梳理总结。

表 1-10　产业革命及以前

年　代	概　　念	工　　具	创 始 人
1370 年		机械时钟	维克(Wyck)(法国)
1430 年		威尼斯兵工厂的船只等装备的装配线	威尼斯

续表 1-10

年 代	概 念	工 具	创始人
1776 年	《国富论》	劳动分工的经济利益	亚当·斯密(Adam Smith)(英国)
1790 年	零件互换性	零件标准化	埃尔·惠特尼(Ell Whitney)(美国)
1832 年	工时研究的一般概念	按技能高低付酬	查尔斯·巴贝奇(Charles Babbage)(英国)

表 1-11 科学管理运动

年 代	概 念	工 具	创始人
20 世纪 10 年代	科学管理的原理	工作时间、方法、工具等科学研究概念的形成	泰勒(Frederick W. Taylor)(美国)
	动作经济原理和工业心理学的应用	动作研究	弗兰克与利里·吉尔布雷斯(Frank and Lillian Gilbreth)(美国)
	作业计划编制	甘特图	亨利·L. 甘特(Henry L. Grantt)(美国)
	效率主义	组织结构效率原则	爱默生(Harrington Emerson)(美国)
	大量生产	移动的装配线	亨利·福特(Herry Fort)(美国)

表 1-12 管理科学

年 代	概 念	工 具	创始人
20 世纪 20 年代	库存控制	经济订货批量(EOQ)	F. W. 哈里斯(F. W. Harris)(美国)
20 世纪 30 年代	抽样和质量控制	控制图和抽样检验技术	瓦脱·休哈特(Walter Shewhart)、道奇(H. F. Dodge)、罗米格(H. G. Roming)(美国)
	统计抽样理论		蒂皮特(L. H. C. Tippett)(美国)
	工作动机	关于工人动机的霍桑实验	埃尔顿·梅奥(Elton Mayo)(美国)
20 世纪 40 年代	激励理论	需求层次论、双因素理论、X 理论和 Y 理论等	马斯洛(Abraham Maslow)、赫兹伯格(Frederick Hertzberg)、麦格雷戈(Douglas Mcgregor)(美国)
	解决复杂系统问题的协作方法	线性规划的单纯形法	运筹学小组(英国)和乔治·丹兹格(G. B. Dantzig)(美国)
20 世纪 50 年代	运筹学的进一步发展	排队理论、模拟技术、决策论、数学规划、计划评审技术(PERT)、关键路线法(CPM)和计算机软、硬件技术等	美国和西欧的很多研究人员
	全面质量管理	质量手册、PDCA 循环	朱兰(Joseph M. Juran)和戴明(William Edwards Deming)(美国)

续表 1-12

年代	概念	工具	创始人
20世纪70年代	商业中计算机的广泛应用	研制各种处理车间进度计划、存贮、布置、预测、项目管理、MRP等日常问题的软件包	美国和西欧的计算机制造商领导,尤其是IBM公司;约瑟夫·奥里奇和奥里弗·怀特是主要MRP革新者
20世纪80年代	服务质量和生产率	服务部门的大量生产	麦当劳餐厅创始人
	准时生产(JIT)、精益生产和工厂自动化等	看板管理、计算机集成制造技术(CIMS)和机器人等	丰田的大野耐一、Taichi Ohno公司等日本制造商,以及美国工程师组织
	同步制造	瓶颈分析和约束优化理论	高德拉特(Eliyahu M. Goldratt)(以色列)

表 1-13 新技术经济时代

年代	概念	工具	创始人
20世纪90年代	质量管理的进一步发展	波里奇奖、ISO 9000、价值工程和持续改进	国际标准和技术学会、美国质量控制协会(ASQC)和国际标准化组织
	业务流程再造(BPR)	基本变化图	哈默(Michael Hammer)和主要咨询公司(美国)
	电子企业	因特网、万维网	美国政府、网景通信和微软
21世纪初	供应链管理	SAP/R3、客户/服务器软件	SAP(德国)和Oracle(美国)
	电子商务	因特网、万维网	亚马逊网、美国在线、雅虎等
	应用服务供应商业务外包		普拉哈拉德(C. K. Prahalad)和哈默尔(Gary Hamel)(美国)等人

1.4.2 运营管理的发展趋势

(1) 全球化竞争

随着对外贸易、资本流动、技术转移、交流服务等世界经济活动越来越频繁,经济全球化已经成为当代世界经济的重要特征之一,同时也是重要的发展趋势。越来越多的全球性行业、企业和产品不断涌现,使得全球化竞争成为运营管理的重要课题。信息通信技术与因特网的迅猛发展,不仅打破了国界,也为各类组织的运营活动方式,如产品生产与销售、服务提供等,带来了根本性变化。同时,在全球化市场中,高技术和高附加值行业成为竞争的焦点,竞争的加剧使得组织之间从竞争逐步走向多种共同发展模式以实现共赢。

(2) 重视运营战略

从过去依附于企业战略到现在生产战略开始受到广泛的重视。生产战略内容丰富,包括如何优化资源配置,并以低成本、高效率、个性化的产品或服务赢得市场,是企业战略成功实施的重要保障。

(3) 业务流程重组

业务流程重组是对传统工作方式的彻底改变,将过去遵循的劳动分工理念转化为把工作任务重新组合到首尾一贯的工作流程中去。它在改善业务周期、降低成本、提高顾客满意度等方面取得了显著的成效。

(4) 供应链管理

供应链是由从原材料供应商直到最终消费者之间的一系列企业组织组成的。产品或服务在供应链上的移动过程,也就是价值增加的过程。针对供应链的管理,主要着眼于以顾客为中心,强调企业打造自身的核心竞争力,并通过战略联盟实现共赢。此外,互联网和电子商务的发展,为供应链管理注入了更多的内容。

(5) 基于时间的竞争

越来越短的产品生命周期,越来越多样化的市场需求,信息的迅速变化使得企业分秒必争,时间成为取得竞争优势的重要因素。无论从管理体制上,还是从技术创新上,缩短对于市场需求的响应时间成为各个企业不约而同的选择。

(6) 技术管理

目前,高技术以及高附加值行业已经成为全球竞争的焦点,其具有知识和技术密集、资源与能量消耗少、研究开发的投资大、工业增长率高等特点,如电子业、信息产业等。将科学技术从知识形态转化为物质形态,实现潜在生产力向现实生产力的转变,成为连接经济与技术的重要手段。对于企业而言,了解技术进步,并对其作出选择,对自身发展而言意义重大。

(7) 敏捷制造

20 世纪 80 年代,迫于日本制造业的压力,美国提出了面向战略层面的竞争概念——敏捷制造。敏捷制造的核心思想是:面对多变的市场以及激烈的竞争,单靠自身实力已不足以应对,并提出了开放、柔性、共享、虚拟企业、动态联盟等概念。

(8) 环境问题

纵观世界经济发展历程,与越来越丰富的人类物质生活不相协调的是日益恶化的生态环境。当前世界的环境问题主要包括:环境污染出现了范围扩大、难以防范、危害严重的趋势;自然环境和自然资源难以承受高速工业化、人口剧增和城市化所带来的巨大压力;世界自然灾害显著增加,等等。作为世界公民之一的企业,应当积极履行其保护环境的职责,从管理以及技术上,实现制造产品和提供服务过程中的环境友好目标。

1.5 案例讨论:麦当劳成功的关键

1955 年,52 岁的克劳克以 270 万美元的价格买下了理查兄弟经营的 7 家麦当劳快餐连锁店及其店名,开始了他的麦当劳汉堡包的经营生涯。经过几十年的努力,如今麦当劳遍布全世界五大洲的 121 个国家和地区,超过 32000 家分店,拥有 267000 多名员工,全球年营业额约 4063 亿美元,每天可服务 4600 万名顾客,以金色“M”为标志的麦当劳已成为世界上著名的餐饮企业。麦当劳卖着最简单的产品,却以每 3 个小时开一家分店的速度进行全球扩张,它靠的是什么?它靠的就是其运营管理所创造的竞争优势。

(1) 生产率与竞争力

① 生产率

a. 厨师技术娴熟,50 秒做好食物,服务员在最短时间内调配好食物。

b. 高峰期减少顾客逗留,餐桌周转快,顾客流动快。全体工作人员在工作时间全力投入,恪尽职守,不允许做与工作毫不相关的事情。

c. 简化取货手续,减少流通环节和程序,加速进程,提高效率。服务员接待一位客人不超过一分钟,最快的纪录是 18 秒。

d. 拥有一套特有的保持快速服务的体系——收银体系和支援体系。

e. 快速服务:点餐快,交易快,备餐快,自我服务。

f. 运用自动化程度相当高的新机器,提高工作效率。

g. 食谱稳定,使顾客了然于心。食谱简单使得备餐轻松,交易便捷,有利于提高服务速度,有利于食品的工厂化生产、标准化制作。

② 竞争力(QFDC)

Q——质量:

a. 建立了完善的产品供应网络,确立了严格的质量控制标准。

b. 为保障食品品质制订了极其严格的标准。例如,牛肉食品要经过 40 多项品质检查;食品制作后超过一定期限(汉堡包的时限是 10 分钟,炸薯条是 7 分钟)即丢弃不卖等。

F——柔性:

a. 走向自助食品服务。让顾客成为服务系统服务能力的一部分,服务系统的服务能力随着客流量的增加而增加。

b. 临街的“甜品站”方便快捷，麦当劳甚至还与中国石油化工集团公司合作，将“甜品站”开到加油站，拥有了从数百平方米到数平方米不同的经营方式。

c. 24 小时营业，以“随时都有”对抗 KFC“随处都有”，因为延长营业时间比店面扩张省事，增加的只是人力和水电费，可以极大地节约费用。

d. 它是唯一一家孩子可以自由点餐的餐厅。针对孩子设计了电影广告影集和卡通人物形象，开办了生日餐厅。开心乐园餐免费赠送玩具，对未成年人颇有吸引力。奥运期间还推出了“奥运助威小冠军”。

e. 品牌延伸，麦当劳还经营咖啡、欧陆小食品以及服装玩具品牌。

D——交货：

麦当劳极高的生产率和生产速度决定了其拥有良好的交货保证。

C——成本：

a. 用纸杯、包装纸和纸袋代替餐具，这样就不需要雇佣洗碟工人。

b. 删减产品品种，食品价格降低一半。

c. 通过机械化、自动化的手段解决日益严重的人工成本问题，同时注重提高人工管理的技术和水准，致力于如何更有效率地运用人工。

d. 为控制原料成本，对食品原料采购和食品原料使用进行控制。通过 POS 收银机和 ISP 系统生成各种报表，进行原料成本控制。

e. 通过对业务流程进行检查来削减经费；制订严格的财务管理制度，在最大程度上减少不必要的开支，制订出切实可行的预算指标。

(2) 流程选择

麦当劳的流程特点：品种少，设备柔性低，成本低，产量高。这样可以通过不断地复制来节约时间成本和劳动成本，甚至达到颠覆性的效果。标准化可以大幅度减少运作流程的多样性，降低设备采购与维护成本及员工培训费用，有利于规范管理和提高运作流程中的质量。麦当劳食品制作流程只是多了一个产成品（食品）库存，结果导致经营风格、目标市场定位、产品品种等诸多方面完全不同的战略，其赖以实现的运作系统也存在较大的差异。

(3) 标准化生产

①操作环节实现标准化、机械化、现代化、科学化，采用统一标准，以确保食品质量。

②麦当劳不仅有一个高度自动化的饮食服务系统，同时也有很高的质量标准，在世界各地所有的餐厅都执行同样的标准，以确保产品同质性，并维护企业的形象。

③麦当劳重视食品制作的规范化和系统化，要求所有加盟者出售的食

品完全一致,口味一样。

④服务流程标准化:打招呼—接受顾客点餐并作合理推荐—准备食物—交付—收款—道谢和欢迎再次光临。

⑤整齐划一,规范化经营。

只有企业的产品和服务能为顾客所承认、接受,这个企业才能在市场上站得住脚。企业全部经营活动的出发点和归宿,就是千方百计地使顾客对其产品和服务感到满意,想顾客所想,急顾客所急。

分析与讨论:

麦当劳成功的关键是什么?

本章小结

本章首先肯定了运营管理在企业中的地位和作用,接着介绍了运营管理的部门及其职责、运营管理体系和分类,运营管理的领域包括制造业的运营管理和服务业的运营管理,阐述了运营管理的基本原理及其运营分工的专业化形式。本章还按照时间顺序简单描述了从机械时钟开始的产业革命,逐渐发展到今天电子商务运营管理的演变和发展过程。在本章的最后,介绍了运营管理发展的趋势。

本章思考题

(1)企业的三大核心职能是什么?试述三者之间的关系。

(2)何谓运营管理?试举例指出企业中包括的运营管理部门。

(3)试比较制造型运营与服务型运营的异同。

(4)按组织生产特点,可将制造型运营分为哪几类?分别说明其优点,并举例说明。

(5)试述工艺专业化与对象专业化的内涵,并指出其适用性。

(6)什么叫生产率?如何提高生产率?

2 运营战略与运营模式

开篇案例——极速 ZARA

1975 年，阿曼西奥·奥尔特加·高纳（Amancio Ortega Gaona）在西班牙拉科鲁尼亚以 5000 比塞塔（西班牙货币，相当于 30 欧元）开了一家服装小店，在之后不到 30 年的时间里，它帮助奥尔特加的 Inditex 集团一跃成为全球前三的服装企业，这个品牌店就是如今响彻全球的 ZARA。

在业界，ZARA 被誉为"时装行业的戴尔电脑"、"时装行业的斯沃琪手表"。2005 年，ZARA 在全球 100 个最有价值品牌中位列第 77 名，哈佛商学院把 ZARA 品牌评定为欧洲最具研究价值的品牌，沃顿商学院将 ZARA 品牌视为研究未来制造业的典范。ZARA 作为一家引领未来趋势的公司，俨然已成为时尚服饰业的标杆。

那么，ZARA 有什么优异的表现，使它能在短时间内傲立全球呢？

(1) 款式丰富。通常，流行时装品牌一年推出的产品款式是 2000～4000 款，而 ZARA 每年要推出 1 万多款新产品，这些新产品是从 ZARA 的设计团队每年超过 4 万款的设计中选出来的。庞大的新款数量，是为了迎合更短的产品生命周期。Inditex 集团原首席执行官 Castellano 说："在时装界，库存就像食品，会很快变质，我们所做的一切就是来减少反应时间。"

(2)从设计到上市的时间短。从设计到进入市场销售，ZARA 公司在反应最快的时候只要 15 天的时间；而在国内，以快捷的供应链速度而著称的美特斯邦威，完成这一过程目前需要 80 天；从全球而言，行业的产品研发周期则为 9 个月。

(3) 生产速度快。从新款策划到生产出厂，最快可在一周内完成。

(4) 送货速度快。为了让消费者赶上最新流行的脚步，ZARA各连锁店每周一定会有新品上市，商品上下架的替换速度非常快。而且各店陈列的每种商品通常只有5件库存，属于多样少量的经营模式。每隔3周，其服装店内所有商品一定要全部换新。

(5) 库存低。世界各地连锁店的订单，经合理评估后传到工厂，将库存量降到最低。目前ZARA库存率大约是15%～20%，而其他服饰连锁业为40%左右。

2.1 运营战略

2.1.1 运营战略的地位与构成要素

战略是为实现组织的目标而制订的计划，战略的设计必须有助于组织使命和目标的实现，并有利于创造和增加股东的价值。组织战略一般分为公司层战略、事业层战略和职能层战略三个层次，图2-1描述了企业战略层次关系。

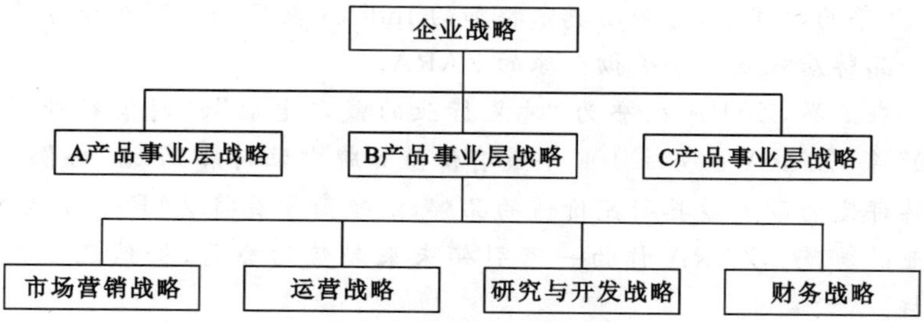

图2-1　企业战略层次结构示意图

运营战略是企业根据选定的目标市场和产品特点，围绕如何利用企业资源支持企业长期竞争战略而制订的一系列运营决策规划与内容程序。运营战略作为企业的职能层战略，是企业战略的一个重要组成部分，承担着如何实现目标的责任。因此，企业战略必须包含运营战略，企业战略的制订与实施应当吸收运营管理者参加，应当考虑当前和未来可能的运营能力。同时，运营战略的开发，必须以企业全局战略为指导，使运营战略服从于企业全局战略的需要。

根据特利·希尔(Terry Hill)在《制造战略》一书中对运营战略的定义，运营战略可分解为结构性(Structural)策略和基础性(Infrastructural)策略两种策略形式，两者各自包含的内容如图2-2所示。

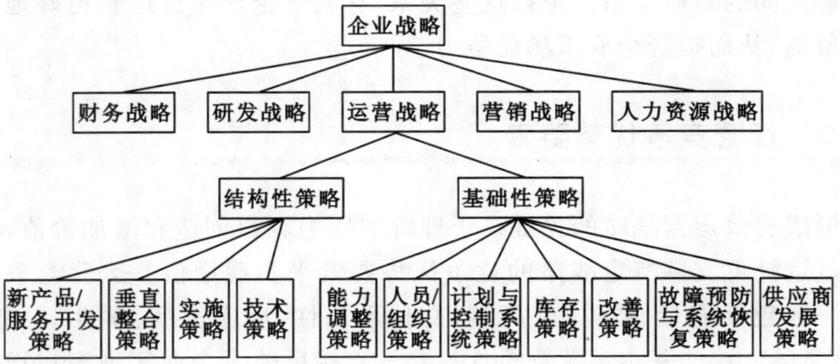

图 2-2 运营战略构成要素

结构性因素指过程和技术因素，基础性因素指那些通过不断改进使结构性因素取得长期竞争优势的因素。结构性策略包括新产品/服务开发策略、垂直整合策略、实施策略和技术策略；基础性策略包括能力调整策略、人员/组织策略、计划与控制系统策略、库存策略、改善策略、故障预防与系统恢复策略和供应商发展策略。

2.1.2 运营战略对客户价值的增值

精明的顾客追求产品和服务的完美，他们希望获得的产品和服务物有所值，并追求产品和服务的创新与多变。运营战略的目标之一就是实现企业所提供的产品和服务的最大化增值。图 2-3 描述了顾客关注因素与运

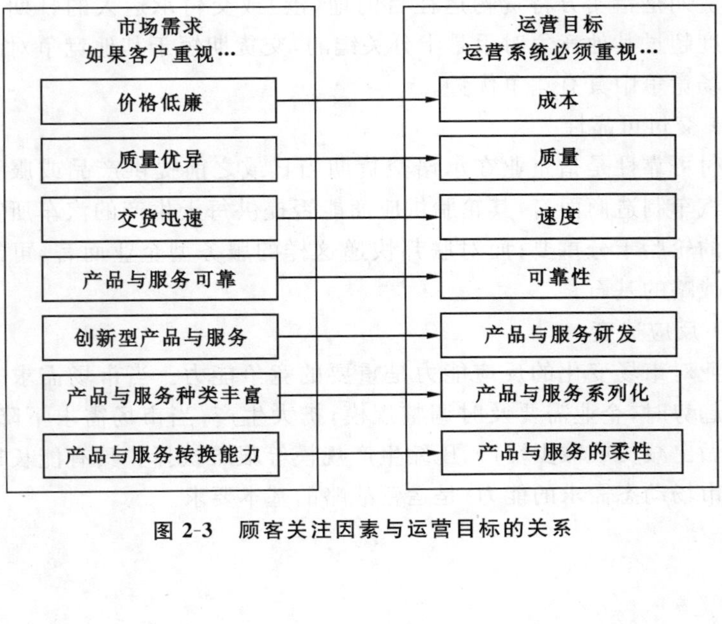

图 2-3 顾客关注因素与运营目标的关系

营目标之间的对应关系。把握这些关系,有利于企业通过运营更好地实现客户价值,从而提升企业市场竞争力。

2.1.3 运营竞争优势要素

形成有效运营战略的关键在于理解如何为客户创造和增加价值,特别是通过选择可支持特定战略的竞争优势要素来实现增值。运营竞争优势要素一般包括质量、成本、交货期、交付可靠性、反应速度、柔性、服务、环保、信息等。这些基本运营竞争优势要素直接反映了企业实现客户增值的不同运营过程的特性。

(1) 质量

有两个特征可以定义产品或服务质量:设计质量和工艺质量。质量视顾客的需求而定,附带过多特征或者超过顾客要求的产品,不仅会因为价格昂贵而无人问津,而且也是对社会资源的浪费。相反,质量达不到要求的产品会将顾客推向性能更好的其他产品,从而丧失顾客。

(2) 成本

要想在行业细分的市场中获得竞争优势,企业通常以低成本进行生产。早期的福特公司就是采用这种策略。采用这种策略需要选择标准化的产品或服务,而不是定制化的产品或服务,也就是说顾客不能区分不同公司的产品或服务。低成本战略适用于需求量大的产品或服务。

(3) 交货期

交货期是指卖方将货物运往目的地(港)或交付承运人的日期。企业交货速度超过其他竞争对手是十分关键的,交货期短于其他竞争对手的企业在市场竞争中具有竞争优势。

(4) 交付可靠性

交付可靠性是指企业在承诺交货期当日或之前提供产品或服务的能力。对汽车制造商而言,其轮胎供应商能否提供每天生产的汽车所需数量和种类的轮胎十分重要;而对联邦快递这样的服务型企业而言,可靠性是其运营战略的基石。

(5) 反应速度

企业对市场变化的反应能力是重要的竞争能力。当市场需求旺盛并呈上升趋势时,企业需要及时调整规模,扩大生产;当市场需求下降时,企业则需做出减员或减少资产、压缩生产规模等艰难抉择。具有能长期高效地响应市场动态需求的能力,是运营战略的基本要求。

（6）柔性

从战略意义上来讲，柔性指的是企业为顾客提供多种类型产品或服务的能力。这种能力的一个重要因素是：企业研制新产品或服务所需的时间以及转变工艺所需的时间。企业通过对市场变化作出反应并提前行动，可获得和保持竞争优势。

（7）服务

在当今的市场环境中，企业为获取竞争优势，开始为客户提供“增值”服务，不论是对提供产品还是提供服务的企业来说，这都是重要的。服务竞争是市场经济的一种新的竞争形式，它是企业为满足顾客需要、提高顾客对产品或服务的满意程度而进行的市场竞争。

（8）环保

消费者对环境越来越敏感，他们更倾向于购买对环境无害的产品。企业要想生存发展，并在竞争中立于不败之地，必须适应新的形势，实施绿色制造，以满足人们对无污染、无公害的需求。越来越多的企业意识到绿色制造对提高自身利益的深远意义。

（9）信息

企业信息化的持续投入带来的技术能力提升和信息技术竞争优势，能够为企业带来持续的竞争优势。加强企业信息化建设，可以强化企业财务管理，促进企业管理创新，为企业带来巨大的经济效益。

任何企业要在上述所有因素方面都超越竞争对手是非常困难的，但在一些客户所关注的关键因素方面超越对手却是非常必要的。为了便于企业把握竞争的关键因素，希尔教授首创了订单赢得因素（Order-Winning Criteria，OWC）和订单资格因素（Order-Qualifying Criteria，OQC）概念。订单赢得因素是指那些对获得客户订单有着重要而直接影响的因素，它们是客户心目中购买该产品或服务的关键理由。提高运营系统在订单赢得因素上的表现，可以带来更多的客户订单，或增加获取更多订单的机会。订单资格因素是企业的产品或服务获得客户订单的资格因素，虽然它们不是企业赢得订单的主要决定性因素，但却有另一方面的重要意义。在这些因素方面，公司的运营表现必须达到某一特定水平（即资格水平）以上，客户才可能考虑购买其产品或服务。如果公司的表现低于这一“资格水平”，则许多顾客将不会对它予以考虑。希尔教授认为，企业应该在日常业务中根据订单的要求不断改进以获得竞争优势。当然，无论是订单赢得因素还是订单资格因素，都是时刻变化的，这取决于企业运营能力与市场需求。表 2-1 以银行业务为例，描述了不同银行业务由于不同的要求形成了不同的竞争因素。表 2-2 则描述了产品或服务在不同生命周期阶段所对应的竞争因素。

表 2-1 不同银行业务要求所对应的竞争因素

因　　素	个人银行业务	公司银行业务
产品	私人金融服务	公司金融服务
顾客	个体	公司企业
产品种类	中等,但标准化程度很高;很少需要特别条款	非常丰富,大部分要根据顾客需要进行定制
产品设计的改变	偶尔进行	经常进行
交货要求	快速决策	服务可靠
质量	交易过程实现零缺陷	要求与顾客建立密切联系
各类业务的批量	大多数业务批量较大	大多数业务批量较小
收益	大部分服务收费处于中等偏下水平,但也有一些收费很高	收费处于中等偏高水平
竞争要素	⇩	⇩
订单赢得因素	价格、易接近性、速度	定制化水平、服务质量、可信赖程度
订单资格因素	质量、品种范围	速度、价格
次要因素		易接近性

表 2-2 产品或服务在不同阶段所对应的竞争因素

因素＼阶段	导入期	成长期	成熟期	衰退期
销售量	销售量缓慢增长	销售量快速增长	增长速度放慢,销售量趋于平稳	销售量开始下降
顾客	创新使用者	早期使用者	普通大众	落后使用者
竞争者	很少/没有	销售量不断增长	销售量趋于稳定	销售量逐渐减少
产品/服务设计的多样性	定制化程度可能很高,对设计更改频繁	标准化程度不断增强	出现主导性设计	可能向日用化发展
可能的订单赢得因素	产品/服务特性,功能/新颖性	优质产品/服务的可获得性	低价格,可靠供应	低价格
可能的订单资格因素	质量、品种范围	价格、品种范围	品种范围、质量	可靠供应
关键运营绩效目标	柔性、质量	速度、可靠性、质量	成本、可靠性	成本

2.1.4 运营战略的制订过程

虽然运营战略的基本概念已经被人们广为接受,但无论是理论界还是企业界,对于如何实施运营战略仍有很多困惑。1989 年希尔提出了制订战略的五个步骤,即:① 理解公司目标;② 制订营销战略以实现目标;③ 分析特定市场所需产品并赢得订单;④ 选择合适的生产流程;⑤ 建造生产的基础设施。其具体内容如表2-3所示。它把企业战略与运营战略结合起来,协调了企业运营战略与营销战略,目标直指赢得订单,即企业竞争优势;提出了可以广泛应用于不同行业有关运营战略的一系列基本原则和概念,提供了运营战略的分析方法。当然也有其缺点,即希尔五步骤并不是具体的解决方案,其核心思想是产品必须满足订单要求和质量标准。

表 2-3 制订战略的希尔五步骤方法

第一步	第二步	第三步	第四步	第五步
公司目标	营销战略	产品/服务赢得订单因素	运营战略	
			工艺过程选择	基础结构
增长率 利润 净资产回报率 现金流 其他财务目标	产品/服务进入的(细分)市场 产品/服务的品种范围 规范组合 销售量 标准化或定制化 创新率	价格 质量 交货速度 交货可靠性 产品/服务的品种范围 产品/服务设计 品牌形象 辅助性活动	工艺技术 工艺过程权衡 库存政策 生产能力、规模、升级时机	职能支持 运营计划与控制系统 工作结构 薪酬体系 组织结构

2.2 运营模式

2.2.1 模式与商业模式

模式(Pattern)是解决某类问题的方法论,是对解决某类问题的方法的归纳总结。每种模式首先都会描述一个在具体环境中不断出现的问题,然后再描述该问题的解决方案的核心。通过这种方式,人们可以无数次地使用那些已有的解决方案,无须再重复相同的工作。所以,模式简而言之就是解决某类问题的标准方式。

商业模式则是解决某类商业问题的标准方式,其目的在于通过实现客户价值最大化以获得组织自身价值的最大化。商业模式通常被定义为："企业为实现客户价值最大化，把能使企业运行的内外各要素整合起来，形成一个完整的、高效率的、具有独特核心竞争力的运行系统，并通过最优实现形式满足客户需求、实现客户价值，同时使系统达成持续赢利目标的整体解决方案。"商业模式的内在范围涵盖了企业的整个运营流程，也就是企业的价值链，它是一个整体的、系统的概念，而不仅仅是一个单一的组成因素，它由融资、研发、生产、营销等相关联的价值活动所构成，是企业构造价值链的方式。

"客户价值最大化"、"整合"、"高效率"、"核心竞争力"、"系统"、"实现形式"、"持续赢利"、"整体解决"这八个关键词构成了成功商业模式的八个要素，缺一不可。其中"整合"、"高效率"、"系统"是基础或先决条件，"核心竞争力"是手段，"客户价值最大化"是主观追求目标，"持续赢利"是客观结果。

随着德鲁克的论断"企业的竞争其实质是商业模式的竞争"的广为流传，商业模式已引起各界越来越高的重视，商业模式的研究也成为相关领域研究的热点。如何构建成功的商业模式则成为每个企业关注的重中之重。图 2-4 以"客户价值最大化"为中心描述了商业模式构成的 5 要素——客户价值最大化、战略定位、盈利模式、运营模式、关键资源整合模式。

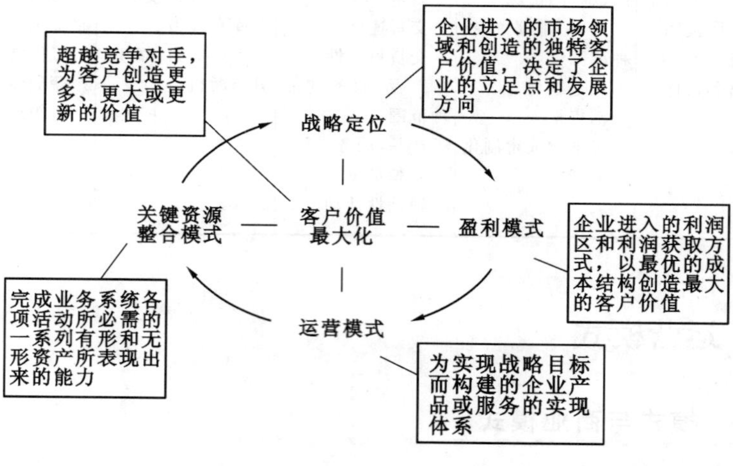

图 2-4　商业模式构成示意图

2.2.2　运营模式

运营模式是商业模式的核心，是实现商业模式战略定位中所确定的产品或服务的实现方式。无论是制造业还是服务业，随着经济的发展和市场的变迁，其运营模式都经历了不断发展和完善的过程。图 2-5 描述了制造业运营模式从手工作坊一直到下一代制造的演进过程，其演进的动力源于外部变化和自身内部变化，其外在表现体现在定制化生产与批量化生产的交替出现，以及全面质量管理、精益生产、敏捷网络化制造等不同制造系统的演进过程上。

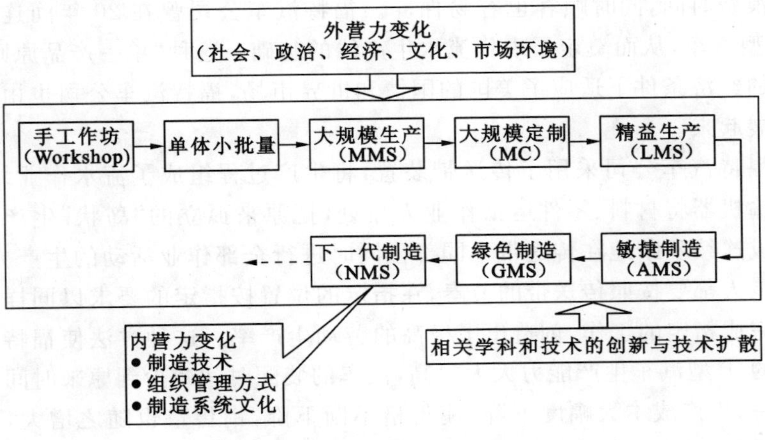

图 2-5 制造业运营模式的变迁

2.2.3 典型运营模式举例

(1) 基于低成本的大规模生产运营模式

工业革命后，由于技术的进步和人们需求的不断增加，生产效率有限的手工工艺制造方式和美国制造系统已不能满足人们的需要，因此，对制造企业提出了新的要求。面对这样的市场形势，20 世纪初亨利·福特(Henry Ford)创立了大批量流水线生产方式，由此揭开了现代化流水生产线的序幕，引起了制造业的一次根本变革。

大规模生产(Mass Production)是 20 世纪最有效率、最具竞争力的生产方式，是美国生产模式的直接产物。大规模生产方式注重生产过程，以工作效率为中心，以低成本、低价格为目标。可互换的零件、专用的机器以及流水生产线，必然要以物质资本和劳动力为核心生产要素，而产品标准化、规模经济、科学管理以及垂直集成(指从原材料到生产和销售整个物流的一体化，即供应、生产和分销一体化)则要求集中生产。

大规模生产最早应用于炼油、汽车制造、酿酒等流程作业，而其典型代表则是福特汽车流水生产线。这种生产方式大大提高了生产的效率，极大地满足了较大的市场需求，同时也带动了世界经济的腾飞。福特汽车公司,采用大规模生产方式后,其T型车生产规模迅速扩大,价格直线下降。

为了追求高效率和低成本,福特认为首先要将生产集中于唯一的、最佳的产品型号,提出了所谓的"单一产品原则"。福特的经验是进行大批量的生产,首先零件要具有通用的性能,就是产品的标准化。零件在外形、大小、颜色上完全一致,这样,在快速装配线运转时,就不会因零件的大小不同而浪费时间,同时顾客也容易保养。福特汽车公司曾在20年间连续生产T型汽车,从而奠定了现代流水生产线的基础。这种"单一产品原则"在当时的经济条件下适应了美国的国情和世界市场,福特汽车公司也由此迅速发展起来。

福特汽车公司采用了传送带装置,将生产过程组成了流水作业线,采用运输机器将材料、零件运抵作业人员处,把原来孤立的"岛状"生产方式改变成连续不断地在传送带不同部位同时进行全部作业活动的生产方式。所有工人都要按照传送带的节奏,在指定的位置按指定的要求以同样的速率去完成指定的工作,创造出了极高的劳动生产率。这种方法使福特汽车公司的T型汽车生产能力大大提高,汽车的装配时间减少到原来时间的十分之一,生产成本大幅度下降,使价格不断下降,销售量也随之增大,利润不断增长,使福特汽车公司在同行业中遥遥领先。

大规模生产方式的核心在于提高生产效率,因而以制造为核心形成了配置企业内部资源和社会资源的刚性系统,这个系统一旦形成就很难再重新配置,不能适应迅速变化的市场环境,不能实现制造资源动态的优化整合,这成为阻碍产品快速创新的主要障碍。随着生产力的发展,特别是随后20年来经济的增长,人们对商品的要求越来越高,对商品的多样性的需求越来越突出,单一品种、大批量的"福特"生产模式逐渐被多品种、大批量的"丰田"模式取代。

(2) 面向订单装配的运营模式

面向订单装配的运营模式是指由公司建立一套与客户联系的渠道,由客户直接向公司下订单,订单中可以详细列出所需的配置,然后由公司"按单生产",之后直接向客户供货与销售。这种运营模式的重心是直接面向客户的需求。

面向订单装配的运营模式所掌握的所有的市场偏好都是直接和准确的,面向客户,直接与客户进行沟通,对产品的走向能及时反映到设计部门、策划部门,这样就使得企业可以以较快的速度按照客户的订单生产出完全符合客户需求的定制产品。产品直接卖到客户手上,没有了与经销商打交道的中间环节,免除了经销商的利润,从而使得企业获得了低成本的优势。同时,面向订单装配的运营模式只在客户需要产品的时候才生产所需产品，绝没有既占据空间又耗费资金的库存品长期积压。所以这也使得企业获得了低库存方面的另一个优势。

个人电脑(PC)市场的竞争非常激烈，各主要PC厂商的产品已经不存在或只存在很小的差异。但是，作为PC行业的佼佼者——戴尔，其个人电脑的市场份额却在不断增长，同时也获得了惊人的利润，成为PC行业增长最快的计算机公司。戴尔的成功，主要归结于其面向订单装配的运营模式。

在戴尔公司，有一个非常鲜明的观点——“Build to order”，也就是“按单生产，按需配置”。戴尔是第一家依顾客的直接反馈来建立组织的个人电脑公司。以电脑工程的师观点为中心的其他电脑公司认为：“我们来发明个什么东西，看看能不能推销给可能有意愿购买的顾客。”而戴尔公司的态度则截然不同——敏锐地察觉顾客的意见与需求，以此来设计产品、服务顾客；根据顾客的不同需求，为顾客定制电脑系统，并向客户直接发货，从而使戴尔公司能够更有效和明确地了解客户需求，继而迅速地作出回应。戴尔公司所秉持的这种理念，使其能以低价位提供好的产品。戴尔公司完全依照顾客的需求与时机来生产，几乎完全消除了因购买过量零件、库存与赔钱抛货等所造成的成本。同时也让戴尔公司得以加快组装、运送产品的速度，最终实现戴尔公司省时，顾客省钱的目标。

在最初几年中，戴尔公司的PC订单是通过邮政信箱接收的，现在戴尔公司已经在互联网上接收订单了。此外，借助于信息技术，戴尔公司采取根据顾客的要求定制PC的生产方式，只要3～5天的时间就可以完成从接收顾客订单到将PC送到顾客手中的全部过程；同时，其价格相对合理，为顾客提供了高性价比的超值PC产品。

戴尔公司成功的范例可以帮助我们更好地理解面向订单装配的运营模式理念。戴尔公司设计并建立的这个运营流程使得其在交货速度、顾客定制、质量和价格等方面赢得了胜于其他同行竞争对手的优势。

(3) 基于低成本快速反应的运营模式

顾名思义，这种模式的主要竞争优势是成本和交付速度这两方面。

具有成本或者价格优势能使产品或者服务价格便宜，在每个行业中都存在严格遵循低成本原则的细分市场，在这个细分市场里消费者倾向于购买低价的产品。为了在这个细分市场中生存，企业必须以低成本进行生产，但即使这样做也不能总是保证企业能够获得利润，取得成功。这个细分市场的竞争异常激烈，许多企业被潜在的巨额利润所吸引，因而大批量地生产产品，从而导致较高的失败率。毕竟只有一个企业能够成为成本最低者，而且通常是由它来决定市场中该产品的销售价格。只有某个企业能从众多竞争者中脱颖而出,成为成本最低者,它才能成为这个细分市场的领导者。

具有交付速度优势指的是企业能快速生产产品或者提供服务。在某些市场上,交付速度是顾客消费时考虑的一个重要因素,因而它也是企业超过其他竞争对手的一个关键手段。企业提供符合客户要求的快速交货服务的能力可以使企业避免支付额外赔偿的风险,显然可以在1～2小时内提供现场维修服务的企业要比保证在24小时内提供维修服务的企业更具有竞争优势。除了交付速度,交付可靠性也同样重要。换句话说,应该使交付时间的波动尽可能小。只有在交付速度和交付可靠性这两方面都很出众的企业,才能在竞争激烈的市场中赢得最终的胜利。

西南航空通过成本和交付速度取胜。20世纪80年代以来美国航空业一直萧条,进入20世纪90年代以后赤字总额不断攀高,然而就在这一片萧条之气中,西南航空公司却独放异彩,在美国航空界取得辉煌成绩。西南航空公司的成功完全得益于它的运营模式——基于低成本快速反应的生产运营模式。低票价、密集的班次为西南航空带来了特有的竞争力,这也是西南航空持续盈利的秘密武器。

西南航空从开业的第一天起,就认为低价和优良的服务会开拓更多的市场,并以此向大公司的高价策略提出挑战。西南航空把机票分为旺季和淡季两种,通过采取降低淡季的票价来增加班机搭载率的措施,使收入比高票价、低搭载率时还高。西南航空把自己定位为票价最低的航空公司,它所有的票价都是底价,公司的策略是在任何市场环境下,都要保持最低的票价。按照传统的经商原则,当飞机每班都客满,票价就要上涨,但是西南航空在载客增加时不提价,而是增开班机扩展市场。有时候,西南航空的票价甚至比乘坐陆路的运输工具还便宜。正如它的运营管理理念:我们不是和其他航空公司打价格战,我们是和地面的运输业竞争。因为它提供No-fills服务,即不设头等舱,机舱座位实行先到先就座的原则,机舱内不供给正餐,只提供花生、小甜饼或普通饮料,所以成本不高。西南航空注重降低成本而增加利润,并不注重去抢夺市场份额,不会为增加市场占有率而任成本不成比例地增加。同时西南航空还拥有保守的资产负债表,它一直保持比其他竞争者低的负债率。这样使它有足够的营运资金去把握一些重要的商机,并且能减少财务压力。由于西南航空不买大型客机,不飞国际航线,不和大航空公司硬碰硬,故它可以把成本维持在较低水平,上述做法让西南航空有能力在它所有的航线上提供最低的票价。

西南航空通过提供密集的班次来增强其快速反应的能力。西南航空主要以短程航线为主,因为乘客通常在1小时航程内的城市间飞行,每天需要大量班机起降供他们选择。西南航空以密集的班次著称，它会在一些热门航线上比其他的竞争者开出两倍或者更多的航班。西南航空认为飞机只有在空中才能赚钱，一天能飞更多的班机就能赚更多的钱，而且能降低更多的单位成本。建立营运中心系统反而会增加成本，因为会使飞机在地面耗费太多的时间。

西南航空拥有最佳的安全飞行记录，每天飞行那么多班次，却没有发生过重大的交通事故。它的安全记录足以给顾客充足的安全感，这个记录有赖于它严格的安全检测和维护，它的飞行安全标准超过了联邦航管局制定的标准。西南航空拥有最年轻的飞机队，平均机龄只有8年；它拥有最高的完航指数，即西南航空在定期航班次中取消的班次最少。西南航空不仅做到了交付速度快，而且交付可靠性也非常高，因此，它才能最终取得如此辉煌的成就。

(4) 基于产品和设计创新的运营模式

公司保留作为核心业务的产品与设计的创新，将非核心业务外包给第三方。通过实施需求导向的务实设计创新、差异化销售渠道、精简库存、外包非核心业务及构建供应链联盟等策略，开发了供应商、公司和顾客之间的快速对接，证实了不单纯依靠低成本策略的供应链也可以取得让人羡慕的成就。

公司制订一系列考察甄选生产厂家、检验产品质量的流程和标准，以及对厂家进行绩效评估与筛选更新的机制，并在生产过程中进行随时跟踪控制，以确保产品的高品质。在仓储、物流和信息管理系统上重点研究并大量投入，通过硬件和软件两个层面使供应链具备高时效、低成本和快速反应的特征。

在营销方面，注重终端的建设，直接与运营商合作，采取以授权专卖店、卖场连锁店、网上授权零售、网上直销等方式相结合的策略，通过销售分成的方式获利。

苹果公司的企业文化的核心是一种鼓励创新、勇于冒险的价值观。苹果公司总是勇于否定自己，超越自己，不断推出更时尚、更具魅力的新产品。今天PC广泛使用的鼠标、图形界面、USB接口、激光打印机、DVD刻录机、彩色显示器……都与苹果公司有着千丝万缕的关系。自白手起家以来，苹果电脑便在技术领域内引发了两次变革；它推出的革命性的外观设计，让所有追求完美的人为之倾倒，也使得从IBM到微软，所有的电脑厂商无不跟着苹果的设计亦步亦趋。可以这么说，在IT界，也许没有谁能比苹果公司更具创新能力了。

苹果公司前期的创新是纯产品导向或者说是纯技术导向的，而恰恰忽略了消费者在技术兼容、价格合理等方面的需求,市场一直难有大的突破,甚至一度跌入深谷。而当它抓住年轻人的个性心理和简单娱乐需求推出iMac和iPod,由单纯的产品创新上升为一系列变革组成的价值创新——打破技术壁垒、降低售价、引导消费者体验后,便得到了市场的迅速回应。消费者的购买欲望被大大激发出来,苹果公司也得以凤凰涅槃。

虽然大部分的iPod用户总是津津乐道,但是他们并不在意它是由谁生产或者在哪里生产出来的,而这也正是苹果公司想要的。来自台湾的鸿海精密、华硕和英华达公司利用各自在大陆的生产厂装配了数百万台iPod,但是它们的名字却鲜为人知。同样的外包决策也发生在主板生产方面。苹果公司过去一直生产PC机的主板,但在1998年的调查中发现,一些生产厂家生产的主板质量已经超过苹果公司自己生产的主板,于是在当年公司决定将这部分业务卖掉,并将以后的业务外包给供应商完成。比如,Macintosh率先使用的鼠标、iPhone使用的Mutli-Touch技术都来自于其他公司,甚至iPod的最初开发工作也是通过外包完成的。

对于iPhone产品,苹果公司全部是直接与运营商合作,通过销售分成的方式获利,在美国是AT&T,英国是O2。如今,为了让客户配置订单,苹果公司开始直接通过Apple专卖店在Internet上接收顾客的订单,并为他们直接配置产品。

(5) 基于价值创新的运营模式

价值创新一词最先出现在2005年由欧洲工商管理学院的W.钱·金教授和勒妮·莫博涅教授所著的《蓝海战略》一书中。

价值创新让人以一种新的方法去思考和实施战略,从而开创蓝海,摆脱竞争。它要求企业把视线从供给一方移向需求一方,从关注并超越竞争对手的所作所为转向为买方提供价值的飞跃。通过增加和创造现有产业未提供的某种价值元素,并剔除和减少产业现有的某些价值元素,从而同时达到"差异化"和"成本领先",实现以较低的成本为买方提供价值上的突破。克服传统博弈的局面,通过价值创新使企业获得可赢利性成长,并且在创造社会财富方面也作出贡献。只有当企业把创新与效用、价格、成本融为一体时,才有价值创新。如果创新不能如此根植于价值中,那么技术创新者和市场先驱者往往会落到为他人作嫁衣的下场。因此,价值创新被称为蓝海战略的基石。

然而企业是通过自己的业务实现与顾客的接触的,而业务是以企业的产品和服务作为支撑的,所以企业竞争的落脚点最终落在了企业的运营竞争上。自然地,价值创新的战略也要落实到运营模式的创新上,所以价值创新也是运营的基石,企业通过运营的价值创新来实现以较低的成本提升买方的价值，这是运营创新的关键所在。

太阳马戏团 20 多年的创业史，就是在运营模式上实现价值创新的经典案例。

太阳马戏团的前称是索拉奇艺坊，法语名为 Cirque du Soleil，是 1984 年由一群加拿大街头流浪艺人创办的，起初总部设于法国巴黎，后搬至加拿大魁北克省蒙特利尔。现拥有全球约 40 个国家的 3800 多名演职人员，曾在全球近 100 个城市演出，吸引了数千万观众。太阳马戏团才成立 20 余年，其营业收入已达到全球马戏团业霸主玲玲马戏团(Ringling Bros and Barnum & Bailey)经营了一百多年才达到的水平。

太阳马戏团被形容为摩登马戏团，他们将马戏表演融入完整的故事中展现于观众面前。太阳马戏团除了巡回表演的项目外，还在多个地方设有长驻表演，而这些表演大多都和传统马戏表演有很大区别。其中一个不同之处是太阳马戏团的表演主要集中于表演艺人，而并非传统马戏表演那样以动物为主。而且，他们的表演糅合了多种不同表演艺术的风格，如街头表演、马戏、歌剧、芭蕾舞、摇滚乐等，所以表演的艺人除传统马戏特技表演者外，还包括柔体表演者、魔术师、小丑、空中飞人等。在服装方面，其颜色非常艳丽，而且极具节日特色、极其生动。另外，太阳马戏团坚持只采用现场演奏的音乐。

为了清晰地介绍太阳马戏团运营模式的创新，下面将详细分析其价值曲线以及它是如何通过四步动作来实现价值创新的。

在马戏团行业里，竞争要素主要表现为价格、表演明星、动物表演、场内特许销售、多台表演场、有趣与幽默、刺激与危险、独特的场地、主题、高雅的观看环境、多套制作、艺术性的音乐和舞蹈等。

太阳马戏团里演员们的杂技技巧并不是全世界最高、最精湛的，但是他们的演出却在全世界获得了巨大的成功，其中的奥妙在哪里呢？通过将太阳马戏团、玲玲马戏团、小型区域型马戏团进行比较，可画出它们的价值曲线图，如图 2-6 所示。图中，横轴表示马戏团行业的竞争要素，纵轴表示考虑所有这些竞争要素，这三个马戏团给观众带来的效用，其数值越高，表示效用越高。

通过图 2-6 的价值曲线图，很容易发现太阳马戏团与传统的马戏团之间的区别。正是由于这些区别，促使太阳马戏团用 20 多年的时间走过了其余马戏团上百年的发展历程。图 2-7 描述了太阳马戏团是如何通过四步动作来进行价值创新的。

① 剔除。太阳马戏团剔除了其他马戏团推出的动物表演秀、雇佣表演明星以及在马戏场搭建三个圆形表演场以同时进行多台表演和场内特

许销售。

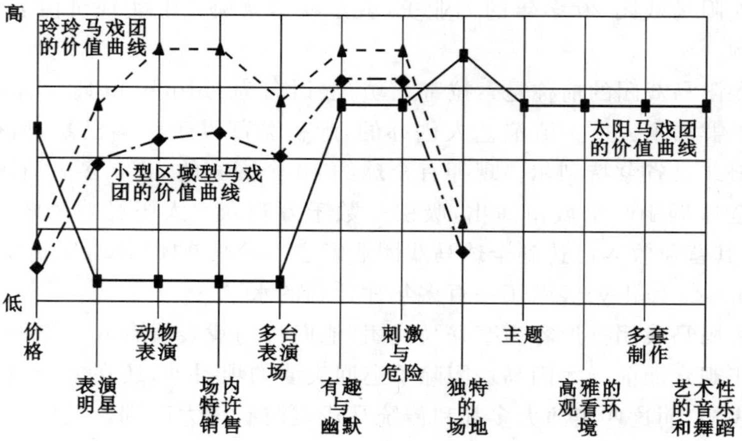

图 2-6 马戏团价值曲线图

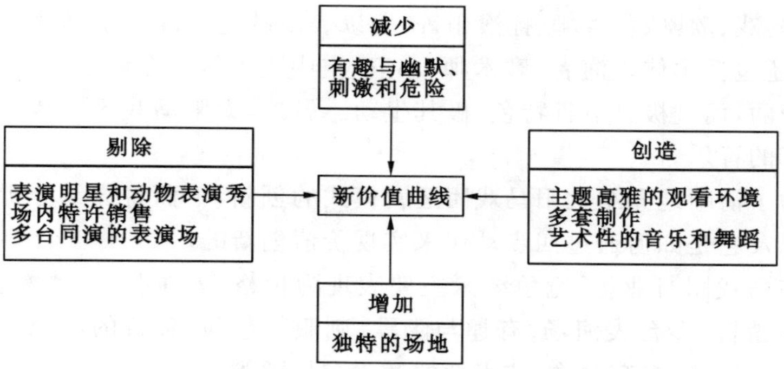

图 2-7 太阳马戏团价值创新四步动作

② 减少。太阳马戏团虽保留了小丑,却将其幽默从闹剧型转为迷人和高雅型;杂技和其他惊险刺激的表演也保留下来了,但减少了戏份,而且表演因为增添了艺术气息和深邃奥妙感而变得更为高雅。

③ 增加。保留了帐篷,而且把它做得熠熠生辉,内部更加舒适,让人们更为惬意地享受大型马戏表演。

④ 创造。太阳马戏团打破了传统马戏表演的界限:首先,太阳马戏团的表演不再是由一幕幕毫不相干的节目组成,而是在其间用一个主题或一个故事把它们串起来;其次,借鉴百老汇的演出形式,准备多套演出作品;最后还借鉴了戏剧和芭蕾中的一些元素,创造性地增加了音乐和舞蹈。

经过剔除和减少,马戏团的魅力归结为帐篷、小丑、经典杂技表演三个关键元素。帐篷的外观富丽堂皇、内部舒适惬意,小丑从幽默剧转向迷人高雅,杂技和其他惊险刺激的表演增添了艺术的气息。与此同时,太阳马戏团创新了表演的方式和内涵,增加了音乐、舞蹈、体操、武术、戏剧等元素,并且在舞台设计、灯光、服装、造型等方面精益求精。太阳马戏团运用增加和剔除的创新方法进行产品创新和客户创新,开拓新的市场,使太阳马戏团彻底甩掉了原有的竞争对于,如入无人之境般地创造了一片无竞争的蓝海。

(6) 基于精益生产的运营模式

精益生产模式用一句话概括就是:彻底消除无效劳动与浪费的思想和技术。它最初是由日本丰田公司提出来的,所以又称为丰田生产模式。

20 世纪后半叶,世界汽车工业进入一个市场需求多样化的新阶段,而且对质量的要求也越来越高,这就给制造业提出了这样一个新课题:有效地组织多品种、小批量生产,避免生产过剩所引起的设备、人员、库存、资金等一系列资源浪费,以保持企业竞争能力。在这种历史背景下,从丰田相佐诘开始,经丰田喜一郎及大野耐一等人的共同努力,综合了单件生产和批量生产的特点和优点,创造了一种多品种、小批量混合生产条件下高质量、低消耗的生产方式。

丰田式生产模式的理论框架包含“一个目标”、“两大支柱”和“一大基础”。

“一个目标”是低成本、高效率、高质量地进行生产,最大限度地使顾客满意。

“两大支柱”是准时化与自働化。

准时化(Just in Time,JIT)生产是以市场为龙头,在合适的时间生产合适数量和高质量的产品,JIT 以拉动生产为基础,以平准化(Leveling System)为条件。所谓拉动生产是以看板管理为手段,采用“取料制”,即后道工序根据“市场”需要进行生产,对于本工序在制品短缺的量,从前道工序取相同的在制品量,从而形成全过程的拉动控制系统,绝不多生产一件产品。平准化是指工件在被拉动到生产系统之前,要人为地按照加工时间、数量、品种进行合理的搭配和排序,使拉动到生产系统中的工件流具有加工工时上的平稳性,保证均衡生产,同时在品种和数量上实现混流加式运动,起到对市场多品种、小批量需要的快速反应的作用。

自动化(Autonomation,日语为 Jidoka, 与一般的自动化有别)是丰田生产模式的另一个支柱,它指的是一种自动异常检测控制系统。它使得设备能够自动检测出不良品,并在不良品生产时马上停止工作,从而阻止不良品的盲目生产。所以,丰田生产方式通过自働化达到了将质量控制和质量保证完全融入生产过程的理想境界,避免了一个或多个生产者不停地对设备进行监视的需要，将操作者从机器的统治下解放出来，并让他们把精力集中在那些锻炼自身技巧和能力的工作上。但是，为了确保生产出质量合格的令顾客满意的产品，操作者在发现任何可疑情况时有权停止生产，主动排除故障，解决问题。同时将质量管理融入生产过程，变为每一个员工的自主行为，将一切工作变为有效劳动。

“一大基础”是指改善(Improvement)，它是丰田式生产管理的基础。这里的改善包含了以下三个方面的意义：

① 从局部到整体永远存在着改进与提高的余地。在工作、操作方法、质量、生产结构和管理方式上要不断地改进与提高。

② 消除一切浪费。丰田式生产管理哲理认为不能提高附加价值的一切工作(包括生产过剩、库存、等待、搬运、加工中的某些活动，多余的动作，不良品的返工等)都是浪费。这些浪费必须经过全员努力不断消除。

③ 连续改善(Continuous Improvement)是当今国际上流行的管理思想。它是指以消除浪费和改进提高的思想为依托，对生产与管理中的问题采用由易到难的原则，不断地改善、巩固、再改善、提高的方法，经过不懈的努力，通过长期的积累，获得显著效果。

丰田生产模式的推行给丰田公司带来了巨大的收益，至1976年，丰田公司年平均流动资金周转次数高达63次，是当时日本企业平均水平的8.85倍，是美国企业平均水平的10倍多。

(7) 基于全运营要素的运营模式

基于全运营要素的运营模式是一种不仅考虑成本、质量，还考虑服务、可靠性、反应速度，甚至信息、环保等各个因素的面面俱到的运营模式。

这种运营模式汇集了很多种运营模式的优势。成本优势使产品或者服务价格更便宜，在每个行业中都存在着严格遵循低成本原则的细分市场，在这个细分市场里，消费者只购买低价的产品，只有某个企业能从众多竞争者中脱颖而出，成为成本最低者，从而成为这个细分市场的领导者；质量优势是指建立适当的产品质量标准，集中全力满足客户需求；服务优势，由于产品生命周期缩短，企业为获取竞争优势，为客户提供“增值”服务，这无论是对提供产品还是对提供服务的企业都是重要的，这是企业获取竞争优势的一个重要渠道；交付优势，在某些市场上，交付速度是顾客消费时考虑的一个重要因素，企业交付速度超过其他竞争对手是十分关键的；信息优势，信息技术的飞速发展，使大量数据得以准确地运算、存储和共享，许多时候发生的问题或者发现的潜在问题都可以通过远程方式来解决，这样就减少了甚至避免了信息产品在运行过程中发生中断。

沃尔玛的经营理念蕴含于其“天天平价，始终如一”的经营策略中。

"天天平价，始终如一"不是指一种或若干种商品低价销售，而是所有商品都以最低价销售；不是指在一时或一段时间低价销售，而是常年都以最低价格销售；不是在一地或一些地区低价销售，而是所有地区都以最低价格销售。

首先，为降低购货成本，沃尔玛采取直接购货、统一购货和辅助供应商减低成本三者相结合的方式。这种方式实现了完整的全球化适销品类的大批量采购，并形成了绝对的低成本采购优势。很多商家采取的是代销的经营方式，以规避经营风险，沃尔玛却实施直接买断购货政策，而且对于货款结算采取固定时间、决不拖延的做法。这种购货方式虽然使沃尔玛承受了一定的风险，但对于供应商的利益却有较大保护，可以大大激发供应商与沃尔玛建立业务关系的积极性，以此赢得供应商的信赖，并同供应商建立起友好融洽的合作关系，从而保证沃尔玛获得最优惠的进价，大大降低购货成本。其次，沃尔玛采取中央采购制，尽量由总部实行统一进货，特别是那些在全球范围内销售的高知名度商品，如可口可乐等，沃尔玛一般一次性签订一年销售的商品的采购合同。由于数量巨大，其获得的价格优惠远远高于同行，形成他人无法比拟的低成本优势。最后，沃尔玛通过强制供应商实现最低成本来提高收益率，如对供应商的劳动力成本、生产场所、存货控制及管理工作进行咨询和记录，迫使其进行流程再造和提高商品性价比，使其同沃尔玛站在同样的角度，致力于降低产品成本及其供应链成本的运作。

为解决各店铺分散订货、存货及补货所带来的高昂的库存成本代价，沃尔玛采取了建立配送中心、由配送中心集中进行商品配送的方式。这种方式大大提高了库存周转率，缩短了商品储存时间，有效避免了公司在正常库存条件下由各店铺设置仓库所付出的较高的成本。

为降低运输成本和提高效率，沃尔玛建立了自己的车队，并辅以全球定位的高科技管理手段，保证车队总是处在一种准确、高效、快速、满负荷的状态。沃尔玛自身拥有运输车队的做法，确实大大提高了商品供给时间，降低了运输成本。例如，沃尔玛各店铺从向总部订货到实现补货仅需 2 天，而美国的另外两家折扣商店达格特和凯玛特却分别需要 4 天和 5 天才能实现一次补货，沃尔玛的反应速度可见一斑。

沃尔玛对商品的质量有一个永恒的承诺：保证满意，顾客对在沃尔玛购买的任何物品觉得不满意，可在一个月内拿回商店退还全部货款。沃尔玛深知：信誉是立足之本，是一个企业在竞争中取胜的法宝。只有低价不低档的商品和真诚、完善的服务才能打动顾客的心。而在公司内部，沃尔玛始终坚持把顾客奉为上帝，管理者为员工服务，员工为顾客服务，从而形成商场管理以人为本-管理者以员工为本-员工以顾客为中心-顾客信赖商场的“经营循环链”。

沃尔玛成功经营的秘诀首先在于不断地去了解顾客的需要,设身处地地为顾客着想,最大限度地为顾客提供方便。沃尔顿常说:“我们成功的秘诀就是我们每天每个小时都希望超越顾客的需要。如果你想象自己是顾客,你会希望所有的事情都能够符合自己的要求——品种齐全、质量优异、商品价格低廉、服务热情友善、营业时间方便灵活、停车条件便利等。”因此,沃尔玛始终把超一流的服务看成是自己至高无上的职责。正是这种时刻把顾客需要放在第一位,善待顾客的优良服务品质,以及在价格上为顾客创造价值的经营理念,使沃尔玛赢得了顾客的信任,从而带来了巨大的收益。

沃尔玛的高科技信息处理系统不仅包括发达的计算机网络体系,还包括全美最大的私人卫星通信系统和世界上最大的民用数据库。沃尔玛所有店铺、配送中心的购销调存以及运输车队的详细信息,都可以通过与计算机相连的通信卫星传送到总部的数据中心,数据中心为沃尔玛各店铺、配送中心、供应商和车队进行通信联系和信息交流提供了便利。在高科技信息处理系统的支持下,各店铺、配送中心、供应商和运输车队利用空中信息轨道及时联络,使快速移动的物流循环链上的各个点实现了光滑、平稳、顺畅的低成本衔接。沃尔玛的分销成本因此降至销售额的3%以内,流通费用比竞争对手降低60%以上;另外,资金周转速度也得到大幅度提高。正是由于上述种种正确战略的实施,才使沃尔玛一步步发展成长为零售业巨头,使得沃尔玛获得竞争对手所无法抗衡的竞争优势。

2.3 案例讨论:365天天天演出——田汉大剧院运营模式变革

田汉大剧院成立于1996年,位于湖南省长沙市劳动西路贺龙体育场东南角,建筑总面积为28151平方米,地上6层,地下1层,外观新颖独特。大剧院是一座多功能的文化建筑,人们在此不仅能欣赏到世界著名的歌剧、芭蕾、交响乐等高雅艺术,也能召开高标准的国际会议。

大剧院的主体部分为大剧场,观众厅座位数约为1210个,其中池座800座,二楼和包厢共410座。座位设计使全场观众均能在不同的角度舒适地欣赏表演。大剧院的舞台设备也是目前国际上较为先进的。舞台容纳面积大,动作变换多。主舞台有700平方米,圆形旋转直径为16米,有4块升降台以及2块可升降的魔术旋转台,两侧舞台各256平方米。为了完美地展现世界一流艺术家的魅力,大剧场的音响采用“自然声为主,电声为辅”的声学方针，选用美国 EV 公司的专业音响。同时，大剧院采取高科技现代灯光手段，渲染出纷繁的舞台气氛效果。除主剧场外，大剧院还有具有 837 座的音乐厅，该音乐厅拥有世界顶级的伯恩斯坦钢琴，适合演出室内乐、交响乐等。四层有 2000 平方米的艺术陈列廊展览厅。六层有 2500 平方米的艺术培训中心、咖啡厅。地下二层有供 100 余辆小汽车泊位的车库。地下一层有大小不同的排演厅、练声房、练功房和各类制景室、化妆室，可供国际上人数最多、档次最高的歌剧团、交响乐团等进行排练演出。

那么具有高档、齐全硬件设备的田汉大剧院的经济效益、演出率、上座率、社会满意度又如何呢？

在 2000 年，田汉大剧院还是一个平均每月演出 5～6 场，员工连续 3 个月领不到工资，甚至是“大演大亏、小演小亏、不演也亏”的剧场。2002 年新领导班子成立后，锐意进取，探索创新剧院经营模式，为田汉大剧院的发展迎来了新的契机，经过一番努力，出现了颇为壮观的演出前观众排队买票的长龙，演出后汽车根本无法起步的场情。2006 年田汉大剧院一年演出场次近 600 场，经营收入达 4000 万元，演艺品牌的无形资产达到近 3 亿元。“田汉大剧院”成为国内著名的娱乐品牌，并已形成“去湖南必看田汉”这一说法，成为文化部指定的中国文化产业示范基地。田汉大剧院已成为长沙市乃至湖南省的一块金字招牌，每年接待全国各地慕名前往田汉考察的政府人员及游客已超过 60 万人次，创造了良好的社会效益和经济效益。

田汉大剧院成为中国文化演艺的航母、一流的专业演出剧院，靠的是什么？它靠的是坚持奉行“弘扬民族文化、提升中华民族的文化品位”的经营战略，以“创造精品文化、弘扬高雅艺术”为己任，以“一切为了观众，一切源于创新”为经营理念。它靠的是其运营管理所创造的竞争优势，催生了广为称道的中国剧院经营的“田汉模式”。

(1) 锁定大众，选好品牌节目

文化产业的产品是什么？艺术！田汉大剧院喊出了“艺术就是产品”的口号，能卖出去的艺术才是好产品。怎样经营好剧院，使剧院能够有更多的演出？田汉大剧院的首选是产品必须满足顾客的需求，并将满足顾客的需求突出定位在“健康、快乐”两个方面。所谓健康就是健康向上，看了使人振奋；快乐就是让每位观众在现场笑声、掌声不断，看完节目心情愉乐、高兴、轻松。

在长沙的文化、地域背景下，田汉大剧院采用“剧院文化＋歌厅文化”这一运营模式，将当地的文化特色与剧院传统的文化特色结合起来，走雅俗共赏之路，其演出的表现形式为：

① 雅——大型舞美、国外嘉宾、高水准；

② 闹——观众互动；

③ 笑——本土笑星。

田汉大剧院演出的上半场多是高水准的舞蹈和表演，像冰上芭蕾、踢踏舞等，以及一些国内外专业剧团表演的节目，具有很高的艺术性，这些成为新型剧院文化区别于歌厅文化的核心，形成了“雅”的亮点；中场是以观众参与互动为主的“闹”的部分，到场的观众需要互动，观众也是演员，观众的互动是演出的一部分；下半场是以本土幽默笑星搞笑为主的“笑”的部分。大气的舞美设计和主持人幽默灵活的串词，使整台晚会精彩纷呈，高潮迭起，整台晚会不设主题，人们感受到的只有“健康、快乐”。

(2) 规模化经营——365 剧场模式

新型剧院的剧场环境及舞美设施投入非常昂贵，一般都达到几千万元。但是田汉大剧院正是注重规模化经营实践，365 天不管盈利状况如何，坚持天天演出，将节目成本分摊到每场，所以单场成本并不高。3 个小时的演出，从 2002 年的 30 元/人逐步提高到 60～120 元/人，既达到了雅俗共赏的目的，也使得剧院社会效益和经济效益得到同步增长。

(3) 立体营销，强势出击

酒好也怕巷子深。再好的节目，要有人来看，才会得到认可，赢得市场，才会实现剧院经营的“文化价值导向”。

田汉大剧院采取了强有力的立体娱乐营销模式。在全市有几百个票务营销点，每个票务点都有利润提成的比例，而且保证在有人流的地方、人多的地方就有田汉大剧院的优惠券；着眼于周边观众的需要，采取广告、票务优惠等形式吸引周边省市的观众过来看节目；着眼于旅游群体的需要，与旅游公司长期合作，成为湖南旅游的必游景点，利用市场手段，充分调动旅游公司的积极性；高水准的节目与地方特色文化糅合在一起，田汉大剧院目前已成为湖南省、市各级政府的接待基地，长沙市的各种会展、会议的接待基地。这种营销方式，效果理想，见效快。

(4) 以优质的管理服务作为保障

田汉大剧院每天都要对员工的服务情况进行通报，对全部工作实行程序化、规范化，使各项活动都能圆满完成，并实现持续改进的目的，定期进行规范化岗位培训，不断提高观众的满意度。

田汉大剧院依托节目、营销、服务及强人气打造 365 剧场，产生规模效益，其运行模式如图 2-8 所示。

(5) 创新音乐会经营管理模式

音乐会的经营是典型的高雅艺术经营，田汉大剧院通过创新音乐会经营模式，逐步实现了赢利：降低音乐厅场租或免场租，鼓励社会公司参与音

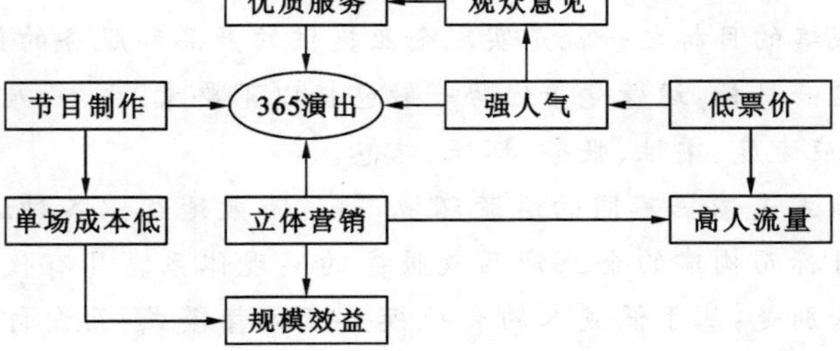

图 2-8 田汉大剧院的运行模式

乐会的经营；同时积极争取政府的大力支持，举办系列高品质音乐会，如2006年的七个系列音乐会，即：国际钢琴系列音乐会，学生音乐教育活动系列音乐会，湖南音乐季，名家名师系列音乐会，国际音乐周，普及系列音乐会，经典民乐系列音乐会。在达到规模经营的基础上，寻求长线赞助，有了量就有了人气，就会有市场。但是音乐市场的培养必须经历一个较长期的过程，田汉大剧院有公益性和半公益性演出。公益性演出就是将票全部免费赠送给学生和未成年人，半公益性演出每场有200张以上的票赠给学生和未成年人，这也是培养市场的一种经营方式，而且是一种远期赢利模式。2005年田汉大剧院实际争取社会赞助几百万元，不仅弥补了音乐会经营亏损且略有盈余，逐渐使高雅艺术的演出走上了良性轨道。音乐会运营模式如图2-9所示。

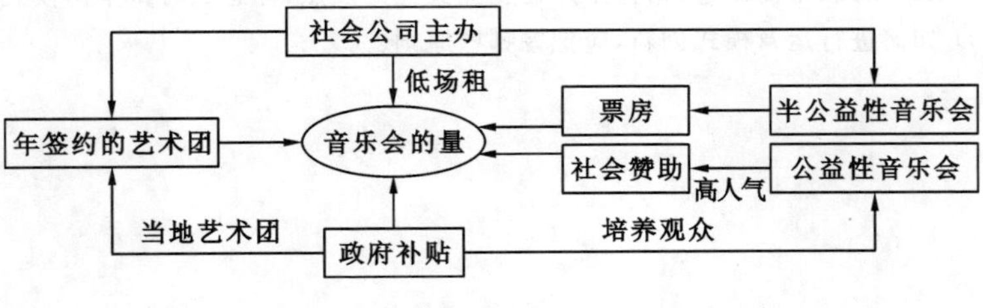

图 2-9 田汉大剧院音乐会的运营模式

分析与讨论：

田汉大剧院的核心运营模式是什么？

本章小结

企业的运营战略是企业战略的重要组成部分。运营战略是企业根据选定的目标市场和产品特点，围绕如何利用企业资源支持企业长期竞争战略而制订的一系列决策规划与内容程序。

运营战略的目标之一就是实现企业提供的产品和服务的最大化增值。为了实现这一目标,运营竞争优势一般包括以下要素:成本、质量、交货期、可靠性、反应速度、柔性、服务、环保、信息。

运营模式是依据不同的运营环境,通过有效地组织各种运营要素,为实现战略目标而构建的企业产品或服务的实现体系。具有代表性的七种运营模式分别是:基于低成本的大规模生产运营模式、面向订单装配的运营模式、基于低成本快速反应的运营模式、基于产品和设计创新的经营模式、基于价值创新的运营模式、基于精益生产的运营模式、基于全运营要素的运营模式。

本章思考题

(1) 什么是运营战略？其任务有哪些？
(2) 试述运营战略在组织战略中的地位与作用。
(3) 运营战略的影响因素有哪些？
(4) 如何制订运营战略？
(5) 什么是商业模式？运营模式在商业模式中的作用是什么？
(6) 运营战略的影响因素有哪些？
(7) 运营模式的发展趋势如何？
(8) 浅谈沃尔玛运营模式的启发。
(9) 丰田模式、丰田制造、精益生产是企业关注的焦点,你怎么看待丰田模式？
(10) 如何进行运营模式创新,应把握哪些原则？

项目管理 3

开篇案例——国际会议的项目管理

某大学工商管理学院与中科院在 2009 年 6 月共同发起并主办了一场国际性会议。组委会决定在 6 月 1—5 日召开会议，会议分为两个阶段：第一阶段，1—3 日在该大学召开会议；第二阶段，4—5 日两天到某国家森林公园参观。在会议开始前，组委会初步统计将有来自国内外的 200 多位专家、学者参与。由于该国际会议是第一次举办，且与会人员较多，为保证该会议的顺利举办，组委会在 5 月份就开始了紧张的筹备工作，对会议进行了详细的计划、安排。

组委会的筹备主任由该大学工商管理学院的院长、书记、副院长等领导担任。5 月初，组委会把工作任务分配到 7 个组：宣传组、接待组、资料组、财务与考察组、会场组、后勤组和志愿者组。

宣传组负责场外宣传、开幕式宣传、酒会、晚会、摄影、录像等工作。

接待组负责与会人员信息的搜集确认、酒店预订、汽车的调度与派遣、志愿者的培训、专家与学者的接送、会场报到的接待、医疗与保卫等工作。

资料组负责证件、会议论文集、宣传资料的制作，与会嘉宾信息的收集等。

财务与考察组负责注册收费、外币兑换、返程机票与火车票的预订、赴国家森林公园参观、费用结算与报账等工作。

会场组的工作主要是会场设备的检查，现场布局，会议前、中、尾的服务等。

后勤组负责与会人员、筹备人员的餐饮安排。

志愿者组负责志愿者的招募、联系、调度等工作。

正当组委会紧锣密鼓地进行筹备工作时，从 2009 年 4 月份开始爆发的甲型 H1N1 流感在全球蔓延。为了做好防控工作，卫生部门及其他政府部门对聚集性活动有严格的规定,尤其是召开国际性会议。同时,由于对甲型流感的恐惧,国外专家的到会情况也难以确定。这使得会议能否成功举办的风险急速增加。组委会经过认真的商讨及与政府有关部门的多次沟通、协商,最后决定会议如期举办。

2009年5月30日,有专家、学者提前到达,虽然组委会还没有对志愿者进行培训,但接待组的志愿者还是顺利地完成了任务。会议期间各组工作正常,会议按照事先安排的顺利召开、闭幕,专家、学者也于2009年6月7日全部离开。由于与会人员、赴国家森林公园参观的人员事先都没能完全确定,加上甲型流感时期的疫情防控工作,使得会议费用超支。另外,因为会议日程没有对外公布,原计划中没有对校内人员参与会议事项进行具体安排,该高校的一些教师、学生没能如愿参加。这是本次会议的两大不足。但总的来说,在成功应对如此巨大的风险的情况下,会议还是按时、按质举办了。

3.1 项目管理概述

由于曼哈顿计划和阿波罗登月计划应用项目管理取得了巨大成功,使得项目管理备受世人关注和青睐。20世纪90年代以来,项目及项目管理的应用与发展进入了一个全新的时代,项目管理的理念和方法也有了新的发展。

3.1.1 项目

(1) 项目定义

项目指的是在一定的时间、预算、资源以及客户要求的性能、规格等限制下,为创造独特的产品、服务或结果而进行的一次性努力。

项目有一个确定的开始时间和结束时间。当达到项目目标时,项目结束;如果目标显然达不到,则这时项目应该终止。

不同项目的实施不可能以完全相同的方式由完全相同的人来完成。即使有类似的项目,也只能作为参考,不可能在同一种组织结构下由完全相同的一批人以同样的方式来完成项目。

由项目的定义可以看出,项目既可以是建造一栋大楼、修一条高速公路、架一座桥,也可以是开发一种新产品、一种新工艺或者举办各种类型的会议、晚宴等。这些都是一次性的,都要求在一定的期限内完成,不得超过一定的费用,并有一定的性能要求等。所以,有人说项目是建立一个新企业、开发一种新产品、建造一项新工程,或规划实施一项新活动、一个新系统的总称。

（2）项目特征

通过对项目概念的认识和理解，可以归纳出项目作为一类特殊的活动（任务）所表现出来的区别于其他活动（任务）的特征：

① 有一个明确界定的目标，每一个项目都是独特的，有明确的范围界定；

② 由一系列相互关联的任务所组成，这些任务的完成意味着项目的完工；

③ 需运用各种资源，如人力、物力和财力；

④ 有具体的时间计划或明确的期限，每一个项目都有具体的开始时间和结束时间；

⑤ 可能是独一无二、一次性的努力，如人类基因工程是独一无二的；

⑥ 每个项目都有客户，可能是政府、企业，也可能是公众或者个人；

⑦ 具有一定的不确定性，存在一定的项目风险。

（3）项目生命周期

项目是一次性的任务，因而有明确的起点和终点。任何项目都会经历启动、开发、实施、结束这样一个过程，人们常之称为“生命周期”。项目生命周期的特性主要表现为：启动阶段比较缓慢，开发与实施阶段比较快速，而结束阶段又比较缓慢。项目阶段的数量和名称由项目的性质决定，如软件开发项目一般划分为五个阶段：定义、设计、编码、测试和维护。尽管各类项目的生命周期阶段的划分有所不同，但总体来看，可以分为概念（Conceive）阶段、开发（Develop）阶段、执行（Execute）阶段和结束（Finish）阶段，如图 3-1 所示。

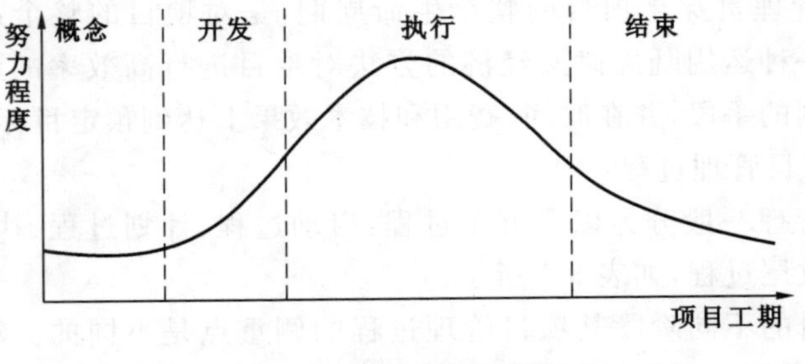

图 3-1 项目生命周期图

① 概念阶段：选择并定义项目概念，建立项目目标，形成团队，并分配主要责任；

② 开发阶段：检验项目概念并由此制订出一个切实可行的实施计划，以决定项目将做什么，在什么时候进行安排，谁受益，以及预算将会如何；

③ 执行阶段:将计划付诸实施,并根据事先制订的标准对时间、成本和质量进行控制,根据情况修订计划;

④ 结束阶段:项目过程完成并归档,将最终产品交付业主管理、保管和控制,并重新部署资源。

在项目的整个生命周期中,开始阶段人力和费用投入比较低,随之增高,在项目接近收尾时又迅速下降。在项目开始阶段,成功地完成项目的可能性最低,风险和不确定性最高。

3.1.2 项目管理

从 20 世纪 70 年代开始,项目管理作为管理科学的重要分支,为项目的实施提供了一种有力的组织形式,改善了利用各种资源的计划、组织、执行和控制的方法,从而引起了广泛的重视,并对管理实践作出了重要的贡献。

(1) 项目管理的定义

项目管理是指把知识、技能、工具和技术应用于项目各项活动之中,以实现或超过项目干系人对项目的要求和期望。在项目的生命周期中,项目干系人,即参与或可能受到项目活动影响的个体和组织,既可以是项目经理、项目成员(以及他们的家庭)、执行组织、高管层、职能部门经理、工会,也可以是业主、项目发起者、顾客、承包商、供应商和卖主,还可以是管理部门、媒体、特殊利益团体等。干系人对项目的要求是已识别的各项具体要求,而其对项目的期望则是未被识别的要求。期望比要求更广泛,也更难以满足。

项目管理贯穿于项目的整个生命周期,是对项目的整个过程进行管理。它是一种运用既规律又经济的方法对项目进行高效率的计划、组织、指导和控制的手段,并在时间、费用和技术效果上达到预定目标。

(2) 项目管理过程

项目管理一般分为以下五个过程:启动过程、计划过程、执行过程、控制过程和收尾过程,如表 3-1 所示。

在项目的不同阶段其项目管理过程的侧重点是不同的。项目开始阶段,主要为启动过程和计划过程,项目结束阶段主要侧重于收尾过程,而执行过程和控制过程则贯穿于项目的整个生命周期。在项目阶段内各过程的关系如图 3-2 所示。

表 3-1 项目管理过程表

过程类别	含义
启动过程	批准一个项目，并且有意往下推行的过程
计划过程	界定并改进项目目标，从各种备选方案中选择最好的方案，以实现所承担项目的目标
执行过程	协调人员和其他资源以执行计划
控制过程	通过定期监控和测量进展，确定实际状况与计划之间存在的偏差，以便在必要时采取纠正措施，从而确保项目目标的实现
收尾过程	对项目的正式接收，进而使项目实现有序的收尾

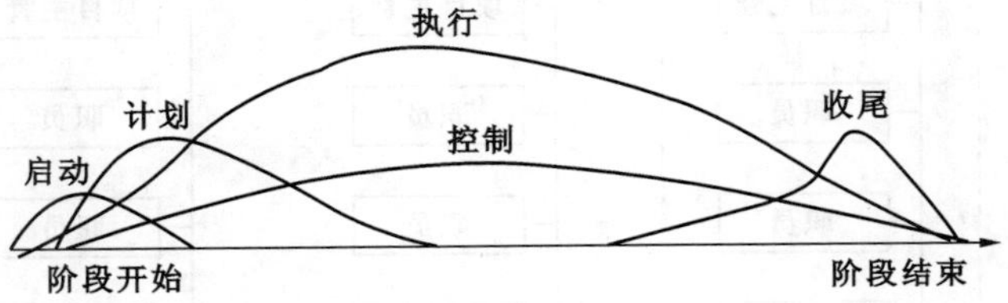

图 3-2 在项目阶段内各过程之间的关系

3.1.3 项目组织形式

项目组织形式分为职能式、项目式和矩阵式。在项目开始以前，高层管理者应确定采用何种组织形式。

(1) 职能式组织

职能式组织就是在保持原有组织的职能等级结构的前提下，当决策层决定实施一个新项目时，项目就被划分成不同的部分分配到不同的职能单位，每个单位负责项目的一部分，各部门的完工就意味着项目的完成。这一组织形式适合于某一职能部门对项目的完成起主导作用的情形。

职能式组织有其优点，也有其不足之处。其优缺点如表 3-2 所示。

表 3-2 职能式组织优缺点表

优点	缺点
每个小组成员都可以同时参加几个项目，在人员使用上具有最大的灵活性； 职能区域是小组成员在项目结束后的“家”，职能专家可以垂直发展； 即使离开项目，也会继续留在职能区域里，职业升迁路线维持不变，给员工以安全感； 特殊领域的职能专家可以组成一个关键部门，以协调解决项目中存在的技术问题	与职能区域不直接相关的项目各部分缺乏必要的变革，各职能领域的专家往往只关心自己负责的项目部分，项目沟通、协调困难； 小组成员的士气经常会变得低落，因为他们觉得项目是一种额外的负担，与职业升迁无关； 顾客需求被放在第二位，对顾客需求的反应速度迟缓

(2) 项目式组织

项目式组织是一种与母体组织相分离的组织,其项目经理是全职的。项目成员来自母体组织的内外,但此时已不属于任何职能部门,只需服从项目经理的领导,他们的主要任务就是完成项目(图 3-3)。在有些公司,项目是其业务的主导形式,这些公司组织的设计是为了支持项目团队,项目式组织是其最好的选择。

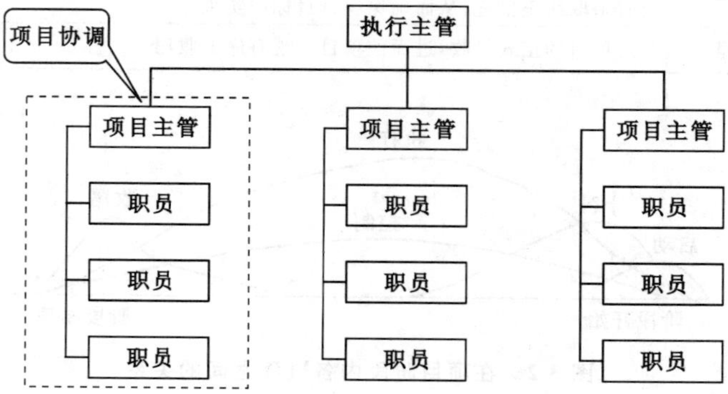

图 3-3 项目式组织图

项目式组织的优缺点如表 3-3 所示。

表 3-3 项目式组织的优缺点表

优点	缺点
项目经理对项目拥有绝对的权力	资源重复配置,设备与人员不能跨部门共享
小组成员只需向一个上级汇报,即项目经理	忽视了组织目标和企业政策,他们只为自己的项目而努力
管理层级少,联系线路短,可以迅速作出决策	职能区域的权力被削弱,项目成员只服从项目经理的指挥
小组成员的自豪感、士气、信誉高	小组成员缺乏安全感,为项目结束而担忧,这可能导致项目延期

(3) 矩阵式组织

矩阵式组织是一种复合式组织,是职能式组织和项目式组织的复合体(图 3-4)。矩阵式组织是现今最普遍的一种组织形式,它结合了职能式组织和项目式组织的优点,但其最大的缺陷在于双重领导,因为项目成员的顶头上司既有项目经理又有职能经理,怎样协调好这种关系是项目经理的职责。矩阵式组织适合于那些具有多个项目的公司。

矩阵式组织的优缺点如表 3-4 所示。

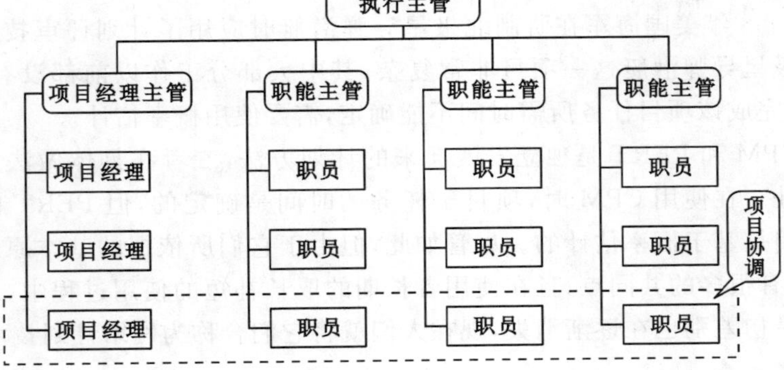

图 3-4 矩阵式组织

表 3-4 矩阵式组织的优缺点表

优　点	缺　点
加强了不同职能区域间的联系； 项目经理对项目的成败负责； 资源的重复配置实现最小化，一位专家可以同时参加几个项目； 项目完成后小组成员仍有“家”，仍将回到原来的职能部门； 项目团队并没有脱离母体组织，遵循了企业政策，增强了对项目的支持	存在两个上级，有时员工不知道听谁的安排； 项目经理是成功关键，他要处理好与各个职能经理的关系； 本位主义容易乘虚而入，项目经理可能会为了自己的项目而独占资源

3.2 网络计划方法

网络计划方法是指用网络图表示一项计划任务的进度安排和各项活动之间的相互关系，在此基础上，进行活动时间的估算、网络时间的计算、关键路线的确定，并利用各种时差，不断改进网络计划，求得时间、成本和资源的优化方案。

3.2.1 网络计划方法简介

1956—1958 年出现了两种新的计划安排技术，分别是关键路径法(Critical Path Method，CPM)和计划评审技术(Program Evaluation and Review Technique，PERT)。关键路径法是由杜邦公司和兰德公司于 1957 年共同发明的。杜邦公司每年要在生产线检修和维护上付出很多时间，且要花费巨大成本，所以需要新的方法帮助做检修、维护工作。由于这些工作中的大部分内容每年都类似,所以完成任务所需时间可以看成是确定的。1958 年美国海军在研制北极星导弹潜艇时应用了计划评审技术。研制北极星导弹潜艇这一项目非常复杂,其中大部分工作以前都没有做过,因此,完成该项目任务所需时间不能确定,需要使用概率估计。

CPM 和 PERT 是独立发展起来的计划方法,二者在具体做法上有不同之处。在使用 CPM 时,项目子任务的时间是确定的,但 PERT 的子任务时间是基于概率估计的。尽管如此,但由于它们所依据的基本原理大致相同,有很多的共同点,且在使用者长期的取长补短的使用过程中,二者之间的最初差别也在逐渐消失,现在人们就将它们合称为网络计划技术。

3.2.2 网络计划的编制步骤

项目网络计划的编制包含八个步骤:项目分解;活动先后次序的确定;活动时间估计;绘制网络图;计算网络参数,确定关键路线;优化;监控;调整。

(1) 项目分解

项目分解就是先把复杂的项目逐步分解成一层一层的要素(工作),直到工作任务具体明确为止。在进行项目分解时,可采用"工作分解结构"(Work Breakdown Structure,WBS)。工作分解结构(WBS)的模型是一个分级的树型结构,它是一个对项目工作由粗到细的分解过程,以便确保找出完成项目工作任务所需的所有工作要素。按照自上向下的分解方法,可以把项目工作结构分成四个层次,依次是总项目、子项目或主体工作任务、主要工作任务、小工作任务或具体活动。在具体实践中可以根据项目的复杂程度增加或缩减层次。图 3-5 所示为工作分解结构的示例。

工作分解结构(WBS)有两种类型:一种是基于可交付成果的 WBS,另一种是基于工作过程的 WBS。基于可交付成果的 WBS,其上层一般以可交付成果为导向,下层一般为可交付成果的工作内容,如图 3-5(a)所示;基于工作过程的 WBS,其上层按照工作的流程分解,下层按照工作的内容划分,如图 3-5(b)所示。

WBS 分解的一般步骤为:

① 总项目;

② 把总项目分解成更小的模块,即子项目或主体工作任务;

③ 把子项目或主体工作任务分解成主要工作任务;

④ 把主要工作任务分解成明确的工作要素,即小工作任务或具体活动。

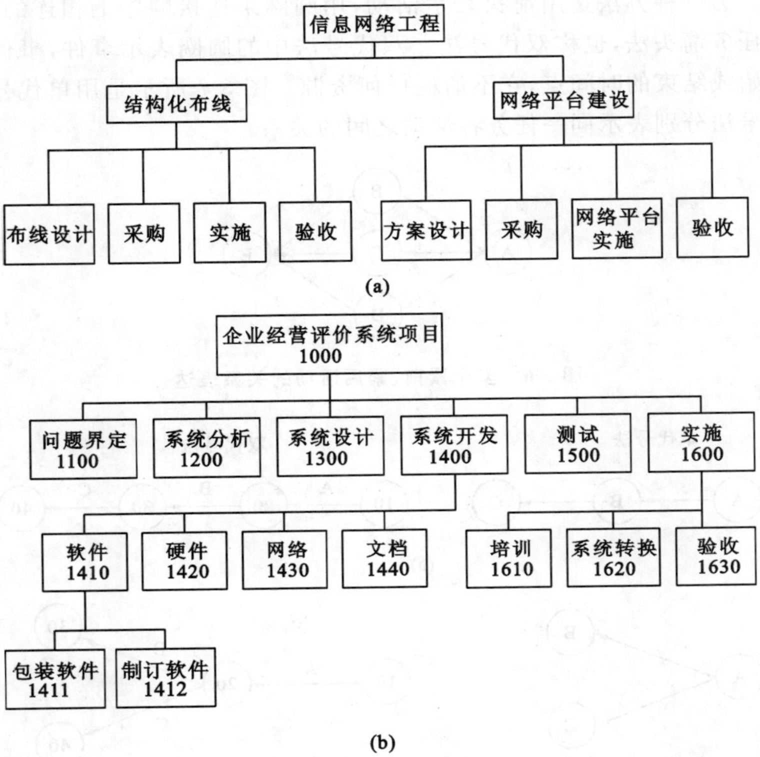

图 3-5 工作分解结构示例

(a) 基于可交付成果的 WBS；(b) 基于工作过程的 WBS

在 WBS 分解过程中，分解后的任务应该是可管理、可定量检查、可分配且独立的；复杂工作至少应分解成两项任务；WBS 能表示出任务间的联系，但不表示顺序关系；最低层的工作应具有可比性；WBS 与任务描述表一起进行；分解后的结果包括管理活动与次承包商的活动。

(2) 活动先后次序的确定

项目分解后，要确定各种活动的先后次序，也就是确定活动的紧前活动和紧后活动。紧前活动是指在另一个活动开始之前必须要完成的活动，而紧后活动则是指一项活动完成之后紧接着开始的活动。在图 3-6 中，活动 E 的紧前活动是 B、C、D，也就是活动 E 开始之前，B、C、D 必须都完成；活动 A 的紧后活动是 B、C、D，即在活动 A 完成后，紧接着开始的活动是 B、C、D。

活动之间的先后次序可用圆圈和箭头组成的图来表示，有两种表示方法：第一种方法是用圆圈表示活动，用箭头将活动连接起来，表示出活动之间的先后次序，称作任务节点法，也称单代号法。图 3-6 就是典型的单代号图。另一种方法是用箭头表示活动,用圆圈来连接顺序上相连的活动,称为任务箭头法,也称双代号法。双代号法中的圆圈表示事件,事件是活动开始或结束的时间点,它不消耗任何资源。图 3-7 所示是用单代号法和双代号法分别表示同一任务各活动之间的关系。

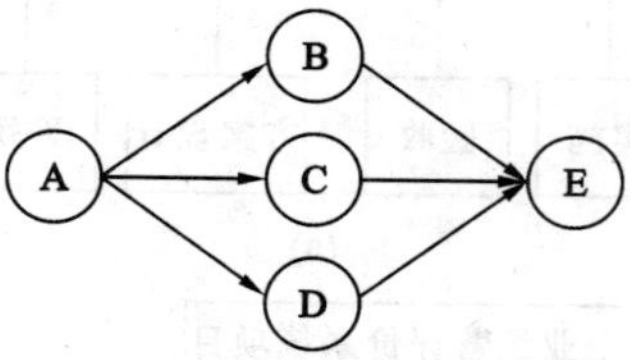

图 3-6 多个紧前、紧后活动的关系表达

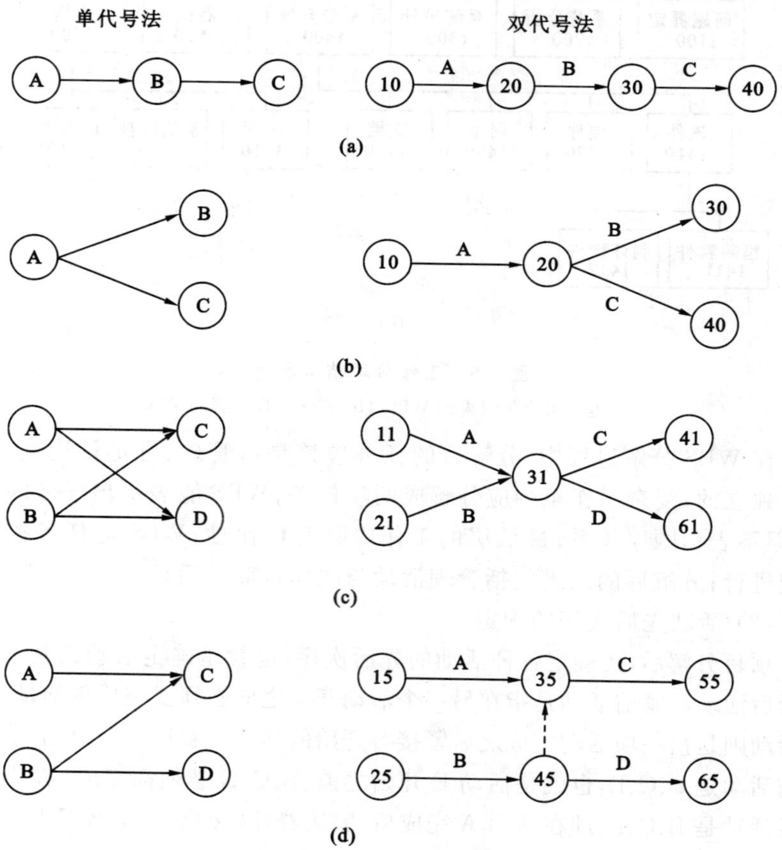

图 3-7 同一任务各活动之间的关系

(a) A 是 B 的紧前工作,B 是 C 的紧前工作;(b) A 是 B、C 的紧前工作;
(c) A、B 是 C、D 的紧前工作;(d) A 是 C 的紧前工作,B 是 C、D 的紧前工作

图 3-7(d)中的虚箭线表示的是虚拟活动，它是一种不消耗任何时间和其他资源的任务，只是用来表示一种优先关系。虚拟活动只存在于双代号法中，单代号法中没有必要使用虚拟任务。单代号法易学，深得初学者喜爱，但由于双代号法能用箭头的长度来表示所用时间的长短，所以双代号法是项目管理人员和工程技术人员的首选。

(3) 活动时间估计

活动时间的估计受到很多因素的影响，如项目成员的多少、工作方法、设备和工作时间等。项目开始之前通常假定有一定的资源且设备已准备好了，而后再进行活动时间估计。

对于活动时间的估计，有四种方法：专家判断法、类比估计法、单一时间估计法、三个时间估计法。

① 专家判断法。专家判断法主要依赖于历史的经验和信息，当然其时间估计的结果也具有一定的不确定性。

② 类比估计法。类比估计法是指以先前类似的实际项目的工作时间来估计当前项目各工作的实际时间。在项目信息获得有限的情况下，这是一种最为常用的方法，类比估计法可以说是专家判断法的一种形式。

③ 单一时间估计法。估计一个最可能的工作实现时间，对应于关键路径法。

④ 三个时间估计法。就是对活动时间预估三个时间值——乐观时间 a、悲观时间 b、正常时间 m，然后通过加权平均求得期望值，该方法对应于计划评审技术。活动的乐观时间 a 是指在最有利的情况下活动所需要的时间；活动的悲观时间 b 是指在最不利的条件下完成一项活动所需要的时间；活动正常时间 m 是指在正常时间情况下完成一项活动所需要的时间。活动期望时间的计算公式如下：

期望时间 $$t=\frac{a+4m+b}{6}$$

其方差为 $$\sigma^2=\left(\frac{b-a}{6}\right)^2$$

三个时间估计计算的示例：某一活动在正常情况下的工作时间是 10 天，在最有利的情况下工作时间是 8 天，在最不利的情况下其工作时间是 15 天，那么该活动的最可能完成时间为：

活动的期望时间 $$t=\frac{8+4\times10+15}{6}=10.5(\text{天})$$

(4) 绘制网络图

网络图的绘制所依据的资料为项目分解的活动、活动的先后次序和活动所需时间。绘制网络图，就是把活动按照顺序放到一个网络图上，然后给每个活动标上时间。有两种绘制方法:一种是顺推法,从第一项活动开始,按照其紧后活动依次画完;另一种为逆推法,从网络图的终点出发,按照紧前活动的次序依次把所有活动画完。

(5) 计算网络参数,确定关键路线

根据网络图,利用前向计算法和后向计算法,计算出活动的时间参数,并确定关键路线。

(6) 优化

使用关键路径等信息,对时间、资源、成本进行优化,做出一个更加经济、有效的计划安排。

(7) 监控

利用网络计划来监测和控制项目的进展。

(8) 调整

依据项目进展情况,对原来的计划安排进行修正和调整,使得计划安排随时都是最新的,并反映出最新的进展状况。

3.2.3 网络图的绘制

网络图有单代号网络图和双代号网络图,本节将介绍双代号网络图的绘制。在双代号网络图中,圆圈及圆圈内的数字表示节点,也表示事件。若一个节点只有箭线发出,而没有箭线引入,则该节点为起始节点;若一个节点只有箭线引入,而没有箭线发出,则该节点为终止节点;既有箭线引入又有箭线发出的节点称为中间节点。网络图就是由这些节点、活动、路线组成的。

(1) 双代号网络图的绘制规则

① 网络图各项活动依顺序从左到右排列,不能反向;

② 网络图中不能出现循环,即不能出现闭环;

③ 两节点之间只允许出现一条箭线;

④ 节点编号,从左到右,由小到大,跳跃式编号,不能重复;

⑤ 箭线首尾必须与节点相连,不允许从箭线上发出箭线;

⑥ 网络图中只允许有一个开始节点和一个终止节点。

(2) 双代号网络图的绘制

理清了项目中的活动、活动的先后次序和活动所需时间,就可以按照顺推法绘制网络图。现以表 3-5 中某软件系统开发的资料为例,说明网络图的绘制方法。

表 3-5 某软件系统开发资料

活动代号	工作名称	紧后活动	延续时间
A	问题界定	B、C	2
B	研究现有系统	E	1
C	确定用户需求	D	3
D	逻辑系统设计	F、H	4
E	实体系统设计	F、H	4
F	系统开发	G	5
G	系统测试	I	2
H	转换数据库	I	2
I	系统转换	—	1

按惯例，绘制网络图应从左至右进行，先画出起始节点，用双代号表示出活动 A，依据其紧后活动，依次画出 B、C，紧接着 B 的紧后活动为 E，C 的紧后活动为 D，按这样的方式进行下去，直到没有紧后活动为止，最后得到终止节点，再给所有活动标上所需时间，图 3-8 即为所求的网络图。

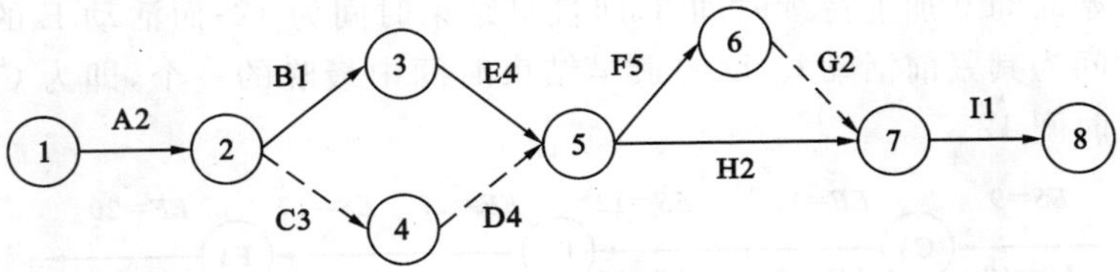

图 3-8 某软件系统开发网络图

从网络图的起始节点出发，顺箭线方向经过一系列节点和箭线，到网络图的终止节点有若干条路，每一条路称为一条路线。路线上各项活动延续时间之和称为该路线的长度，其中最长的路线称为关键路线。图 3-8 中有 4 条路线，分别是：A—B—E—F—G—I；A—B—E—H—I；A—C—D—F—G—I；A—C—D—H—I。其中路线 A—C—D—F—G—I 的长度为 17，是 4 条路线中长度最长的一条，为关键路线。

3.3 网络时间的计算

3.3.1 前向计算与后向计算

在计算网络时间参数前要掌握前向计算和后向计算方法，其中前向计算法用来计算活动的最早开始时间(ES)、最早结束时间(EF),后向计算法用来计算活动的最晚开始时间(LS)、最晚结束时间(LF)。

(1) 前向计算

活动的最早开始时间和最早结束时间是通过整个网络从前到后计算出来的,这一系列计算被称为前向计算。首先,假设第一项活动的开始日期为0,即该活动的最早开始时间。然后对整个网络进行前向计算,从而得到所有活动的最早开始时间和最早结束时间。

① 最早开始时间

a. 开始活动的最早开始时间一般都设为0,即 $ES(i,j)=0$。

b. 若活动不是开始活动,则其最早开始时间等于其所有紧前活动的最早结束时间中最晚的那一个,即

$$ES(i,j) = \max\{\text{紧前活动的 } EF(h,i)\}$$

② 最早结束时间

活动的最早结束时间等于其最早开始时间加上其持续时间,即

$$EF(i,j) = ES(i,j) + \text{活动持续时间 } t(i,j)$$

例如,在图3-9中,活动C的最早开始时间为9,其最早结束时间等于最早开始时间9加上持续时间3,即最早结束时间为12;而活动E的最早开始时间为其紧前活动C、D的最早结束时间中最晚的一个,即为C的最早结束时间12。

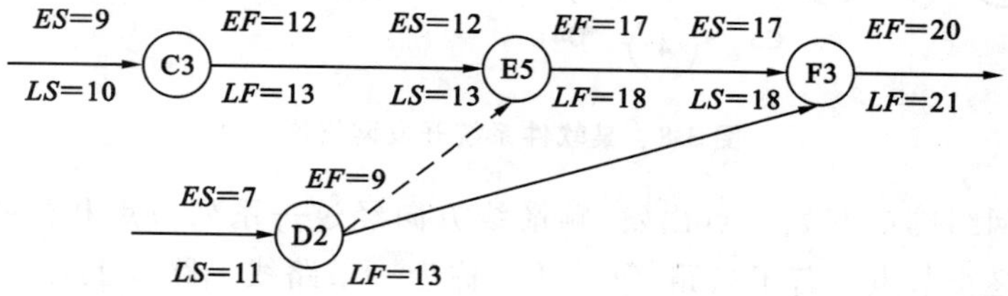

图3-9 单代号网络图的一部分

(2) 后向计算

活动的最晚开始时间和最晚结束时间是通过整个网络从后往前计算出来的,这一系列计算称为后向计算。在通常情况下,最后一项活动的最晚结束时间等于整个项目的最早结束时间。

① 最晚结束时间

a. 结尾活动的最晚结束时间一般等于其最早结束时间,即 $LF(i,j)=EF(i,j)$。

b. 若活动并非结尾活动,则其最晚结束时间等于其所有紧后活动的最晚开始时间中最早的一个,即

$$LF(i,j) = \min\{\text{紧后活动的 } LS(j,k)\}$$

② 最晚开始时间

活动的最晚开始时间等于其最晚结束时间减去其持续时间，即

$$LS(i,j) = LF(i,j) - \text{活动持续时间 } t(i,j)$$

例如，在图 3-9 中，活动 F 的最晚结束时间为 21，其最晚开始时间等于其最晚结束时间 21 减去活动持续时间 3，即活动 F 的最晚开始时间为 18；而活动 D 的最晚结束时间等于其紧后活动 E、F 的最晚开始时间中最早的一个，即为活动 E 的最晚开始时间 13。

在前向计算中，先计算活动的最早开始时间，再计算其最早结束时间；而在后向计算中，则先计算活动的最晚结束时间，再计算其最晚开始时间。

3.3.2 活动时间参数计算

活动时间参数主要包括活动的最早开始时间、最早结束时间、最晚开始时间、最晚结束时间、总时差和单时差等。在计算活动时间参数的基础上，再确定网络图的关键路线。

(1) 活动时差

① 总时差

有了活动的最早开始时间、最早结束时间、最晚开始时间和最晚结束时间，就可以计算出活动的时差。活动的总时差 ST，有时也被称为总松弛时间，是指在不影响项目工期，即不影响紧后活动最晚开始时间的前提下，活动的开始时间或完成时间可以前后松动的最大范围。其数值等于活动最晚开始(结束)时间与最早开始(结束)时间的差值。计算公式为：

$$ST(i,j) = LF(i,j) - EF(i,j) = LS(i,j) - ES(i,j)$$

由于总时差的影响是全局的，若一项活动被耽误的时间超过了总时差范围一天，则整个项目的工期将向后延迟一天。活动总时差在一定程度上反映了该活动的重要程度，总时差小的活动要多加注意，以防其延期，影响项目工期。项目管理人员可以利用活动的总时差使计划安排具有灵活性，但因为项目中存在很多不确定性，故不应使用活动的总时差，可把它作为缓冲，应对项目风险。

② 单时差

单时差 S，有时又被称为后向松弛时间，是指一项活动在不影响其任何紧后活动的最早开始时间的情况下，活动的开始时间或完成时间可以前后松动的最大范围。活动单时差的数值等于其紧后活动中最早开始时间中最小的那一个与它的最早完成时间的差值，即

$$S(i,j) = \min\{ES(\text{紧后活动})\} - EF(i,j)$$

单时差是总时差的一部分。由于单时差的使用不会影响紧后活动的开始时间,所以应尽量使用单时差,以优化网络计划,获得一个资源均衡、费用低、工期较短的优化方案。

(2) 关键路线

总时差为零的活动称为关键活动。对于确定型问题,由关键活动组成的从起始节点到终止节点的路线称为关键路线,关键路线是时间最长的路线。由于项目中存在很多不确定性因素,活动的时间会变,使得非关键路线也可能变成关键路线,所以要动态地看待关键路线问题。表 3-6 是网络图 3-9 中各项活动 ES、EF、LS、LF 值的计算表。

表 3-6 活动时间参数计算表

(1) 活动代号	(2) 活动时间	(3) ES	(4) EF=(2)+(3)	(5) LF	(6) LS=(5)−(2)	(7) ST=(6)−(3)或(5)−(4)	关键活动
A	2	0	2	2	0	0	*
B	1	2	3	5	4	2	
C	3	2	5	5	2	0	*
D	4	5	9	9	5	0	*
E	4	3	7	9	5	2	
F	5	9	14	14	9	0	*
G	2	14	16	16	14	0	*
H	2	9	11	16	14	5	
I	1	16	17	17	16	0	*

由表中的总时差可以得出关键活动分别为 A、C、D、F、G、I,网络图的关键路线为 A—C—D—F—G—I,其长度为 17。

(3) 随机型网络图的完工概率计算

对于随机型网络图,需采用 PERT 技术,活动时间是由三个时间估计法估计的,存在着不确定性,所以要对网络图的各条路线进行概率计算,判断其风险,其中关键路线是在规定期限内按期完工概率最小的路线。

在随机型网络图中,活动持续时间是随机变量,各条路线上的所有活动的持续时间之和仍然是随机变量。根据"中心极限定理",随着变量数的增多,独立同分布的随机变量的和接近正态分布。所以在随机型网络图中采用正态分布计算概率。以下是计算中要用到的公式:

$$\text{活动的时间期望 } t_{ei} = \frac{a + 4m + b}{6}$$

$$活动的时间方差\ \sigma_i^2 = \left(\frac{b-a}{6}\right)^2$$

$$路线总时间\ T_{ei} = \sum_i t_{ei}$$

$$标准差\ \sigma_t = \sqrt{\sum_i \sigma_i^2}$$

项目在要求完工时间之前完成的概率公式为：

$$Z = \frac{LF - EF}{\sigma_t}$$

其中：a 为活动的乐观时间；b 为活动的悲观时间；m 为活动的正常时间；LF 为项目要求的完工时间；EF 为项目最早结束时间。

例如：考虑简单的网络图，假定项目的开始时间为 0，并且要求项目必须在第 42 天之前完成。每项活动工期的概率分布如图 3-10 所示。

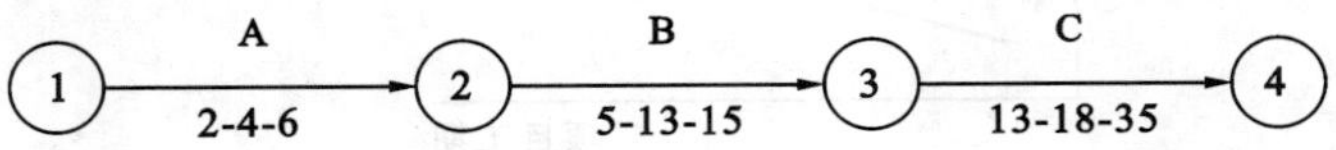

图 3-10　只有一条路径的网络图

① 期望工期计算

先分开计算，后汇总，即：

$t_A = \dfrac{2+4\times4+6}{6} = 4, t_B = 12, t_C = 20$

总 $T_e = 4+12+20=36$

② 活动方差计算

$\sigma_A^2 = \left(\dfrac{6-2}{6}\right)^2 = 0.444, \sigma_B^2 = 2.778, \sigma_C^2 = 13.444$

总方差 $\sigma_t^2 = 0.444 + 2.778 + 13.444 = 16.666, \sigma_t = 4.08$

③ 完工概率计算

$LF = 42, EF = T_e = 36, Z = \dfrac{42-36}{4.08} = 1.47$

查标准正态分布表得出概率为 0.9292，即在项目要求的完工时间 42 天之前完成项目的概率为 0.9292。

3.4　时间-成本优化

在时间和成本之间往往存在一定的转换关系，时间-成本优化的目的是寻求压缩时间所需追加的费用最小，或者是在最佳费用限额确定的情况下如何保证压缩的工期最大，寻求时间和成本的最佳结合点。

3.4.1 成本

项目成本是由直接成本和间接成本构成的。项目之所以可以进行时间-成本的优化，就在于直接成本和间接成本随时间变化而变化的趋势是相反的。如图 3-11 所示，间接成本随工期的延长而增加，直接成本随工期的缩短而增加。

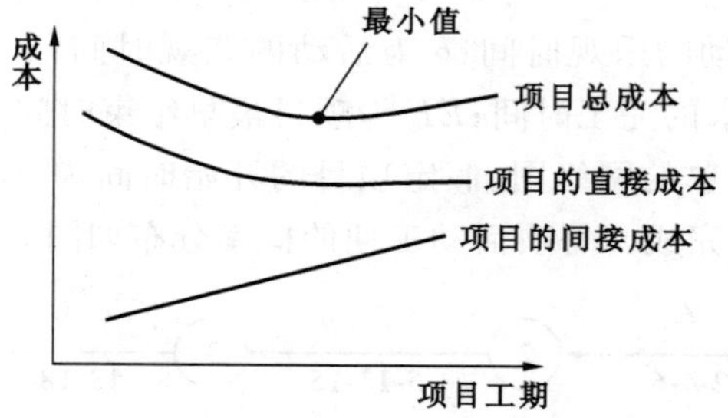

图 3-11 工期-成本图

(1) 直接成本

直接成本(CD)是指能够直接计入成本计算对象的成本，一般包括使用劳动力、原材料、设备等产生的成本，有时还包括承包商的成本。直接成本直接分配给活动。一般来说，缩短工期，就要增加直接成本；而减少资源的投入，即减少直接成本，则会使工期延长。

一项活动在正常条件下完成所需要的时间称为正常时间，记为 NT；所需要的成本称为正常成本，记为 NC。在赶工时间条件下完成某项活动的最短时间称为极限时间，记为 CT；其相应的成本为极限成本，记为 CC。为简化计算，常把直接成本曲线视为直线。在线性假定条件下，活动缩短一个单位时间所引起的直接成本的增加称为直接成本变化率，记为 K。

以上数据存在如下关系：

$$K = \frac{CC - NC}{NT - CT}$$

(2) 间接成本

间接成本(CI)是与整个工程有关的，不能或不宜直接计入而必须按一定标准分配于成本计算对象的费用，一般包括管理成本，如监督、管理、咨询费用和利息等。一般情况下，项目合同中都会规定，提前完工给予奖励，拖延工期给予处罚，这些都将计入间接成本。如果间接成本在项目总成本中占据了较大比例，那么项目时间的缩短就代表了非常真实的节省。

3.4.2 优化步骤

在对网络计划进行时间-成本优化前，通常要作出如下假设：

(1) 一项活动的工期从正常时间减至极限时间，要靠投入更多的资源来实现；

(2) 对一项活动无论投入多少额外的资源，也不可能在比极限时间短的时间内完成这项活动；

(3) 当需要将活动的预计工期从正常时间缩短至极限时间时，必须有足够的资源作保证；

(4) 在活动的正常点和极限点之间，时间和成本的关系是线性的。

在对时间-成本进行优化前，要收集每项活动所需的时间、成本信息，并找出网络图的关键路线和关键活动。关键路线的长度决定了项目的工期，所以每次压缩时间的活动均应是关键活动，且活动的直接成本变化率应该是最小的，以使工期缩短引起的直接成本增加额最小。

时间-成本的优化步骤如下：

(1) 计算每一项活动的直接成本变化率。

(2) 在可压缩时间范围内压缩关键活动的时间，一般情况下，关键活动的压缩时间应小于关键路线和非关键路线长度的差值最小的那一个。在选择关键活动时应选择直接成本变化率小的活动，压缩完后再计算项目的总直接成本。

(3) 重新观察各条路线，确定新的关键活动和关键路线。

迭代步骤(2)、(3)，直到关键路线上各活动均达到极限时间为止。每一次迭代都会得出一种方案。

计算每种方案的总成本，即总直接成本与总间接成本之和。选择总成本最低的方案，其工期即为最佳工期。

下面结合示例说明时间-成本优化的步骤。某计划任务的网络图如图3-12所示，该任务各活动的有关资料如表3-7所示。该任务的间接成本为每天110元。现通过时间-成本优化，确定该任务的最低成本和最佳工期。

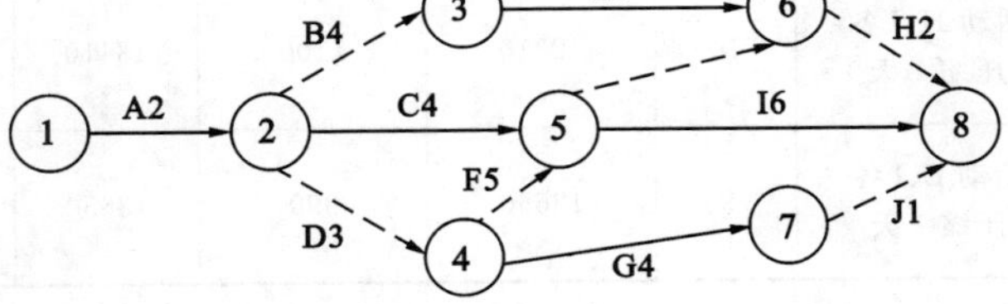

图3-12 网络计划方案

表 3-7 某计划任务的有关资料

活动代号	正常时间		极限时间		差值		活动直接成本变动率(元/天)
	时间(天)	直接成本(元)	时间(天)	直接成本(元)	时间(天)	直接成本(元)	
A	2	2000	1	2100	1	100	100
B	4	1400	3	1500	1	100	100
C	4	800	3	950	1	150	150
D	3	700	1	860	2	160	80
E	5	1200	4	1400	1	200	200
F	5	2000	3	2200	2	200	100
G	4	800	2	900	2	100	50
H	2	700	1	850	1	150	150
I	6	900	3	1350	3	450	150
J	1	950	0.5	1150	0.5	200	400

利用正常条件下的时间、成本和极限条件下的时间、成本,计算活动直接成本变化率,并填入表 3-8 中。根据网络图求出关键路线为 A—D—F—I。此时,关键活动为 A、D、F、I,直接成本变化率最小的为活动 D,因此,优先考虑压缩活动 D 的时间。在可压缩时间范围内压缩 2 天,总直接成本增加 160 元。这时关键路线依然是 A—D—F—I,按照迭代步骤(2)、(3),寻找到所有方案,计算出每种方案的总成本,得到最优方案,见表 3-8。

表 3-8 各种方案表

计划方案	较前方案变动点	总工期(天)	直接成本(元)	间接成本(元)	总成本(元)	关键路线
Ⅰ	—	16	11450	1760	13210	A—D—F—I
Ⅱ	活动 D 压缩 2 天	14	11610	1540	13150	A—D—F—I
Ⅲ	活动 A 压缩 1 天	13	11710	1430	13140	A—D—F—I
Ⅳ	活动 F 压缩 1 天	12	11810	1320	13130	A—D—F—I; A—B—E—H
Ⅴ	活动 B、F 各压缩 1 天	11	12010	1210	13220	A—D—F—I; A—B—E—H; A—C—I
Ⅵ	活动 H、I 各压缩 1 天	10	12310	1100	13410	A—D—F—I; A—B—E—H; A—C—I
Ⅶ	活动 E、I 各压缩 1 天	9	12660	990	13650	A—D—F—I; A—B—E—H; A—C—I

在表 3-8 所列的各个方案中，方案Ⅳ的总成本最小，相应的工期为最佳工期，即该项目的最佳工期为 12 天，最低总成本为 13130 元。

3.5 项目费用管理

项目的费用管理是指为保障项目实际发生的费用不超出项目的预算费用而展开的项目资源计划、费用估计、费用预算和费用控制等管理活动。其目的是在批准的预算条件下，确保项目保质按期完成。

3.5.1 费用估计

费用估计指的是对为完成项目各活动所必需的资源（人、材料、设备等）的费用进行近似估算。

(1) 费用估算依据的资料

在进行费用估算前，应获得以下资料：

① 工作分解结构 WBS。

② 资源需求计划，即资源计划安排结果。

③ 资源价格。为了计算项目各活动费用，必须知道活动所必需的各种资源的单位价格，包括工时费、单位体积材料的费用等。如果不知道某种资源的实际价格，就应该对它的价格进行估计。

④ 工作的延续时间。工作的延续时间将直接影响到项目工作经费的估算，因为它将直接影响分配给工作的资源数量。

⑤ 历史信息。同类项目的历史资料始终是项目执行过程中可以参考的最有价值的资料，包括项目文件、共用的项目费用估计数据库及项目工作组的知识等。

⑥ 会计表格。会计表格说明了各种费用信息项的代码结构，这对项目费用的估计与会计目录的编制相对应很有帮助。

(2) 费用估计的工具和方法

项目费用估算的方法有：自上而下法、参数估计法、自下而上法和软件工具法。

① 自上而下法。它又称类比估计法，该方法是由上到下一层一层地进行，多在有类似项目已完成的情况下应用。该方法先由上层管理人员收集类似项目成本的相关资料，在专家的帮助下完成总费用的估算，然后把总费用估算结果自上而下传递给下一级管理人员，他们再依次估算出子任务、底层活动的费用。

② 参数估计法。它是指利用项目的特征参数建立数学模型来估算项目费用的方法。例如,工业项目使用项目设计生产能力、民用项目使用每平方米造价等,用这些参数去估算项目成本的方法都属于参数估计法的范畴。参数估计法的重点集中在成本因素的确定上,这种方法并不考虑众多的成本细节。其优点在于快速并易于使用;缺点在于若历史数据不适用或有问题,则估算出的费用会有较大差距。

③ 自下而上法。这种方法通常首先估计各个活动的独立费用,然后将各个活动的估算自下而上地汇总,从而估算出项目的总费用。

④ 软件工具法。它是一种运用现有的计算机项目成本估算软件确定项目费用的方法。大部分项目成本管理软件都可以进行项目成本估算。

(3) 费用估计的步骤

一般进行项目费用估算的三个步骤如下:

① 识别和分析项目成本的构成要素,即项目成本由哪些要素组成;

② 估算每个项目成本构成要素的单价和数量;

③ 分析成本估算的结果,识别各种可以相互替代的成本。

通过费用估计,可以得到的结果主要包括项目费用估算文件、费用估算的详细依据和费用管理计划这三个方面的内容。

3.5.2 费用预算

费用预算是进行项目费用控制的基础。它包括给每一项独立工作分配全部费用,以获得度量项目执行情况的费用基线。费用预算包括直接人工费用预算、辅助服务费用预算、采购物品费用预算。

(1) 费用预算依据的资料

费用预算依据的主要资料包括费用估计、工作分解结构、项目进度。

(2) 费用预算的工具和方法

费用预算的工具类似于费用估计。项目费用预算的方法有自上而下法、参数估计法、自下而上法和软件工具法。

(3) 费用预算的步骤

项目费用预算的一般步骤如下:

① 将项目的总预算费用分摊到各项活动。根据项目费用估算确定出总预算费用后,将总预算费用按照工作分解结构以一定比例分摊到各项活动中,并为每项活动建立总预算费用。

② 将活动总预算费用分摊到工作包。

③ 确定工作包预算费用支出的时间以及每一个时点所发生的累计费

用支出额。

经过项目费用预算，可以确定项目各项活动的费用预算、费用基准计划。

3.5.3 费用控制

费用管理不能脱离技术管理和进度管理而独立存在，相反费用管理要在成本、技术、进度三者之间作综合平衡。及时、准确的成本、进度和技术跟踪报告，是项目费用管理和费用控制的依据。

费用控制就是要保证各项工作都在它们各自的预算范围内进行。费用控制的基础是事先就对项目进行的费用预算。

费用控制的基本方法是规定各部门定期上报其费用报告，再由控制部门对其进行费用审核，以保证各项支出的合理性，然后再将已经发生的费用与预算相比较，分析其是否超支，若超支，就采取相应的措施加以弥补。

费用控制主要关心的是影响费用线改变的各种因素、确定费用线是否改变以及管理和调整费用线实际的改变。费用控制包括：

① 监控费用执行情况，以确定实际与计划的偏差；

② 使所有发生的变化都被准确记录在费用线上；

③ 避免不正确、不合适或者无效的变更反映在费用线上；

④ 股东权益变更的各种信息。

费用控制还应包括寻找费用向正反两方向变化的原因，同时还必须考虑与其他控制过程（范围控制、进度控制、质量控制等）相协调，比如不合适的费用变更可能会导致质量、进度等方面的问题，甚至不可接受的项目风险。

(1) 费用控制的依据

费用控制依据的资料有：

① 费用基准计划。

② 实施执行报告。这是费用控制的基础，同时也是发现问题的最基本依据，实施执行报告通常包括项目各活动的所有费用支出。

③ 改变的请求。改变的请求可能是口头的也可能是书面的，可能是直接的也可能是间接的，可能是正式的也可能是非正式的，改变可能是请求增加预算，也可能是减少预算。

(2) 费用控制的方法

项目费用控制是一个复杂的系统工程，其控制方法包括很多，在此仅介绍挣值法。挣值法是对项目进度和费用进行综合控制的一种有效方法。

挣值法是评价项目实际费用与进度情况的一种方法,它通过测量和计算计划工作量的预算费用 *BCWS*、已完成工作量的实际费用 *ACWP* 和已完成工作量的预算费用 *BCWP*,得到有关计划实施的进度和费用偏差,从而可以衡量项目费用的执行情况。图 3-13 所示为挣值图。

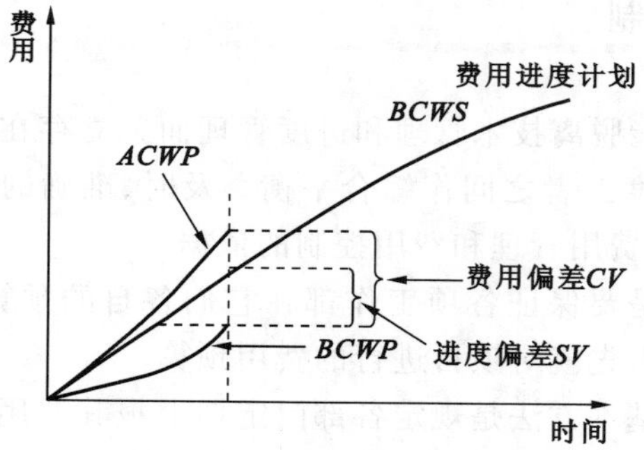

图 3-13　挣值图

① 挣值法的三个基本参数

计划工作量的预算费用(Budgeted Cost for Work Scheduled,BCWS),是指项目实施过程中某阶段计划要求完成的工作量所需的预算费用。计算公式为:

$$BCWS = \text{计划工作量} \times \text{预算定额}$$

BCWS 主要是反映进度计划应当完成的工作量(用费用表示)。

已完成工作量的实际费用(Actual Cost for Work Performed,ACWP),是指项目实施过程中某阶段实际完成的工作量所消耗的费用。*ACWP* 主要是反映项目执行的实际消耗指标。

已完成工作量的预算费用(Budgeted Cost for Work Performed,BCWP),是指项目实施过程中某阶段按实际完成工作量及预算定额计算出来的费用,即挣得值(Earned Value)。*BCWP* 的计算公式为:

$$BCWP = \text{已完工作量} \times \text{预算定额}$$

② 挣值法的四个评价指标

a. 费用偏差(Cost Variance,CV)。*CV* 是指检查期间 *BCWP* 与 *ACWP* 之间的差异,计算公式为:

$$CV = BCWP - ACWP$$

CV 为负值时表示执行效果不佳,即实际消耗费用超过预算值,即超支;反之,当 *CV* 为正值时表示实际消耗费用低于预算值,表示有节余或效率高。

b. 进度偏差(Schedule Variance,SV)。*SV* 是指检查期间 *BCWP* 与

BCWS 之间的差异。其计算公式为：

$$SV = BCWP - BCWS$$

SV 为正值时表示进度提前；SV 为负值时表示进度延误。

c. 费用执行指标(Cost Performed Index,CPI)。CPI 是指挣得值与实际费用值之比，计算公式为：

$$CPI = \frac{BCWP}{ACWP}$$

$CPI>1$ 表示低于预算；$CPI<1$ 表示超出预算；$CPI=1$ 表示实际费用与预算费用吻合。

d. 进度执行指标(Schedule Performed Index,SPI)。SPI 是指项目挣得值与计划值之比，计算公式为：

$$SPI = \frac{BCWP}{BCWS}$$

$SPI>1$ 表示进度提前；$SPI<1$ 表示进度延误；$SPI=1$ 表示实际进度等于计划进度。

③ 费用控制的结果

a. 修订费用估计：随着项目的进行，项目管理者根据实际执行的情况修改和更新原有的项目费用估计。

b. 预算更新：对原有的预算计划和成本基准计划进行必要的更改和调整。

c. 按照完成情况估计在目前实施情况下，项目完工尚需成本 ETC、完成项目所需的总费用 EAC。其计算公式如下：

$$ETC = \frac{BAC - BCWP}{CPI}$$

$$EAC = ETC + ACWP$$

其中 BAC 为完工预算。

④ 挣值法应用实例

假设项目的预计完成费用为 1500 元，并且按计划今天完成，但是到今天为止实际支出了 1350 元，实际完工只占 2/3。则计算过程如下：

$$CV = BCWP - ACWP = 1500 \times \frac{2}{3} - 1350 = -350$$

$$SV = BCWP - BCWS = 1500 \times \frac{2}{3} - 1500 = -500$$

$$CPI = \frac{BCWP}{ACWP} = \frac{1500 \times \frac{2}{3}}{1350} = 0.74$$

$$SPI=\frac{BCWP}{BCWS}=\frac{1500\times\frac{2}{3}}{1500}=0.67$$

$$BAC=1500\qquad BCWP=1000$$

$$ETC=\frac{BAC-BCWP}{CPI}=\frac{1500-1000}{0.74}=676$$

$$EAC=ETC+ACWP=676+1350=2026$$

CV 为－350，表明费用超支；SV 为－500，表明进度延误。经过估计，完成该项目还需 676 元，完成该项目的总费用为 2026 元。

3.6 案例讨论：惠州抽水蓄能电站工程

惠州抽水蓄能电站是由广东省广电集团、国投电力公司、中广核能源开发公司共同合资组建的广东蓄能发电有限公司滚动开发的广东省第二座大型抽水蓄能电站。该电站位于广东省惠州市博罗县郊，装机容量为 240 万千瓦，分两厂建设，安装 8 台单机容量为 30 万千瓦的可逆式机组，电站平均水头为 532.4 米，年发电量 45.63 亿度，年抽水电量 60.03 亿度。电站设计静态投资 70.56 亿元，动态投资 81.34 亿元。项目于 2004 年 11 月 5 日通过了国家发展和改革委员会的核准，工程建设总工期为 8 年零 3 个月（总计 99 个月），计划 2008 年年底第一台机组投产运行，2011 年全部建成。

惠州抽水蓄能电站工程的主要工程量：土石方明挖设计工程量 240 万立方米，洞挖设计工程量 203 万立方米，土石填筑设计工程量 75 万立方米，混凝土设计工程量 99 万立方米，金属结构及钢筋制作安装工程量 4.06 万吨。

项目审批历程：水土保持报告，2001 年 11 月通过水利部批准；环评报告，2002 年 6 月通过国家环保总局批准；项目建议书，2002 年 12 月通过国家计委批准；工程建设用地预审，2003 年 9 月通过国土资源部预审；可行性研究报告，2003 年通过中国水电顾问公司审查，2004 年 11 月国家发改委核准开工。

惠州抽水蓄能电站工程建设要实现一个总目标、四个分目标。其总目标为：以合理的工程成本、合理的建设工期和优良的工程质量，把惠州抽水蓄能电站建设成精品工程和阳光工程。工程的四个分目标分别是：

① 安全目标：零工伤死亡责任事故；不发生重大机械、设备安全事故；不发生重大生产性交通事故。

② 质量目标：施工及安装质量合格率 100%，优良率 85%以上，重大质

量责任事故率为零，力争将电站建成国家优质工程。

③ 进度目标：总工期8年零3个月（总计99个月）；2003年9月28日前期准备工程开工；2004年10月1日主体工程开工；2008年年底首台机组发电；2011年全部建成。

④ 廉政目标：工程建好，干部不倒；工程优质，干部优秀。

（1）工程进度

工程里程碑：2003年9月28日，前期工程开工；2004年10月1日，主体工程开工；2006年3月31日，机电安装工程开工；2007年5月16日，上水库下闸蓄水；2007年10月23日，下水库下闸蓄水；计划2008年5月，A厂水道具备充水条件；计划2008年年底，首台机组投入运行；计划2011年，电站全部竣工投产。

① 前期工程。永久公路于2003年9月开工，2004年10月建成通车。电源施工2003年9月开工，2003年12月投入运行。“三洞”工程：A厂通风洞于2003年9月开工，2004年8月完成施工；交通洞于2003年11月开工，2005年2月完成施工；自流排水洞于2003年10月开工，2005年9月完成施工。

② 主体工程。2004年10月1日，主体工程正式开工。该工程分为上、下库工程。上、下库枢纽工程施工已基本完成，上水库于2007年5月16日下闸蓄水，下水库于2007年10月23日下闸蓄水。

③ 机电设备安装。$1^{\#}$机定子于2007年11月10日成功吊入机坑，转子于2008年1月25日吊装完成，2008年4月12日整体盘车完成，球阀已就位，主变压器已安装完成。$2^{\#}$机定子于2008年3月21日顺利吊入机坑，转子于2008年3月22日完成叠片最后一次压紧，已进行转子磁轭热打键，球阀已就位，主变压器已安装完成。$3^{\#}$机定子于2008年3月14日完成铁芯磁化试验，叠片最终压紧已完成，已进行定子下线工作，导水机构安装已开始，球阀已就位。$4^{\#}$机尾水锥管于2008年3月26日吊入机坑，球阀已就位。

（2）安全生产

工程建设中要求牢固树立“一切事故都可以预防”的理念，推行NOSA五星安健环系统。工程建设中安全管理的方法有：

① 科学的组织机构。项目管理设有安全生产委员会（安全管理最高权力机构）、安全监察组（主持日常安全工作）、施工单位安全监察部（施工单位安全管理机构）。

② 完善的制度保证体系。工程建设中制定并推行了《NOSA五星安健环系统惠蓄电站工作标准》、《惠蓄电站安全文明施工管理办法》、《惠蓄

电站安全文明施工考评办法》、《安全施工责任制》、《安全施工检查制度》等规章制度。

③ 严格的资格审查和监督检查。实行全面安全生产资格审查,施工现场日常安全监督检查,每月及重大节假日前定期开展安全大检查,且对工程实行不定期的专业、专项安全检查。

④ 合理的安全激励机制。在合同中设立总额5‰(400万元)的安全奖励基金,每季度进行安全考评奖罚,每半年进行一次安全文明先进单位、工区和个人评选。

⑤ 加强教育培训和宣传。施工单位进场要接受多层次安全教育和培训,专职安全员必须取得NOSA内审员资格证和事故调查员资格证。同时对员工进行安全宣传,主要的宣传材料有"安全园地"、"安全简报"、"惠蓄管理系统"等。

⑥ 开展各项安全预案演习,如消防演习、防洪演习、突发事故演习等。

(3) 工程质量

惠州抽水蓄能电站工程推行全面质量管理,目的在于打造精品工程。其主要工作有:

① 健全质量保证体系。该质量保证体系包含质量管理领导小组,施工单位质量"三检"制,工程监理质量监督、检查和跟踪,独立的第三方质量检测,政府/行业质量监督等。

② 把好质量"事前、事中、事后"控制关。预控,抓好两个点:开工前审查,工序交接审查。程控,对重点部位、隐蔽工程进行监控。终控,完成一项,检查一项,总结一项。

③ 实施质量奖惩。管理人员制订了工程质量奖惩办法,按合同金额的7.5‰(总额600万元)设立质量奖励基金,实行质量考评,奖惩分明。

④ 确保质量优良,力争国优工程。该工程聘请中国电力建设企业联合会开展工程"达标投产、质量创优"咨询服务,并按国家"优质工程"标准开展工程达标、创优活动。

目前,惠蓄电站建设总体工程质量优良。土建工程共验收4459个单位工程,合格率为100%,优良率达90%;机电工程共验收310个单位工程,合格率为100%,优良率达97%。为打造惠蓄"精品工程"夯下了坚实的基础。

(4) 阳光工程

惠州抽水蓄能电站工程大力推行廉政建设,构建南网特色反腐倡廉惩防体系,具体如下:

① 加强党风廉政建设,严格责任考核和追究。加强廉政教育,深植

“清白做人，干净干事”的廉洁理念；强化目标管理，落实党风廉政建设责任制；加强领导干部作风建设，落实廉洁自律各项规定。

② 合理配置与分解权力。“大监理”的管理体制：在合同中赋予监理相应权力，树立监理威信，发挥监理在工程建设管理中的作用，防止业主权力过于集中。专家论证、集体决策：重大技术问题和重大变更邀请中国工程院院士、国内知名专家和公司咨询委员会专家咨询论证、集体决策。

③ 严肃招投标程序，提高源头防腐水平。工程以“公开、公平、公正、择优”作为招标的基本原则，并规定30万元以上的工程、设备、物资、材料、服务等项目都要进行招标，主要土建工程、物资采购进入交易中心公开招标，主机设备由发改委统一招标，高压设备通过国际招标，重大招投标项目邀请省检察院、省重大项目稽查办、省纪委驻建设厅纪检监察室等单位实施监督。目前，工程已完工，未发现违法违纪现象。

④ 严格工程变更管理。20万元以内的工程变更由总监审查，业主批准；超过20万元的工程变更，由公司招标委员会集体审批；超过30万元的工程变更报惠州市检察院备案；超过100万元的工程变更邀请检察院全程介入。每月召开一次结算会议，解决有争议的变更或支付问题。

⑤ 引入外部监督，完善权力制约机制。2004年5月与省、市、县三级检察院签署预防职务犯罪工作合作协议，成立预防职务犯罪工作领导小组和工作组。

通过构建具有“南网特色”的反腐倡廉惩防体系，努力将惠蓄抽水蓄能电站工程打造成“阳光工程”、“廉政工程”，实现工程、干部“双优”目标，有力地促进了工程建设的顺利进行。

(5) 存在问题

由于惠州抽水蓄能电站工程复杂、时间跨度长，在建设过程中还是存在以下问题：

① 合同管理难度大。原材料价格和人工工资涨幅大，造成合同纠纷多。

② 机电设备分包商多，带来诸多问题。如：质量控制难度大；接口协调复杂；供货进度难以保证。

管理人员针对这些问题采取了有效措施：密切关注政府部门颁发的有关工程造价指导意见，加强合同管理，及时解决合同纠纷；加强机电设备驻厂监造、出厂验收和催货力度，最大限度地降低设备缺陷和到货延迟对工程建设的影响。

目前，惠州抽水蓄能电站工程已按网络计划施工，工程进度、费用、质量、安全都处于计划受控状态。

分析与讨论:

对于惠州抽水蓄能电站工程这种大型的工程项目管理,你认为它的难点在哪里?该怎样解决?

本章小结

项目是指在一定的时间、预算、资源以及客户要求的性能、规格等限制下,为创造独特的产品、服务或结果而进行的一次性努力。

网络计划方法是指用网络图形象地显示了项目计划方法和项目活动,并描述了项目活动的优先关系和关键活动。关键路径法 CPM 和计划评审技术 PERT 是项目管理中常用的网络计划技术。网络图有两种略微不同的表达方式:一种是单代号网络图,另一种是双代号网络图。在项目管理中,时间、成本优化和费用管理是比较重要的内容。

本章思考题

(1) 项目不同阶段的管理过程的侧重点是什么?

(2) 简述项目组织结构的分类及比较。

(3) 计划评审技术和关键路径法的区别是什么?

(4) WBS 的分解步骤是怎样的?

(5) 什么是总时差和单时差?它们的作用是什么?

(6) 怎样确定关键路线?

(7) 简述费用估计的方法。

(8) 根据表 3-9 列出的活动持续时间和顺序关系,完成以下要求:

表 3-9 项目各活动的明细表

活　　动	持续时间(天)	紧前活动
A	4	—
B	5	A
C	5	A
D	6	B、C
E	7	B
F	9	A
G	5	E
H	6	D、I
I	5	F
J	5	G、H

① 为项目建立一个双代号网络图；

② 找出项目的关键路线；

③ 计算出各活动的最早开始时间、最晚结束时间及项目的最早完成时间；

④ 计算出非关键路线上的各活动的时差。

(9) 某公路建设项目，预算单价为 500 元/米。计划用 60 天完成，每天完成 150 米。开工后 10 天，已完成 1200 米，实际付给承包商 80 万元。计算：

① 费用偏差(CV)和进度偏差(SV)分别是多少？说明了什么？

② 进度执行指标(SPI)和费用执行指标(CPI)分别是多少？说明了什么？

4 运营需求与能力规划

开篇案例——Oak Hollow 医疗评估中心的运营能力

Oak Hollow 医疗评估中心是一个对残疾或发育迟缓的儿童提供多项诊断服务的非赢利性机构。该中心对每个病人的身体、精神或心理问题进行测试,并根据病人的支付能力进行收费。

该中心在竞争激烈的环境中生存:许多人热心的公益事业机构在争取日益减少的基金,许多组织(如私人医生、私人和学校的心理医生、社会服务机构)也都在争夺同样的病人。在此情况下,该中心发现其正处于日益增长的财政窘迫之中。

该中心主任艾伯尔先生非常关注中心吸引足够的资金以及满足社会需求的能力。为努力筹集资金,他必须对未来的病人数量、员工数量以及运作费用作出准确的估计。他究竟该如何进行预测呢?

一家服务机构究竟能为多少位顾客提供服务?一家工厂究竟又能生产多少产品?当生产系统要扩充时,应考虑什么条件,会出现怎样的问题?无论我们讨论的是位于美国的 Oak Hollow 医疗评估中心,还是位于法国巴黎近郊的欧洲迪斯尼乐园,类似的生产(服务)能力问题都是经营者们所关心的重要问题。

运营能力对所有企业来说都是一个重要的问题。运营能力规划的目标是,使组织长期的供应能力与预期需求水平相匹配。运营能力过剩会造成运营成本过高,而运营能力不足则会造成资源短缺,由此可能失去顾客。在运营能力规划中涉及的一些基本问题包括:① 需要何种运营能力?② 需要多大的运营能力?③ 何时需要这种运营能力?

需要何种运营能力的问题取决于管理者打算生产或提供的产品或服务,因此,从真正意义上来说,运营能力规划是由运营需求所决定的。

4.1 需求管理

在以需定产的运营环境中，客户需求是运营系统运行的源泉。需求管理的任务就是协调、控制各种需求的来源，从而有效地利用运营系统，并按时满足该需求。

从需求的确定方式来说，需求有两个基本的来源：一个是相关需求（或称非独立需求），另一个则是独立需求。独立需求是指与其他需求没有关系的需求，即独立需求中各物资的需求是互不相关的。而相关需求则是由对其他产品或服务的需求而引起的对此种产品或服务的需求。例如，如果一家汽车公司出售 500 辆小汽车，那么相应就需要 500 个方向盘和 2500 个轮胎（包括每辆车需要的一个备用胎），这里的方向盘和轮胎则为相关需求。

4.1.1 需求调节策略

对于相关需求，企业需要了解与其相关联的独立需求及其相互关系，然后依据其内在关系，进行需求量和需求时间的确定。本书第 5 章和第 6 章将对独立需求和相关需求进行更为详细的讨论。

对于独立需求而言，影响因素很多，无论是制造型企业还是服务型企业，这些需求可能来自企业内部，也可能来自企业外部。而来自企业外部的独立需求，往往取决于客户订单和企业对市场的预测。因此，订单管理和预测管理成为企业独立需求管理最重要的内容。

(1) 制造系统的需求调节策略

对制造系统而言，企业可以通过奖励销售人员、降低价格和对顾客进行有效促销等手段激发独立需求，从而促进需求的增长。反之，提高价位或减小销售力度则会使需求减少。

(2) 服务系统的需求调节策略

服务系统的需求能够通过主动和被动的方法来调节。通过调节需求，可以降低周期性的变化，其主要调节策略有：

① 划分需求

需求可划分为随机到达和计划到达，即预约需求和非预约需求。非预约需求是无法控制的，而预约需求则是可以控制的，因此，通过预约安排可以使需求水平稳定。

② 提供价格诱因

有很多差别定价的做法，如长途电话夜间收费率、电影院的日场实行降价、酒店宾馆在旅游淡季的降价等。差别定价填平了低需求期,但不能削低高需求期。

③ 促进非高峰期的需求

寻找需求的不同来源,会促进非高峰期服务能力创造性地使用。例如,在旅游淡季,可将宾馆用于招待商务人员或作为公司职员的休息场所。采用促进非高峰期需求的策略,有利于提高服务设施在其他时间的利用率。例如,百货商场鼓励顾客"提前购物以避免圣诞节的购物高峰"。

④ 开发互补性服务

很多饭店在繁忙的时候会把在等候的顾客引入酒吧,既可以为饭店带来利润,又可以缓解顾客等待的焦急心情。这说明提供互补性服务有助于满足等候中的顾客的需求。如果这种服务的需求周期与原先服务的需求周期呈反向趋势,还可以创造更加统一集中的需求。

⑤ 使用预订系统

预订等于预先提供了潜在的服务。当作出预订决策后,额外的服务需求就会转移到同一组织内相同设施的其他适宜服务时间,或转移到其他服务设施上。预订服务还可以通过减少等候时间和保证随时提供服务来使顾客受益。

4.1.2 需求预测

在回答需要多大的运营能力以及何时需要这种运营能力时,预测是考虑的关键因素。需求预测提供了对未来需求的预期,是运营能力规划的基础。企业开展需求预测需要把握以下要点:

(1) 按六步法开展需求预测

需求预测通常应按如下六个步骤进行:

第 1 步:明确预测目的。通过明确预测目的,可以确定所需信息资料的详尽程度、必要资源(人力、时机、费用)的数量以及预测的精度。

第 2 步:确定时间跨度。必须确定预测时间间隔,同时应清楚,当时间跨度增大时,预测的精度将降低。

第 3 步:选择预测方法。预测方法分为定性方法和定量方法。

第 4 步:收集并分析相关的数据。在开始进行预测之前必须收集并分析数据,明确所有的假设前提。在作出预测以及应用预测结果时,应能满足这些前提条件。

第 5 步:进行预测。

第 6 步:对预测过程进行监控。必须对预测的全过程进行监控,以便确定预测是否像预期那样进行。如果偏离了预期，则要重新检查所用的方法、提出的前提条件以及数据的合理性，等等；如认为必要，可作出适当调整后再进行预测。

(2) 了解需求构成

在大多数情况下，对产品或服务的需求可以分为六个主要组成部分或影响因素：一段时期内的趋势性需求、季节性需求、周期性需求、平均需求、自相关性因素和随机偏差。

趋势性需求代表着一段时间增长或下降的运动，影响的因素可能是人口迁移、人口增长、收入的变化和文化变革等。

季节性需求是在一个持续的时间段内，出现波峰和波谷的变动。由于季节性波动，许多公司在特定的月份生意好，而其他月份生意差。例如，冰激凌的销售量在夏季较高，在冬季则很低。

周期性需求因素是很难确定的，因为周期的时间跨度可能未知，或者引起周期性的原因可能没考虑到。

自相关性表明了事件的持续性。即某一数据的期望值与其自身的历史值高度相关。如在排队理论中，队列的长度就是高度自相关的。

随机偏差通常是由偶发事件引起的。从统计学角度来讲，当需求的所有已知成因都从总需求中扣除后，剩下的就是需求的不可解释部分。如果无法确定这些剩余部分的原因，就假定其为纯随机原因。

如果需求是随机的，则各周期间的需求变化可能非常大。但如果存在高度相关性，则各周期间的需求变化就不会很大。

(3) 掌握预测方法

预测方法可以分为定性预测和定量预测两种基本类型。

定性预测是一种较为主观的判断，它基于估计和评价，主要有历史类推法、直接接触消费者汇集意见法、市场调研法、德尔菲法、各部门主管讨论法等。

定量预测方法应用数学模型和相关的历史数据进行预测，主要包括时间序列分析法、因果分析法、模拟模型法等。定量预测方法只有在以下条件都得到满足时才能应用：① 被预测变量的历史资料可用；② 历史资料是可以进行定量分析的；③ 序列轨迹可以用来顺推将来。

4.1.3 客户订单管理

客户订单是企业销售活动的开始环节，是反映由购销双方确认的客户需求的单据。它既可以是企业销售合同中关于货物的明细内容，也可以是订货的口头协议。有了订单才能编制出相应的生产计划,并进行生产,最后按订单上产品所要求的生产数量和时间完成。

(1) 订单处理流程

订单处理的流程较复杂,如图 4-1 所示。

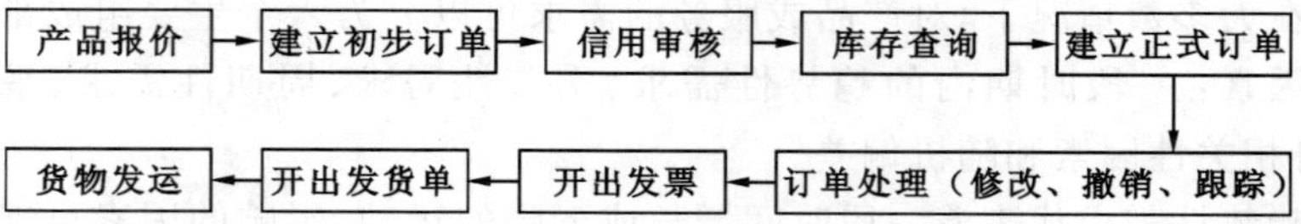

图 4-1 订单处理流程

根据产品目录及报价,企业与客户初步建立购买订单。然后,企业要根据已建立的客户档案资料,对客户的信用状况进行审核,核定其信用额度。当客户的应收账款加上本次交易金额之和大于信用额度时,一般不予交易。如果客户的信用审核通过,接下来需要进行产品库存的查询,以便决定库存的分配、发货的选择,以及发货给客户的策略。当报价、信用、库存各方面的信息均已得到以后,就可以与客户进行交易,签订正式订单。有了订单之后,也可以根据需要对订单进行修改、撤销及跟踪。产品完工之后,可以开出发票和发货单,并进行货物发运。

(2) 订单管理的功能

订单管理提供了输入、修改和跟踪订单信息,自动进行产品报价,库存查询,管理客户的资料,审核客户的信用情况,并开具发货单及发票,进行货物发运等功能。

① 产品报价

产品报价为客户提供产品价格和价格历史记录的信息,以备查询及使用。它既可以从现有报价或销售单中复制一份报价单,将价格数据传送至订单中,也可以控制报价的状态,及时修改价格政策。

② 订单处理

在订单的处理中,首先输入完整的订单信息,包括货物发货日期、发往的目的地、可发货及承诺的发货量、发运方式、运输公司、提货公司、提货仓库、仓位、批号、有关业务员等信息。以上订单信息也可以随时进行修改,并且根据需要,可以随时跟踪订单,查询订单处理的进度,查看其处理的过程,查询未结订单的情况。

在订单处理中,还能对有折扣的订单进行特殊的处理,这项处理包括选择不同的价格结构,说明计算折扣的方法,如按金额数量的百分比计算折扣等。

③ 客户信用检查

在正式订单签订之前,对客户信用的检查是必要的,可以按照应收账款的大小来检查客户的信用情况、信用额度及信用保留。如果客户货款总额超过了信用额度,则系统会自动将订单放入信用管制之中,并通知客户此次订单未被分配。

④ 库存信息查询

在客户信用审核通过之后,需要查询产品库存余额,库存查询可以使仓库管理者迅速地了解仓库中仓位的情况和库存的情况,以便更有效地进行作业的分配,决定是否要延期交货、分批发货或其他应急处理,以满足客户需求。

⑤ 开具票据

订单管理中涉及的主要票据是发货单及发票。计算机可以按照订单的要求开出发货单,作为发货部门的工作指令。发货单可以按照仓库、发货路径和发货日期进行发放。

⑥ 客户档案维护

建立客户档案不仅仅是为了进行客户信用的检查,同时也是为了更好地了解客户各方面的情况,特别是客户的需求,以便更好地为客户服务,按照客户的个性来展开各项销售活动。客户档案包含以下两个方面:

客户基本资料:客户姓名、地址、电话、联系人等。

客户特征资料:结算货币、银行账号、付款方式、税号、折扣、佣金、信用状况、交货地点等。

无论是产品报价还是订单处理或是开具票据等均可以使用多种货币进行处理。

订单管理模块提供了订单建立窗口,可以进行适时、适地、适质、适量、适价的交货处理,提高了客户服务水平,减少了订单的流失。订单管理模块的输出包括各种订单一览表、订单报价单、发货计划、按客户订单统计表、按产品订单统计表等。

4.2 运营能力及其相关概念

4.2.1 运营能力概念

运营能力是运营系统设计的关键战略因素之一,涉及许多影响组织长期发展的基本决策。运营能力常指运营系统的产出上限,即其最大的产出量。从广义的角度上讲,运营能力是指在计划期内,企业参与运营的全部固定资产,在既定的组织技术条件下,所能产出的产品数量,或者所能够处理的原材料数量。

运营能力既是反映企业所拥有的加工能力的一个技术参数,同时也是衡量企业生产规模的一个重要指标。在制造业中,运营能力可能表现为一个生产班次生产的产品数量;在服务业中,运营能力可能表现为从上午 9 点到下午 5 点一个工作班内被服务的顾客数量。运营能力的表示方法因企业类型的不同而不同,既可能是最大原材料加工量、最大产量(产值),也可能是最大运输量、最大库存量、最大床位数、最大就餐人数等。表 4-1 中列出了一些常见行业运营能力的表示方法。

表 4-1　运营能力的表示方法举例

行　　业	投　　入	产　　出
汽车制造	人工小时,机器工时	每班生产汽车数
冶金	炉膛尺寸	每天生产钢铁吨数
石油精炼	精炼炉尺寸	每天生产燃油升数
农业	农田亩数	每亩地每年生产的谷物担数
饭馆	餐桌数	每天招待的客人数
剧院	座位数	每天的票房收入
超市	营业面积	每天的营业收入

由于运营能力决定运营系统的输出量或企业以什么样的速度完成流程中的全部工作,从而会在很大程度上影响企业满足顾客需求的能力,因此,运营能力管理备受管理者的关注。

在考虑运营能力问题时,管理者应当从两个方面入手:一是资源的输入;二是产品或服务的输出。因为为了达到预定目标,实际运营能力(或称有效运营能力)还取决于产出的最终产品和服务是什么。例如,一家可以生产多种产品的企业在一定的资源水平上,不同的产品其生产情况不同,相应的生产计划也就不同。假设这家工厂每年生产总工时为 1 万个小时,但是必须考虑是将这 1 万个小时全部用来生产 5 万辆双开门汽车,还是全部用于生产 4 万辆 4 开门汽车,或者是这两种类型汽车的混合型生产。这都取决于它们对自己现有技术和劳动力投入的产能以及需要这些资源的产品组合的了解。

此外,运营管理也强调运营能力的时间性,即运营能力是相对于特定的时间而言的。一方面,不同的时期,由于运营环境和技术条件的改变,运营能力将随之改变;另一方面,由于在不同的时间段下,同样的生产设施有效运行的时间不同,而导致其最终的产出也会不同。

为了有效地计划运营能力,企业必须懂得如何进行运营能力的度量。运营能力可以通过多种方法来度量,而最常见的是利用单位时间产出率的方法来度量。例如,某设备每小时能生产某产品 10 件,则其单位时间产出率为10件/时。如果某运营单元拥有该类设备10台，每台设备每天运行时间为8小时，则该运营单元的运营产能为每天800件。即一个运营单元的运营能力等于其所拥有的用于运营的设施数量乘以该设施的运行时间，再乘以该设施的单位时间产出率，具体计算公式为：

运营能力＝设施数量×有效运行时间×单位时间产出率

4.2.2 最佳作业水平与运营能力利用率

运营能力含有能达到的产出率的意思，但是并不能说明这个产出率能维持多久，它既可以指企业在生产高峰时期的运营速度，也可以指几个月的平均速度。为了避免这种不确定性，可以采用另一个概念——最佳作业水平(Best Operating Level)来度量，即产品或服务的单位成本最小时所对应的运营水平，代表了运营系统的设计运营能力。但是确定这个最小生产成本的数值是比较困难的，因为在具体计算时，需要涉及固定管理费、加班费、设备耗损、废品率和其他成本，因此，必须考虑成本均衡摊派的问题。实际中，企业往往用运营系统设计时的系统运营能力作为该系统最佳作业水平，即某运营系统的最佳作业水平等于该系统的设计运营能力。

另一个重要的衡量参数是运营能力利用率(Capacity Utilization Rate)。它反映的是企业实际运营状况与最佳作业水平(即设计生产能力)之间的符合程度。即：

$$\text{运营能力利用率}=\frac{\text{已利用的生产能力}}{\text{最佳作业水平}}$$

4.2.3 运营能力柔性

运营能力柔性(Capacity Flexibility)是指企业具有的迅速将运营能力从一种产品或服务转移到另一种产品或服务的能力。实现运营能力柔性对提高企业对市场变化的适应能力具有非常重要的作用，企业可以通过柔性工厂、柔性生产过程和柔性工人等途径实现运营能力柔性的改进。

(1) 柔性工厂。柔性工厂实际上是一种“零时转换工厂”，在那里，有可以自由移动的机器设备、易拆装的隔墙以及随时可以获得并且便于重新组合的生产用件，从而实现工厂的零时生产转换。如同服务机构可以很好地把握顾客口味的变化并依此变化改变其服务方式一样，柔性工厂也可以灵活地拆卸组装及移动机器设备，改变生产方式，生产不同产品。

(2) 柔性生产过程。柔性生产过程由柔性的生产制造系统再加上易拆装的机器设备所构成。通过柔性生产过程,工厂可以迅速且低成本地在不同种类的产品间转换生产。这样也就实现了人们所说的“范围经济性”。范围经济性是指多种产品在一起混合生产时耗费的成本低于单独生产这些产品时的成本。

(3) 柔性工人。柔性工人是实现生产能力柔性的另一种途径。柔性操作工人需要掌握多种技术,以便随时从一个工种转换到另一个工种上。他们不再是某项专业工人,而是经过了多种培训的工人。柔性操作工人的工作需要主管人员和其他职员的灵活配合。

4.2.4 规模经济与规模不经济

规模经济(Economics of Scale)又称“规模利益”(Scale Merit),指随着运营能力的扩大,使单位成本下降的趋势,即长期费用曲线呈下降趋势。规模指的是运营的批量,具体有两种情况:一种是运营设备条件不变,即在运营能力不变的情况下的运营批量变化;另一种是运营设备条件即运营能力变化时的运营批量变化。规模经济概念中的规模指的是后者,即伴随着运营能力扩大而出现的运营批量的扩大。而经济则含有节省、效益、好处的意思。按照权威性(包括拉夫经济学辞典)的解释,规模经济指的是在给定技术的条件下(指没有技术变化),对于某一产品(无论是单一产品还是复合产品),如果在某些产量范围内平均成本是下降(或上升),则认为存在着规模经济(或规模不经济)。规模经济具体表现为“长期平均成本曲线”向下倾斜,从这种意义上说,长期平均成本曲线便是规模曲线,长期平均成本曲线上的最低点就是“最小最佳规模”(Minimum Optimal Scale,MOS)。

规模经济一般界定为初始阶段,厂商由于扩大生产规模而使经济效益得到提高,称为规模经济;而当生产扩张到一定规模以后,厂商继续扩大生产规模,会导致经济效益下降,这时称为规模不经济。这可以从许多方面表现出来。例如,为了让大型机器设备充分运转,必须将产品大幅度折价出售,以刺激需求来维持大批量生产的继续。长期以来,美国的汽车制造商都面临这样的问题。降低大型机器设备的维修停产时间对这一问题而言非常重要。譬如,M&M Mars 公司的自动化生产程度很高,公司利用大型设备大批生产 M&Ms 巧克力豆,一条大型包装生产线一小时就可以运送 260 万粒 M&Ms 巧克力豆。尽管控制生产线只需要很少的工人,但却需要很多的维修人员维护生产线的正常运转。

在经济实体规模扩大时,产量的增加小于投入要素的增加,收益递减,就是规模不经济。在市场经济中,生产经营者总是追求规模经济,避免规模不经济。追求规模经济，研究取得最佳经济效益的合理规模及其制约因素，以及各种不同经济规模之间的相互联系和配比，揭示了经济规模结构的发展趋势。寻求建立最佳规模结构的主要原则和对策，对于发展社会生产力具有极为重要的意义。

相对于小企业而言，大型企业有着两方面的成本优势，即大型企业不仅可以利用规模经济的低成本获得丰厚收益，大规模的生产还为大型企业提供了丰富的经验，可以进一步降低成本（即学习效应或经验曲线）。因此，企业可以采用这种优势互补策略，首先建立一家具有规模经济的大型工厂，然后因为生产线成本低，就可以制订出具有市场竞争力的价格策略，增大销售量；接着，销售量增大后，企业扩大产量，以获得更多的规模经济。那么，销售量的增大使得企业成本以高于其竞争对手的速度沿着经验曲线下滑，从而获得更低的成本，制以更诱人的价格，赢得更多的客户，卖出更多的产品。但是，这种策略的成功应用必须符合以下两个条件：

（1）产品必须满足顾客的需要；

（2）需求量必须满足企业的生产规模。

正如当年克莱斯勒汽车公司的经历，20 世纪 70 年代之前，由于规模经济和丰富的生产经验，克莱斯勒汽车公司的生产成本在美国同行业企业中是最低的，但不幸的是，后来因为该公司的汽车车型不再符合人们的需要，从而使该公司没有足够的需求量维持当时生产线的设计量，结果生产成本迅速上升，最终成为当时美国的汽车生产企业中生产成本最高的一家。

4.3 运营能力规划

运营能力规划的目的就是要提供一种方法用来确定由资本密集型资源——设备、工具、设施和总体劳动力规模等综合形成的总体运营能力的大小，从而为实现企业的长期竞争战略政策提供强有力的支持。所确定的运营能力对企业的市场反应速度、成本结构、库存策略以及企业自身管理和员工制度都将产生重大影响。

企业主管之所以十分关心运营能力，是因为他们随时需要知道企业的运营能力能否与市场需求相适应。当需求旺盛时，需要考虑如何增加运营能力，以满足需求的增长；当需求不足时，需要考虑如何缩小规模，以避免运营能力过剩，尽可能减少损失。

运营能力规划的步骤包括：

（1）估计未来运营能力要求；

（2）对现有运营能力及设施进行评估，找出差距；

(3) 确定满足要求的可行性方案;
(4) 对每一个方案进行财务分析;
(5) 评价每一个方案的关键问题;
(6) 选择一个合适的方案;
(7) 实施该方案;
(8) 监控结果。

4.3.1 确定对运营能力的需求

运营能力规划决策涉及长期和短期考虑。长期考虑与运营能力整体水平有关,譬如工厂规模;短期考虑则与由于需求季节性、随机性波动而产生的运营能力要求的可能变动有关。通过对一段时间需求的预测来判定长期的运营能力,然后将这些预测转化为运营能力,再变为运营能力要求。

组织能够运用标准的预测技术确定季节性变动等其他有关的平均偏差,却很少具有周期性或长期性趋势。这些偏差极为重要,因为有时候它会给系统满足需求的能力造成严重的压力,而另一些时候却又会使系统能力闲置。

4.3.2 评估现有运营能力

评估运营能力方案时,一个必要信息就是给定方案中加工产品的运营能力要求。当对运营能力要求判断错误时,会造成重大损失。判断出现失误有两个关键原因:一个是对需求和增长率过分乐观,过分乐观会导致组织运营能力过剩,从而带来额外的成本负担;另一个则是仅仅关注销售和收益能力,而未考虑这些销售和收益带来的产品组合。

确定运营能力要求的一个合理方法是取得对将来需求的预测,将需求转化为运营能力要求的数量和时效性,进而决定需要怎样的运营能力变化。

长期运营能力方案包括现有设施的扩张或缩减、增开还是关闭附属设施以及现有运营的选址问题。

4.3.3 制订运营能力方案

制订运营能力方案时,除了考虑一般性因素外,还有一些特殊的因素需要考虑:

将柔性设计融入系统。所谓能力柔性是指(企业)具有迅速提高或降低生产水平，或者迅速地从一种产品（服务）转移到另一种产品（服务）的能力。

（1）考虑生命周期的不同阶段。能力要求与产品（服务）在其生命周期中所处的阶段密切相关。

（2）全盘、系统地考虑能力变化。制订能力方案时，必须考虑系统各部分之间的相关性。全盘考虑的风险是系统可能不平衡。不平衡系统的显著特点是存在瓶颈作业，即瓶颈作业的能力低于其他作业要求。

（3）准备处理“段状”能力。运营能力的增加通常是成段成段实现的，这就使得期望运营能力和可行运营能力难以匹配。

（4）均衡能力需求。产品（服务）需求不均匀会导致某些问题的产生。如恶劣天气时，乘的士的人数比天气好的时候大大增加，这会导致系统常常处于利用不足和利用过度的交替之中。而造成需求不均的原因有：一方面是随机性因素，如天气等；另一方面是季节性因素。通常管理者会选择一些方法来应对超常需求，如：加班；分包部分工作；高需求时减少存货，低需求时增加存货。

（5）明确最佳作业水平。通常用单位产出成本来衡量生产单位的最佳作业水平。如果在此理想水平上，则单位产出成本对于这一生产单位来说是最低的。如果产量尚未达到最佳作业水平，则增加产量可以降低单位产品成本，从而产生规模经济性。而当产量增加到最佳作业水平之上时，平均单位成本将趋于增大，从而导致规模不经济。最佳作业水平和最低成本都是运营单位总体能力的函数。

（6）选择扩张战略。当考虑扩大发展或某一步骤是否合理时，可评估以下因素：竞争压力、市场机会、成本、资金可获得性、作业分解以及运输要求等。

4.3.4 评估不同运营能力的方案

一个组织需要从不同的角度来评估未来不同的运营能力方案。最明显的是经济上的考虑：该方案在经济上是否可行？其成本是多少？实现它需要多长的时间？其运行和维护成本是多少？使用周期是多长？它是否能与现有的员工和现有运行相匹配？

从经济角度看，许多方法对评估运营能力方案是有用的。其中，应用较为普遍的方法有成本-产量分析、财务分析、决策理论、等候队列等。

成本-产量分析主要是分析成本、收益和产量之间的关系。其分析的目的是估计不同运营条件下组织能取得的收益，是评价运营能力方案极为有用的方法。

如何分配紧缺的资金是所有管理人员都会遇到的问题。通常的方法是考虑资金时间价值的财务分析,对投资项目进行排序。三种常用的财务分析手段为回收期法、现值法和内部报酬率法。

决策理论是在风险和不确定条件下,对不同方案进行比较的有用工具,它适用于能力决策和经理们所必须作出的其他许多决策。

等候是许多服务系统经常会出现的现象。等候队列分析,对于管理者通过平衡顾客等候成本和增加额外运营能力的成本,从而达到具有成本-效益的运营能力水平的选择具有很大帮助,它有助于确定不同服务能力水平的预期成本。

4.4 运营能力扩大策略

扩大生产能力有三种策略:能力超前策略、大体同步策略和能力滞后策略。

4.4.1 能力超前策略

能力超前策略是在增加生产能力时,始终让生产能力保持一个正的缓冲(图 4-2),其指导思想是试图保证需求得到满足。当生产能力保持一个正的缓冲时,对预期的需求而言,它会形成一个间歇的过剩能力。这种能力的正缓冲既可以为预期需求增长做好准备,又可以对未预期到的需求增长作出迅速反应,以利于更好地满足用户的紧急订货要求,从而有利于扩大市场占有率。当存在一个不断扩张的市场或当建设和运作生产能力的

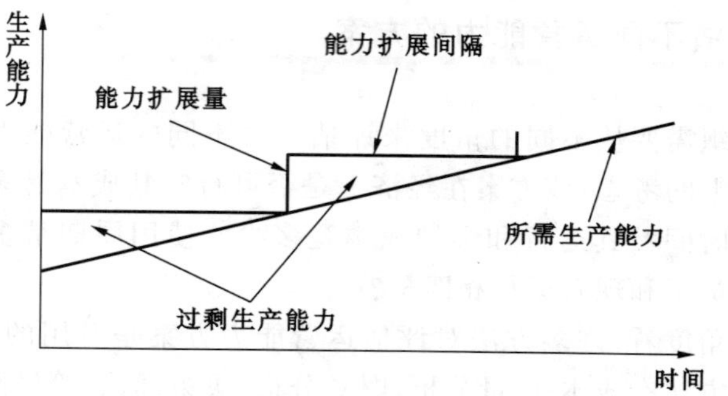

图 4-2 能力超前策略

成本比缺少生产能力的成本相对低时,采取这种策略是合适的。例如,对

于电力部门来说，供电量不足所造成的损失远远大于生产能力过剩而带来的损失。又如，对于一个正在成长的市场，企业可能会采用能力的正缓冲，这样一方面企业可以先于其他竞争者赢得市场份额；另一方面由于市场在不断扩大，将存在较低的长期闲置生产能力的风险。

4.4.2 大体同步策略

大体同步策略是指生产能力的增长与需求的增长相接近的策略，如图 4-3 所示。采用这种策略，公司在扩张生产能力方面更加稳健。按照预测的需求，根据 50%的概率造成生产能力不足和 50%的概率造成生产能力闲置来增加生产能力。当缺少生产能力造成的后果跟生产能力过剩的成本大致相当时，常采用大体同步的策略。

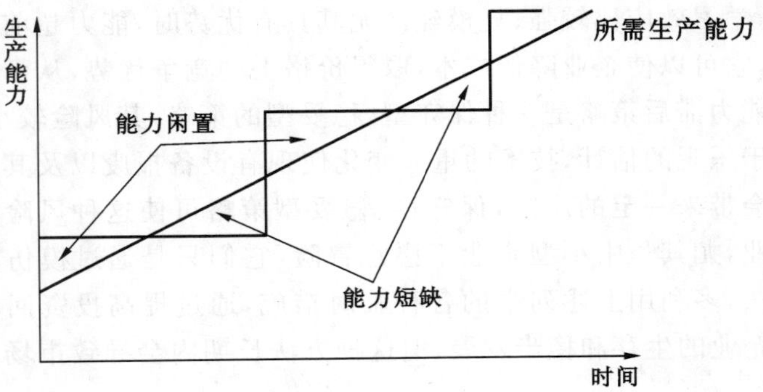

图 4-3 大体同步策略

4.4.3 能力滞后策略

能力滞后策略是保证生产能力充分利用的策略，如图 4-4 所示。在这种情况下，为保证生产能力的最大化使用，生产能力经常保持一个负的缓冲。生产能力过剩相对于缺货来说是非常不合算的。例如在炼油厂、造纸厂或其他资本密集型企业里，只有当设施的使用率达到 90%以上时，企业才能获利。这是一种较为保守的策略，宁愿承担失去销售机会的风险，也不愿承担因生产能力过剩而形成投资增加、利润下降的风险。这种策略有时会损害长期的市场份额，特别是当竞争对手采用更大的生产能力正缓冲并且市场需求超过生产能力的时候更是如此。

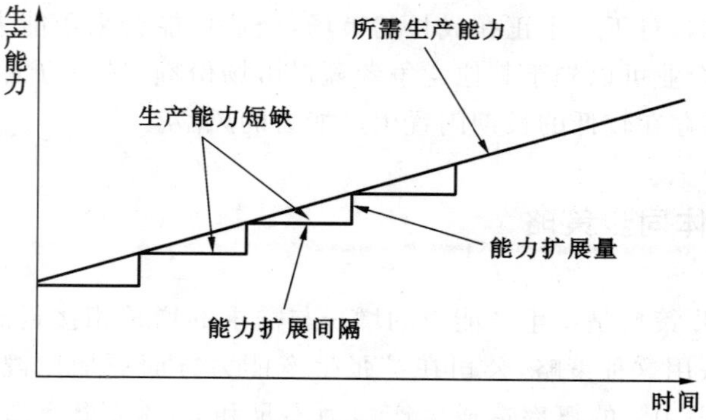

图 4-4 能力滞后策略

具体选择什么样的策略来扩大生产能力,需要根据企业的具体情况来定。例如,学习效应比较强、规模经济尤其具有优势时,能力超前策略就是很有利的,它可以使企业降低成本,取得价格上的竞争优势,从而扩大市场占有率。能力滞后策略是一种保守型、稳妥型的策略,其风险较小。例如,对需求过于乐观的估计,技术的重大变化使现有设备报废以及其他难以预测的因素会带来一定的风险,保守型、稳妥型策略可使这种风险降低。由于很多企业,尤其是中小型企业不愿意冒险,它们只是通过模仿其他成功企业的做法,多利用上述列举的各种临时措施,通过提高投资回收率等方法来维持企业的生存和稳步发展,但这种方法长期内会导致市场占有率的降低。

4.5 运营能力负荷分析

需求和能力的平衡,首先需要对企业的运营能力进行分析。运营能力的分析主要针对以下几个方面:

(1) 做哪些产品或服务;

(2) 落实产品或服务的流程;

(3) 了解每个流程所使用的机器设备(设备负荷);

(4) 了解产品或服务的总标准时间,每个流程的标准时间(人力负荷);

(5) 了解材料的准备提前期;

(6) 了解生产线及仓库需用场所的大小(场所负荷)。

一般中小型企业限于人力,而着重于人力负荷及设备负荷的能力分析。

4.5.1 人力负荷分析步骤

人力负荷分析步骤如下：

步骤1：依据期间月销售计划所预定的生产计划，针对各产品的数量、标准时间，计算出生产该产品所需要的人力。

假设某企业每月工作天数为23天，每天的工作时间为8小时(不含加班)，其中生产产品的标准工时、计划产量以及所需要的工时如表4-2所示。

表4-2 某企业生产产品基本信息

产品	A	B	C	D	E	F	G	H	I	J	合计
标准工时(分钟)	8.76	12.38	5.96	11.13	9.38	11.50	8.84	9.69	13.43	10.42	—
计划产量(单位)	12000	3500	13000	2800	4500	3800	3500	16000	3800	8000	170000
需要工时(分钟)	105120	43330	77480	31164	42210	43700	30940	155040	51034	83360	663378

人员需求的计算公式如下：

$$人员需求=\frac{计划生产总标准时间}{1人工作总时数}\times(1+宽裕率)$$

其中：1人工作总时数=1人1天工作时间×工作日，宽裕率设定为15%。

根据表4-2中数据，计算如下：

$$人员需求=\frac{663378}{11040}\times(1+15\%)=69.1=69(人)$$

其中：1人工作总时数=60×8×23=11040(分钟/人)

步骤2：比较现有人力。

假设现有人员为65人，则

需求人员－现有人员＝需增补人员

根据以上条件，可以计算如下：

需要增补人员数＝69－65＝4(人)

步骤3：申请增补。

由步骤2得知，现有人员较所需人员少4人，出现人员不足，应及时向人事部门申请增补。

4.5.2 机器设备负荷分析步骤

机器设备负荷分析步骤如下：

步骤 1:依据生产将机器设备加以分类,如车床、冲压机、电镀设备等。

步骤 2:计算各种类型设备的产能负荷。

假设焊接机每分钟生产 3 Pcs,则

$$实际时间=\frac{1}{3}=0.33(分钟/\ Pcs)$$

标准时间=实际时间+宽裕时间

宽裕率为 20%,作业时间为 480 分钟,则有:

$$单件标准时间=0.33\times(1+20\%)=0.4(分钟)$$

$$产能=\frac{作业时间}{单件标准时间}=\frac{480}{0.40}=1200(Pcs)$$

步骤 3:统计期间内生产计划所需机器设备负荷。

步骤 4:比较现有机器设备负荷。

比较各种机器设备的每日应生产数量和现有机器产能,如果机器产能不足,可以通过增加设备或者延长工时来提升产量。

步骤 5:增补机器设备。

由于增补机器设备涉及资金的筹措,不具备增补人员的方便性。除了小型机器,一般机器设备的购置时间、运输时间以及安装测试调整时间,都以产品计划以及年销售计划来确定。

若对于市场的要素,尤其是机器设备及人力,有充分的标准资料,能迅速估算出因生产的产品或数量上的变化所产生的负荷变化,则生产管理人员对于相应产量的升降,能有充分的准备时间及正确的派工排程,能为生产计划的达成取得先决的条件。

4.5.3 短期的运营能力调整

在未做好充分的事前计划和准备,或者产品与数量有较大的变动,所产生的人力或机器设备负荷与需求不平衡时,可能的调整方法如表 4-3 所示。

表 4-3 短期运营能力调整方法

各种对象	低于需求	高于需求
外包	部分工作外包	外包收回
使用工时	加班或轮班	减少加班
临时工	增加临时工	减少临时工
机器	增加开机时间	减少开机台数
人员运用	训练作业人员	具有两种以上专长

4.6　服务能力规划

4.6.1　服务能力的影响因素

尽管服务业中的服务能力规划同制造业中的生产能力规划一样，都受到许多共同问题的制约，并且，确定服务设施规模也和制造业中确定生产实施规模的规划方法类似。但是，两者之间仍有一些重要的差别。服务能力对时间和场所的依赖性更大，服务需求的起伏不定对服务能力的影响很大，并且服务能力的利用率直接影响服务质量。

（1）时间

服务不同于实物产品，不能储存。在顾客对服务有需求的时候，服务能力必须立即兑现成相应的服务。例如，当某次航班已满员，航空公司不可能告诉顾客为其安排了上次航班中的空位。同样，顾客也不能预订某一天某一航班上的一个座位，但是该座位这次不用，却留到以后想用的时候再用。

（2）场所

服务能力必须延伸至顾客身边。在制造业中，企业可以在一个地方进行生产，而将产成品通过分销商送到各地的顾客手中。但在服务业中，情况恰恰相反。无论是切实具体的服务项目，还是通过电话系统等通信媒介系统传达的服务，服务能力必须先存在于顾客身边，然后才可以完成服务活动。另一座城市的旅馆或出租车对于本地的顾客来说毫无用处，服务能力必须在顾客需要的时候出现在身旁。

（3）需求易变性

服务系统所面临的需求的不稳定性远比制造系统所面临的高，只要企业不运作，就意味着在遭受损失。其原因有以下三个方面：

① 服务不可储存。

② 顾客与服务直接接触，由于每位顾客的要求不同，对服务过程的体验水平不同，要求的服务项目数量也不尽相同，这就造成了为顾客服务时间的多变性，因此，所需要的最小服务能力水平的变化也更多。

③ 服务需求的不稳定性直接受顾客行为的影响。从天气之类的小事情到重大时事等情况都会左右顾客的行为，顾客行为的变化又会直接影响其对各种服务形式的需求。在暑假期间，校园附近的小餐馆可能无人光顾；在大家都回家的周末，到旅馆订房间也要比平时容易得多。甚至在一些很短的时间段里，都可以看到这种顾客行为的变化对服务需求的影响。

比如午饭时间银行里可驾车驶入的那些服务窗口前一定排着长队，星期天棒球比赛中场休息时间里披萨饼的订单会猛增。正是由于这种需求的不稳定性，服务机构通常会以10～30分钟为单位制订服务能力计划；相比之下，制造业通常会以一周左右的时间为单位来制订生产能力计划。

4.6.2 服务能力规划策略

考虑服务自身特性带来的一些新的影响因素，服务能力规划的三个主要因素是服务靠近顾客、服务不可存储、服务需求的易变性。

顾客便利通常是服务业考虑的一个重要方面。一般来说，服务要靠近顾客，能力也要与需求时间相匹配。

服务不像产品，它不能存储，所以飞机、汽车上未售出的座位不能留到以后用。同样，产品库存可以立即满足顾客需求，而对于服务，顾客则需要等待。这样就给提供服务的组织带来很多不利影响。交货速度或顾客等待时间成为服务能力规划的主要问题。

服务需求的易变性也给服务能力规划者带来了难题。服务需求易变性不仅体现在需求时间的变化上，也体现在为每位顾客提供服务的时间不同上。服务不能存储意味着服务系统不能用库存来顺应需求变化。相反，服务能力规划者还需要运用不同的方法处理需求的变异和周期需求，如价格、促销、折扣等类似策略有助于将需求高峰转移到低谷时期，使组织的服务能力与服务需求相匹配。

4.6.3 收益管理

在那些运营能力相对固定的运营系统中，如酒店和航空公司，一个非常重要的问题就是如何最大限度地利用其运营能力来产生最大的收益。这类运营系统经常使用收益管理的运营模式。

(1) 收益管理适应条件

收益管理(Yield Management)是指根据顾客类型确定相应类型的产品或服务，并确定相应的价格和时间以达到收益最大化，是一种使需求预测更准确的有效方法。该方式普遍应用于服务能力有限的服务运营系统中，并特别适用于以下情况：

① 运营能力相对固定；

② 市场可以非常明确地加以细分；

③ 服务完全无法储存；

④ 产品或服务可以提前预售；

⑤ 需求波动大；

⑥ 每笔销售的边际成本相对较低。

（2）收益管理策略

航空公司和酒店的运营特点完全符合上述收益管理的 6 种情况，为了让自己的运营能力产生出最大的收益（即利润），它们想出了许多办法，其中包括过量预订、价格折扣、调整服务类别等。下面以航空公司为例，说明这些收益管理策略的应用。

① 过量预订。并不是每一个在航班上预订过座位的人最终都会前来乘坐这架飞机。如果航空公司不能想办法填补这个空位，它就会失去这个座位产生的收益。因此，航空公司的乘客预订数通常都要超出航班运营能力实际能够承载的数量。如果过量预订的座位数恰好等于那些没有露面的乘客数量，则可以实现收益的最大化。当然，如果到场的乘客数量比原来预计的要多，航空公司就必须想办法妥善安置那些因过量预订而导致有些无法乘坐该航班的乘客（如通过适度赔偿的方式鼓励乘客转乘其他航班）。但是，如果超额预订的数量不足，航班上就会出现空座位。因此，航空公司必须通过对以往航班需求数据的分析，对过量预订和预订不足这两方面的风险进行认真的权衡。

② 价格折扣。在淡季，需求在绝大多数时候都无法达到运营能力。这时，航空公司就会向机票代售点出售许多折扣很高的机票，同时由后者承担为这些机票寻找买主的风险。这实际上是一种通过价格杠杆影响需求的方法。

③ 调整服务类别。航空公司在决定采用折扣以及其他影响需求的方法时，也必须同时考虑各个特定的服务类型的具体需求。如头等舱、商务舱和经济舱各自需求的相对比例，在一年内的不同时间也有很大的变化。如果某一等级的舱位需求非常高，那么为它提供折扣机票就毫无意义了。此外，收益管理模式还要求航空公司能够根据实际需要调整其所提供的座位的类别。有时候，它们还会通过升级原有机型，甚至改变航班内座位的布局，来对不同等级座位的数量进行调整。

4.7 案例讨论：Citrus 航空公司

Citrus 航空公司是美国一家小规模的州内客运服务公司，其业务主要分布在佛罗里达州的 Miami、Jacksonville、Orlando、FortLauderdale、Tampa、Tallahassee 和该州其他一些小城市。该公司的董事长是 Larry Klock。

最近,公司业务发展迅速,几乎所有的备用客机都投入运营。公司面临着是否订购更多的客机以提供更多的航班服务的问题,Larry 对于此也犹豫不决。因为尽管目前公司发展很好,但国民经济复苏的形势和公司发展的前景仍不容乐观。

Larry 的执行总监 Dave Dove 就此问题提出了一个建议:将 Citrus 航空公司所有 15 架波音 727 客机上的头等客舱都改为经济舱。波音 727 客机主要往返于佛罗里达州的一些大城市,平均每天有 91 个航班。取消头等舱设置所腾出的空间可以用来安排更多的普通座位。根据Citrus航空公司对客舱内座位的安排,通常一架波音 727 客机设计有 125 个座位,其中有 20 个头等舱座位。将头等舱改为经济舱后,可以增加 8 个座位(头等舱每排有 4 个座位,改为经济舱后,每排可安置 5 个座位。另外,由于相邻两排的间距减少,相应的座位排数也可增加)。Dave 估计每改造一架波音 727 客机需耗费 15000 美元。

当然,取消头等舱也意味着将减少相应的收入。目前,每个头等客舱座位的平均票价为 71 美元,为每位享用这种服务的乘客提供服务平均需耗成本为 3.28 美元。经济舱票价为 56 美元,提供给每位经济舱乘客的饮食服务成本为 1.77 美元。二者服务成本的差别是因为前者提供的食品和饮料比后者提供的更为精细和高级。

Larry 担心取消头等舱服务将会对 Citrus 航空公司的头等舱乘客产生不利影响,尽管他知道更多的座位意味着更多的利润。于是他请公司营销处的经理 Sarah Hammans 做一个调查。以下是 Hammans 递交的报告内容:

关于取消头等舱服务的报告

递交:Larry Klock

来自:Sarah Hammans

主题:取消 727 客机上的头等舱座位

我们对“阳光之旅”服务(头等舱服务)的有关数据进行了统计。统计结果以及我的看法如下:

(1) 享受“阳光之旅”服务的乘客的回头率

尽管由于各地竞争的激烈程度和航班安排不同,我们在各地的乘客回头率也不尽相同,但我认为,如果乘客们选择其他航空公司,我们要想保证仍有 60% 的乘客选择我们公司是需要付出相当大的努力的。如果客流量持续增大或者其他航空公司也取消头等舱服务,我们则有可能保留住我们所有的乘客。

(2) 最近头等舱和经济舱的客运量

在过去的两个月(61天),波音727客机头等舱的利用率(指已售出的舱位占总可售舱位的百分比)为61.2%,经济舱的利用率为82.9%。波音727航班不同客舱的利用率分布情况如表4-4所示。

表4-4 波音727航班不同客舱的利用率分布情况

设备利用率	50%以下	50%～60%	60%～70%	70%～80%	80%～90%	90%～100%	剩余1～5个乘客	剩余5个以上乘客
头等舱	42.%	11.6%	12.7%	13.8%	10.9%	7.7%	1.0%	—
经济舱	16.4%	10.4%	10.7%	11.3%	20.9%	18.3%	7.4%	4.6%

Dave Dove提出的通过取消头等舱服务来增加座位的建议确实可以缓解目前座位短缺的情况,不过Larry Klock担心的是,如果采纳Dove的建议,所增加的利润是否可以抵消改造的成本。另外,这样做还有可能失去以前头等舱乘客对公司的信任。

Larry Klock正处于矛盾之中而难以决策,希望你能进行进一步的分析,提出更加明确具体的决策意见。

本章小结

需求固有的变化性,对于那些试图很好地利用运营能力的经理人来说是一项挑战。问题可以从以下方面来解决:一方面,可以通过调节需求来更充分地利用现有的运营能力,如调整价格等方式;另一方面,进行有效预测。预测是制订任何计划的基础,因此,应采取多种方法对需求进行预测。预测时需考虑趋势因素、季节因素、随机因素等的影响,选取合适的预测模型;然后,进行运营能力规划,即根据需求对运营能力进行合理的调整。

本章思考题

(1) 什么是运营能力?哪些因素将影响运营能力?怎样影响?试举例说明。

(2) 非独立需求与独立需求有何不同?试举例说明。

(3) 超市、航空公司、医院、银行以及谷物食品生产商各自应采取何种策略以影响需求?

(4) 我国在2000年"五一"期间第一次推出7天长假,结果出行旅游人数大大超过各地旅游接待能力,"五一"以后频频出现旅游投诉;而2005年"十一"期间旅游需求却大大低于各地旅游接待能力。请从能力计划角度对上述现象进行分析,并提出解决这些问题的建议。

(5) 一家小型披萨店每周营业 7 天，为 2 班制，每班工作 5 小时。披萨制作流水线的设计能力是每小时 400 个标准披萨。根据快餐店配置的设备及人员，其每周的有效生产能力是 25300 个标准披萨。平均起来，由于个别员工缺勤，加上设备偶尔出现故障，这家快餐店只制作了 20000 个标准比萨。试计算：① 这家快餐店的设计能力；② 这家快餐店的效率和利用率。

(6) 举例说明一项具体服务如何成功实现需求与运营能力的匹配。

(7) 收益管理对顾客关系有哪些潜在的负面影响？

(8) 收益管理的广泛使用是否会侵蚀服务固定价格的概念？

5 供应链管理

开篇案例——夏普供应链计划的预测

夏普公司是一家总部位于日本大阪、年销售收入887亿美元的全球化电子消费品公司，公司共有66000名员工，他们分别服务于分布在全球30个国家的生产工厂、销售公司、技术研发机构和信贷公司。夏普公司作为推出电子计算器和液晶显示器等电子产品的创始者，面对竞争日益激烈的电子消费品市场，越来越明显地感觉到电子消费品市场的快速变化，特别是电子消费品的生命周期越来越短，电子消费品市场越来越接近饱和状态，企业的经营风险加大，与此同时，客户对电子消费品个性化的需求越来越高。因此，如何在竞争激烈和快速变化的市场中寻求一套实时的决策系统就显得尤为重要。夏普公司通过提高对商品预测的准确率来降低库存，减少交货期的延误，从而保住了大量有价值的客户。

夏普公司对其整个供应链进行了全面诊断，提出了对包括订单管理、生产制造、仓库管理、运输和开票等全流程在内的整体无缝链接，并结合信息系统建立起了供应和需求一体化的结构，尤其是通过对系统数据的分析、定时的连接和灵活的处理，使决策者能够比过去更加方便和有效地协调人员、设备资源和流程配置，以更加准确地满足市场的需求。夏普公司通过对供应链的一体化管理，不仅降低了库存的水平，加快了库存的周转率，降低了物料管理的成本，而且大大地提升了供应链的价值。

供应链管理的另一目标是提高客户的满意度。通过对供应链的整合，使得夏普公司对客户的交货承诺兑现率得到很大程度提高，货物的交付比过去更加及时和准确。同时，供应链计划体系可以充分考虑各方面因素的影响，如运输成本、订单执行等，从而制订出资源平衡和优化的需求预测。

美国著名经济学家Christopher曾说过:“市场上只有供应链而没有企业”,“真正的竞争不是企业与企业之间的竞争,而是供应链与供应链之间的竞争”。随着全球市场和信息技术的发展,顾客需求趋于多样化、个性化,不确定性增加,企业面临的是一个变化迅速且难以预测的买方市场,传统的生产与经营模式对市场剧变的响应越来越迟缓和被动,企业之间合作的趋势日益明显。为此,在经历了企业独立经营、纵向一体化管理阶段之后,供应链管理以其快速反应市场需求、全局性战略管理、高度柔性等优势,逐渐成为一种新的管理模式。

5.1 供应链

5.1.1 供应链概念

早在20世纪60年代,Forrester就提出了供应链(Supply Chain)一词,从而被认为是供应链设计之父。直至现在,许多有关供应链的设计原理,仍可以追溯到他提出的生产分配系统理论。

早期人们的观点普遍认为供应链是制造企业中的一个内部过程,它是指把从企业外部采购回的原材料和零部件,通过生产转换和销售等活动,传递给零售商和用户的一个过程。因此,传统的供应链概念局限于企业的内部操作层面上,注重企业自身资源的利用。这一概念把供应链局限在企业与供应商之间,而无视了供应链中各企业独立运作的事实,也忽略了供应链中企业与外部供应链成员企业的联系,因此,一般会导致成员间目标的冲突。

后期的供应链理论开始注重供应链成员间的相互联系以及供应链的外部环境,这一时期的观点认为:“供应链是关于规划、协调及控制物料、组件及成品,由供应商到消费者手中的一系列活动。”

自20世纪90年代以来,围绕核心企业网链关系的研究备受关注,许多学者开始把供应链的概念与采购、供应管理相结合,用以表示供应商之间的关系。Christopher对供应链下了定义,称其为:“一个由许多组织经上下游连接而成的网络,这些组织参与了许多不同的流程与活动,其目的在于以产品或服务的形态产生价值。”

马士华等为供应链提供了更为完整的解释,指出供应链是围绕核心企业,通过对信息流、物流、资金流的控制,从采购原材料开始,到制成中间产品以及最终产品,最后由销售网络把产品送到消费者手中的,将供应商、制造商、分销商、零售商、最终客户连成一个整体的功能网链结构模式。它是一种范围更广的企业结构模式，包含所有加盟的节点企业，从原材料的供应开始，经过链中不同企业的制造加工、组装、分销等过程直到最终客户。它不仅是一条连接供应商与客户的物料链、信息链、资金链，而且是一条增值链，物料在供应链上因加工、包装、运输等过程而增加其价值，从而给相关企业带来收益。

国家标准《物流术语》中是这样定义的："供应链，即生产与流通过程中，为了将产品或服务交付给最终用户由上游与下游企业共同建立的网链状组织。"

尽管上述对供应链的解释各不相同，但综合上述供应链的各个定义，供应链具有如下特点：

（1）供应链包括从生产至运送最终产品到客户手中这一项过程的所有环节。

（2）供应链把从供应商的供应商到最终客户的所有成员链接在一起，需要完成计划（Plan）、原料采购（Source）、生产制造（Made）、分销配送（Deliver）四项基本作业。

（3）在完成供应链各项基本作业的同时，供应链往往伴随着物资流、信息流、资金流的流动，从而沿供应链各环节产生不同增值，形成所创造的产品或服务的价值流。

（4）供应链是一种网状结构，上下游之间存在着多对多的网状关系。

（5）供应链是一种不断发展的动态网络系统，由围绕核心企业的供应商、供应商的供应商和客户、客户的客户组成。每个企业都是一个网络节点，节点企业和节点企业之间是一种需求与供应的紧密合作关系。因企业战略和适应市场需求变化的需要，供应链中节点企业需要动态地更新，这就使得供应链具有明显的动态性。图 5-1 所示为一典型网状供应链的结构模型。

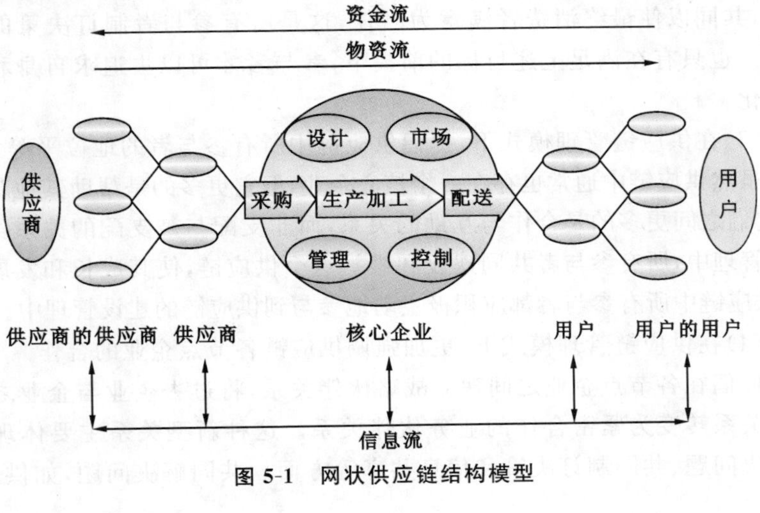

图 5-1 网状供应链结构模型

5.1.2 供应链管理

供应链管理的概念在1984年由Houlihan首先提出，是企业物流领域的重大发展，最初仅仅用于以工业动力学的技术来处理实体配送及运输作业等领域。自20世纪90年代以来，由于全球经济环境的改变、地球村概念的形成、生产科技的进步及市场的快速变化，企业间的竞争愈加激烈。为赢得竞争，人们开始思考如何和上下游厂商进行策略联盟、共同合作以追求双赢，为顾客及自身创造更大的价值与利润，从而推动了供应链管理(Supply Chain Management，SCM)的发展。

如同对供应链的认识一样，不同的专家学者对供应链管理也有不同的解释。综合各方的观点，本书将供应链管理定义为：以各种技术，尤其是信息技术为依托，以集成化和协同化思想为指导，应用系统的方法来管理供应链上所有节点间的相互关系，以期在供应链各节点间建立一种战略伙伴关系，从而实现从原材料供应商、制造商、分销商、零售商直到最终用户的信息流、物流、资金流在整个供应链上畅通无阻地流动，最终达成双赢目的的管理活动。

与传统供应管理相比较，供应链管理具有如下特点：

(1)供应链管理涵盖整个物流领域

从供应商到最终用户的采购、生产、分销、零售等过程，供应链管理更侧重于利用整个供应链的资源，以使整个供应链的成本下降，效益提高。

(2)在供应链管理模式下，遵循的原则是个体利益服从集体利益

供应链中所有参与者的首要目标是使整个供应链的总成本最小、效益最大，共同以使最终消费者满意为己任，这是所有参与者制订决策的首要标准。也只有在满足上述目标的前提下，参与者才可以去追求自身利益的最大化。

(3)在供应链管理模式下，提倡供应链中所有参与者的地位平等

虽然供应链中通常也存在一个核心企业，但它更多的是帮助其他节点企业，它们之间更多的是合作与互助的关系，而非支配与被支配的关系。在供应链管理中，所有参与者共同建设和维护这个供应链，使其成长和发展。因此，供应链中所有参与者都应积极主动地参与到供应链的建设管理中。

(4)在供应链管理模式下，更加强调供应链各节点企业的合作

提倡在各节点企业之间建立战略伙伴关系，将过去企业与企业之间的敌对关系转变为紧密合作的业务伙伴关系。这种新型关系主要体现在共同解决问题、共同制订决策和信息共享等方面。共同解决问题，如供应商、

顾客参与产品设计、质量改进、成本降低等;共同制订决策,如生产计划、采购计划、库存策略、价格策略等;而信息共享则意味着有关库存水平、长期计划、进度计划、设计调整等关键信息在供应链中保持透明。

(5)在供应链管理模式下,不再是孤立地看待各个企业及部门,而是考虑所有相关的内外联系体——供应商、制造商、销售商等,并把整个供应链看成一个有机的整体。

这种供应链中各节点企业的连接,不是节点企业、技术方法等资源的简单相加,而是通过采用集成的思想和方法,达成供应链中各节点企业的真正融合,实现整个供应链资源的充分利用。

5.1.3 供应链设计

供应链设计是供应链管理中的一个重要的战略决策问题,供应链设计直接影响到供应链的运行结果。有效的供应链设计可以改善客户服务水平、降低系统成本、提高企业竞争力,而无效的供应链设计则会导致浪费和低效。

供应链的设计,就是要建立以一个重要的企业为核心,联盟上游企业和下游企业的协调系统。要想提高供应链管理的运作绩效,除了要有一个高效的运行机制外,建立一个优化的供应链系统也是极为重要的一环。供应链的设计步骤如图 5-2 所示。

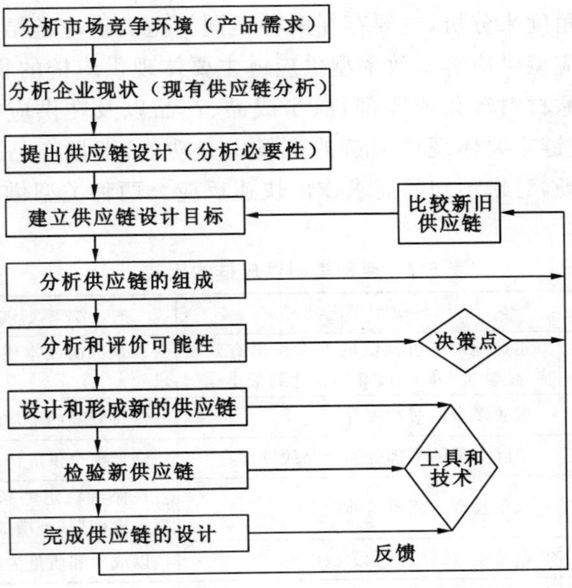

图 5-2 供应链设计的步骤模型图

费歇尔(Fisher)认为供应链的设计要以产品为中心,要充分考虑产品类型与供应链结构之间的匹配性。

(1) 产品类型

不同的产品类型对供应链设计有不同的要求。按照产品的需求特征可将产品分为功能型产品和创新型产品。一般来说,功能型产品是指满足客户基本需要的产品,这些产品的边际利润比较低、需求比较稳定,如牙膏、方便面、大米等;创新型产品是指满足客户个性化需求或时尚需求的产品,这些产品的边际利润很高,但需求极不稳定,如流行服装等。表5-1列出了两种不同类型产品之间的主要区别。

表 5-1　两种不同类型产品的比较

产品特征	功能型产品	创新型产品
产品生命周期	长于2年	3个月至1年
产品的多样化程度	较低	很高
边际贡献	5%～20%	20%～60%
预测的误差率	10%	40%～100%
平均缺货率	1%～2%	10%～40%
季末降价率	0	10%～25%
按订单生产所需的提前期	较长,6个月至1年	较快,1～2天

(2) 供应链类型

从供应链角度来分析,主要存在两种不同类型的供应链结构——效率型供应链和反应型供应链。效率型供应链主要体现供应链的物理功能,以最低的成本将原材料转化成零部件、半成品、产品以及在供应链中的运输等;反应型供应链主要体现供应链的市场中介功能,即把产品分配到满足用户需求的市场,对未预知的需求作出快速反应。两种类型供应链的比较见表5-2。

表 5-2　两种类型供应链的比较

比较项目	反应型供应链	效率型供应链
追求的目标	迅速地对不可预测的需求作出有效反应,使缺货、降价、废弃库存达到最小化	以最低的成本供应可预测的需求
管理核心	配置多余的缓冲库存	保持较高的平均利用率
库存策略	消除大量的零部件和产品缓冲库存	降低整个供应链的库存
提前期	大量投资于缩短提前期	在保持稳定的条件下,尽可能缩短提前期(不增加成本)
供应商的选择指标	以速度、柔性、质量为核心	以成本和质量为核心
产品设计策略	使用模块化设计,尽量减小产品差异化	绩效最大,成本最低

(3) 基于产品类型的供应链设计策略

了解了产品和供应链的特性后，就可以设计出与产品需求一致的供应链，设计策略如图 5-3 所示。图中 4 个象限分别代表 4 种不同的产品和供应链的组合，在这 4 种组合中，只有当针对功能型产品采用效率型供应链和针对创新型产品采用反应型供应链时，产品与供应链才是相匹配的；而当功能型产品采用反应型供应链或者创新型产品采用效率型供应链时，产品与供应链是不匹配的，结果将不能很好地满足市场需求，使供应链缺乏市场竞争力。

	功能型产品	创新型产品
效率型供应链	匹配	不匹配
反应型供应链	不匹配	匹配

图 5-3 供应链结构与产品类型匹配矩阵

5.1.4 供应链绩效

绩效评价作为供应链管理的重要组成部分，是企业或者组织为了了解整条供应链日常运营活动的表现，而使用一个量化的指标体系或者主观判断来度量或评价的考核系统，其目的是评估供应链管理在财务、客户服务、前后端的运作活动等战略目标方面的实现情况。

目前，国内外对供应链绩效的定义尚未统一，一般认为供应链绩效是围绕供应链的目标，对供应链整体、各环节（尤其是核心企业）运营状况以及运营关系等所进行的事前、事中和事后的分析与评价。供应链的绩效评价，从着眼点来看，应服务于供应链的目标；从客体来看，应包括供应链整体及组成成员；从空间来看，涉及内部绩效、外部绩效和供应链综合绩效；从内容来看，涉及反映运营状况和运营关系的各种指标；从时间来看，包括事前、事中和事后的分析与评价。

在供应链条件下，各节点企业具有动态可调性，其运作时间具有随机性。目前，对于供应链绩效评价系统的研究，主要有以财务为导向的投资回报率（Return on Investment，ROI）考核体系、以责任为导向的关键绩效指标（Key Performance Indicators，KPI）考核体系、以流程为导向的供应链运作参考模型（Supply Chain Operations Reference Model，SCOR）考核体系和以战略为导向的平衡计分卡（Balanced Score Card，BSC）考核体系等具有代表性的绩效考核体系。

以杜邦体系为代表的ROI考核体系,突破了早期单纯评价销售额和利润的做法,揭示了一些具有重要意义的财务指标之间的内在联系,将净利润、总资产进行层层分解,从而系统地评价企业财务状况,并依次对企业绩效进行考核。但是,这种单纯的财务指标考核体系如今已经被普遍认为是传统的考核体系,具有很大的局限性,比如一味强调短期的财务成果,助长了公司管理者急功近利的思想和短期投机的行为,使得公司不愿进行可能会降低当前盈利目标的资本投资去实现长期战略目标,以致企业在短期业绩方面投资过多,而较少地投资于企业长期的价值创造。这使得业绩评价系统不能为企业提供正确的行动导向,从而影响了企业长期财务价值的创造。目前,业界重点关注的有以下几种供应链绩效考量方式:

(1) 供应链平衡计分卡

平衡计分卡(Balanced Score Card,BSC)最初被定义为企业的业绩衡量工具,经过十多年的发展和演化,到如今它已经和企业战略紧密结合在一起,成为战略执行的有效工具。国外对BSC的研究与应用始于20世纪90年代初期的美国,它是在经济全球化、市场竞争日趋激烈、产品生产客户化、信息技术不断发展这一历史背景下提出和发展起来的。

BSC绩效考核体系的基本框架如图5-4所示。

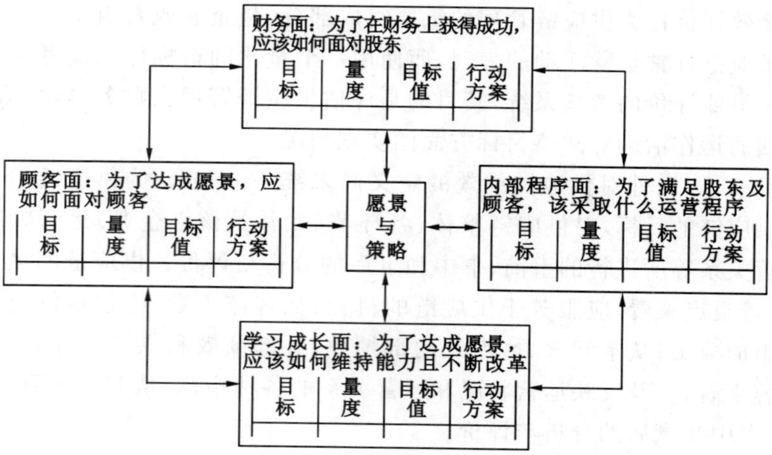

图5-4 BSC绩效考核体系基本框架图

(资料来源:KAPLAN R. S. ,NORTON D. F. The balanced score card measures that drive performance. Harvard Business Review,1992(1-2):71-79.)

过去对于供应链管理的绩效评价方法并没有所谓的标准架构或系统,平衡计分卡的应用正好弥补了这方面的不足。因此,Brewer和Speh率先进行了应用BSC评价供应链绩效的探索,并以此为基础提出了一种新的供应链绩效评价工具——供应链平衡计分卡。它以供应链业务流程为基础,以企业战略目标为出发点,将绩效指标与公司战略联系起来,全方位评价企业经营业绩,培养企业核心竞争能力。

Brewer 和 Speh 将供应链绩效管理的架构与平衡计分卡的四个构面相连接,建立了供应链平衡计分卡的基本架构,如图 5-5 所示。

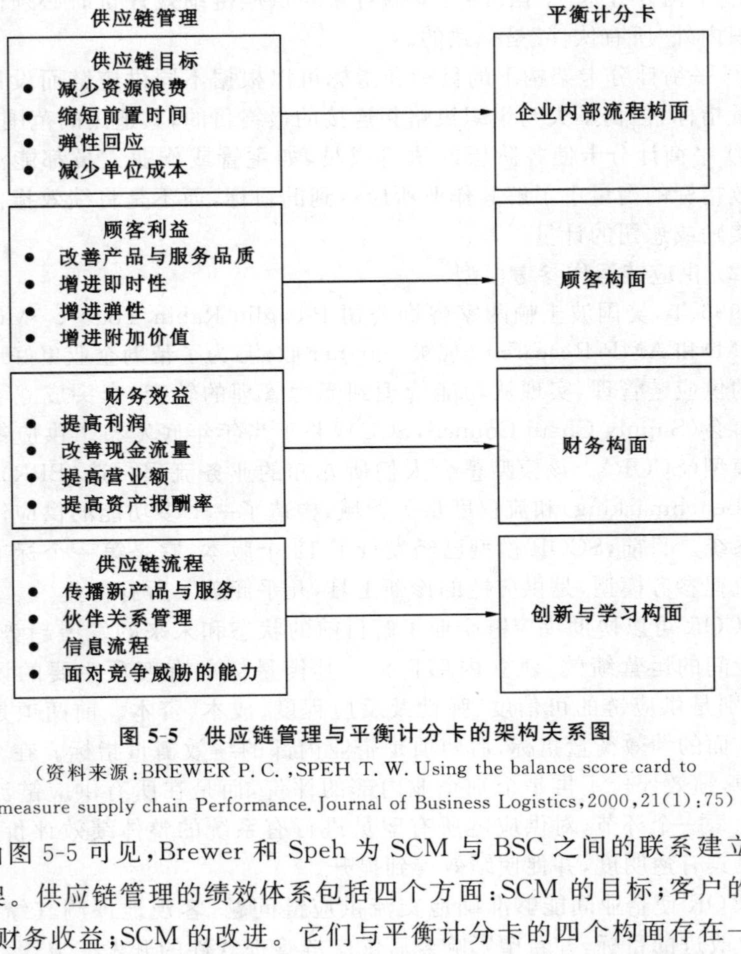

图 5-5 供应链管理与平衡计分卡的架构关系图

(资料来源:BREWER P. C. ,SPEH T. W. Using the balance score card to measure supply chain Performance. Journal of Business Logistics,2000,21(1):75)

由图 5-5 可见,Brewer 和 Speh 为 SCM 与 BSC 之间的联系建立了一个框架。供应链管理的绩效体系包括四个方面:SCM 的目标;客户的最终收益;财务收益;SCM 的改进。它们与平衡计分卡的四个构面存在一一对应的关系。例如,一个供应链满足其 SCM 目标的能力可以通过企业内部经营过程方面的评价体系来体现等。这对于供应链的绩效评价来说是一个突破性的进展。而在此之前,许多经理将 BSC 和 SCM 当作相互孤立的管理工具,而只有深刻理解这两者之间的相互联系,才能将供应链与竞争力优势联系起来,使经理们明白平衡计分卡的衡量过程能被应用于供应链的绩效评价,从而激励雇员在供应链管理体系下正确地进行各项作业。

由此可以进一步说明供应链平衡计分卡具有如下优点：

① 供应链本身就是跨部门甚至跨组织的集合，其执行绩效必须通过组织内外各功能成员有效的合作才能达到。平衡计分卡四个构面的因果关系清楚地描述了跨组织性的成员应该如何一起有效合作，而跨功能性的作业又应该如何协调整合才能达到共同的目标。

② 平衡计分卡"平衡"的管理的对象与供应链绩效评价时必须同时考量组织内外"所有伙伴"是一致的。

③ 平衡计分卡架构下的目标和指标可以根据不同供应链而设计专属的衡量指标，但仍不失与组织策略相连接的最终目的，其适用的范围较大。

④ 平衡计分卡使各阶层的执行成员，如主管或作业人员都能清楚地从绩效指标的衡量中了解其作业所应达到的目标，而不是将绩效指标视为裁定奖励或惩罚的计量工具。

(2) 供应链运作参考模型

1996 年，美国波士顿两家咨询公司 Pittiglio Rabin Todd & McGrath (PRTM)和 AMR Research (现被 Garther 收购)为了帮助企业更好地实施有效的供应链管理，实现从功能管理到流程管理的转变，牵头成立了供应链理事会(Supply Chain Council，SCC)，并于当年年底发布了供应链运作参考模型(SCOR)。该模型整合人们所熟知的业务流程再造(BPR)、标杆管理(Benchmarking)和流程度量等领域，构造了一个多功能的供应链绩效评价系统。目前，SCOR 模型已经发行了 12 个版本，它是第一个标准的供应链流程参考模型，是供应链的诊断工具，几乎涵盖了所有行业。

SCOR 可以协助供应链企业了解目前的状态和未来的发展趋势，量化同行业间的运营绩效，建立内部目标。其衡量标准有四项主要的评量指标，分别是供应链的可信度、弹性及反应程度、成本、资本。前两项是关于客户方面的绩效衡量指标，后两项是企业内部的绩效衡量指标。在 SCOR 模型中，绩效评价不再是个别企业内部的评价，而是在所有供应链流程中考虑到每一个环节，对供应链所有盟员进行有系统的整体绩效评价，使供应链更具有透明度，并促使绩效得到提升。

SCOR 使企业间能够准确地交流供应链问题，客观地评测其绩效，确定绩效改进的目标，并希望影响今后供应链管理软件的开发。流程参考模型通常包括一整套流程定义、测量指标和比较基准，以帮助企业开发流程改进的策略。SCOR 不是第一个流程参考模型，但却是第一个标准的供应链参考模型。SCOR 模型主要由四个部分组成：供应链管理流程的一般定义；对应于流程绩效的指标基准；供应链"最佳实践"(Best Practices)的描述；选择供应链软件产品的信息。

该体系的大框架建立在五个基本的管理流程基础上，即计划、采购、生产、配送和退货，如图 5-6 所示。

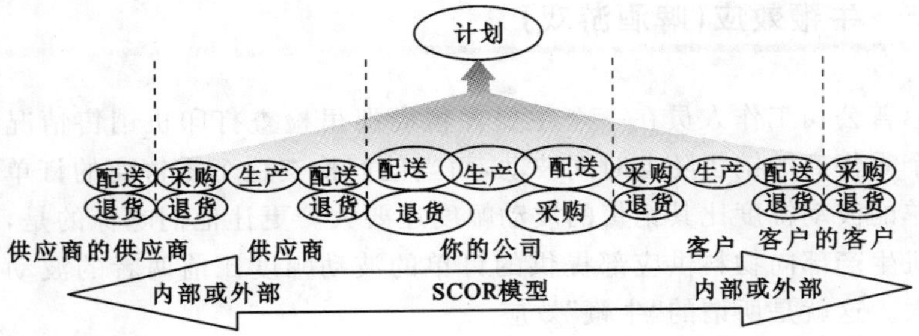

图 5-6　供应链运作参考模式

SCOR 模型按流程定义的详细程度可分为三个层次：顶级、配置级、流程单元级。每一级都可用于分析集成供应链的运作。在第三级以下还可以有第四、五、六等更为详细的属于各企业所特有的流程描述层次，但这些层次中的流程定义不包括在 SCOR 模型中。SCOR 分级架构三个层面模型结构如图 5-7 所示。

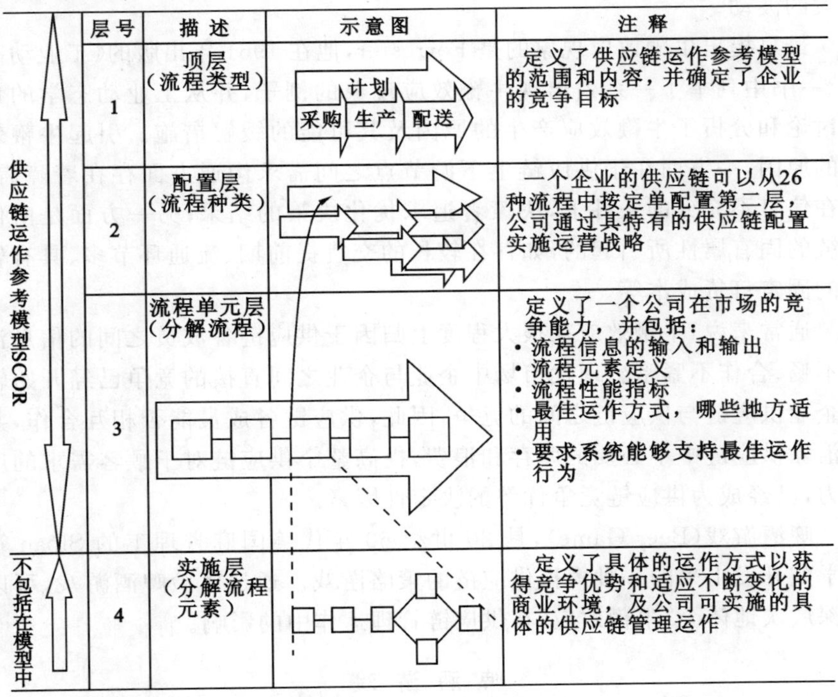

图 5-7　SCOR 分层结构

5.1.5 牛鞭效应(啤酒游戏)

惠普公司工作人员在一个主要零售商那里检查打印机销售情况时发现这个零售商的销售随着时间波动,而当他们检查这个零售商的订单时发现订单的波动幅度比其销售的波动幅度还要大。更让他们吃惊的是,公司打印机生产部向物料供应部提供的订单的波动幅度比前两者的波动幅度都要大。这就是所谓的"牛鞭"效应。

牛鞭效应是供应链管理的基本原理之一,它是经济学上的一个术语,指的是供应链上的一种需求变异放大现象,是信息流从最终客户端向原始供应商端传递时,因无法有效地实现信息的共享,使得信息扭曲而逐级放大,导致需求信息出现越来越大的波动,此信息扭曲的放大作用在图形上很像一根甩起的牛鞭,因此被形象地称为牛鞭效应。可以将处于上游的供应方比作梢部,下游的用户比作根部,一旦根部抖动,传递到末梢就会出现很大的波动。

最早提出牛鞭效应现象的是 Forrester,他在 1961 年出版的《工业动态学》一书中列举了一系列出现牛鞭效应现象的例子,并从工业动态学的角度讨论和分析了牛鞭效应产生的原因及其可能的缓解措施。引起牛鞭效应的原因,一方面在于供应链上下游节点之间需求沟通方面存在着障碍,是在信息不充分的条件下,决策者追求优化决策的结果;另一方面是由供应链的固有属性所引起的,如存在较长的交货提前期、流通环节多、具有较高的固定订货成本等。

通常来说,牛鞭效应在很大程度上归因于供应链各成员之间的信息沟通不畅、合作不紧密。现代市场中企业与企业之间直接的竞争已经开始转向企业供应链与供应链之间的竞争,因此,供应链各成员能否相互合作,共同消除供应链中不必要的库存和浪费,提高整个供应链对于顾客需求的反应力,已经成为供应链竞争优势的决定性因素。

啤酒游戏(Beer Game),是 20 世纪 60 年代美国麻省理工的 Sloan 管理学院开发出来的一种模拟供应链的策略游戏。通过体验啤酒游戏,可以更深层次地体会"牛鞭效应"在供应链管理运作中的影响。

啤 酒 游 戏

(1) 目的

① 通过该游戏使学生们认识到时间滞延、资讯不足对产销系统的影响;

② 通过该游戏使学生们认识供应链中的牛鞭效应。

(2) 任务

游戏背景是一个生产和配销单一品牌啤酒的系统。参加游戏的人各自扮演不同的角色,他们唯一的目标,就是使利润最大化,这4个主要角色分别是零售商、批发商、分销商和生产厂家。

(3) 游戏内容与步骤

① 游戏内容

每个团队由4个角色组成——零售商、批发商、分销商和生产厂家,每个角色由3个同学一起扮演。在每个模拟周中,顾客向零售商直接购买啤酒,零售商向批发商订货,批发商向分销商订货,分销商向工厂订货,工厂购买原材料生产啤酒。每个环节都需要一周的运输时间(可以认为工厂购买原材料和生产啤酒共需要一周时间)。每两个角色之间都有一个盒子,里面的硬币代表的是运输途中的啤酒。在游戏过程中,不同角色之间的沟通是通过订货卡片来进行的,每个角色只能得到自己直接客户的订单信息。例如,分销商的直接客户为批发商,其供应商为工厂。

② 游戏步骤

对每个角色来说,具体步骤如下:

a. 接订单。首先接受客户下的订单,把客户的需求记录在案。

b. 检查库存能否满足客户的需求,如果能,则按订货数把硬币放在你和客户之间的盒子中,并记录剩余库存;如果不能满足,则把库存中的硬币放在你和客户之间的盒子中,并记录你缺了多少货(注意:不可能同时出现库存和缺货的情况。如果没有库存也不缺货,则记录为0)。

c. 根据你对客户未来需求的预测,你要向你的供应商订货。在下订单之前,检查一下你和供应商之间的盒子里是否有硬币,如果有,则可以把这些硬币放在你自己的库存中,即你上周订的货已经送到你仓库中了。然后根据对客户需求的预测和自己的库存情况下订单。

初始状态:每个角色手头都库存有12瓶啤酒,即12个硬币。在最初的3周,每个角色面临的需求和自己的订货数都是4瓶啤酒。在这3周中,大家要学会如何记录库存。在此期间,交流和沟通是允许的。从第4周开始,最终消费者即顾客的需求开始变动,每个角色要根据自己客户的历史需求进行预测并下订单。

5.2 采购管理

5.2.1 采购管理的概念

(1) 定义

运营系统就是将投入转化为产出来实现价值增值的系统。因此,企业为了满足社会公众、客户或消费者的需求,都离不开采购,通俗地说,采购就是购买过程。美国生产与库存控制协会(APICS)对采购的定义是:通过购买从外部获得资源与服务的过程,该过程包括以下主要环节:

① 识别与定义需求;

② 鉴别与选择供应商;

③ 价格与其他相关条款的谈判;

④ 装运交付、结算以及其他。

(2) 采购目标

①适量适时

所谓适量适时是指采购的数量和时间要比较合理。采购过多,一来会占用企业宝贵的资金,二来会增加仓库储量、保管费用等,从而提高成本;采购过少也不行,那样会造成缺货,从而无法保证企业的持续稳定生产。采购过早,跟采购过多的情况是类似的,都是在不恰当的时间里面提供了过多的采购物品,从而造成资金占用和库存管理成本增加;采购得太迟造成的问题和采购过少是一样的,即无法满足企业生产需求。

② 保证质量

从现代全面质量管理的观点出发,采购对企业产品质量起着关键作用,无论是产品还是服务的质量都取决于所使用的原材料和部件的质量。如果采购质量较差则产品或服务很难满足消费者要求,但是采购质量标准过高,会增加企业成本,所以采购管理追求合理质量。

③ 费用最省

采购成本一般包括订货成本、库存持有成本和缺货成本三部分。在现今激烈的市场竞争环境下,越来越多的企业实行低成本领先战略,从企业内部进行成本控制,从而增加企业利润,提高企业竞争力,所以能否以总成本最低策略达到合理的采购费用控制的目的,日益成为企业管理水平的标志。

5.2.2 采购流程

采购作业流程是由以下主要步骤组成的循环过程：需求分析；资源市场的分析；制订采购计划；实施采购计划；采购评价。需求分析是指对企业需要什么，什么时候需要，需要多少等的确定与描述。资源市场分析包括对已有供应商的信息搜集。制订采购计划包括三个步骤：选择供应商、制订采购策略、制订进货策略。实施采购计划有五个活动需要实施，即与供应商进行商务谈判，签订采购合同，进货实施，验货入库，支付和善后处理。最后是采购评价。图 5-8 综合描述了采购的作业流程与工作。

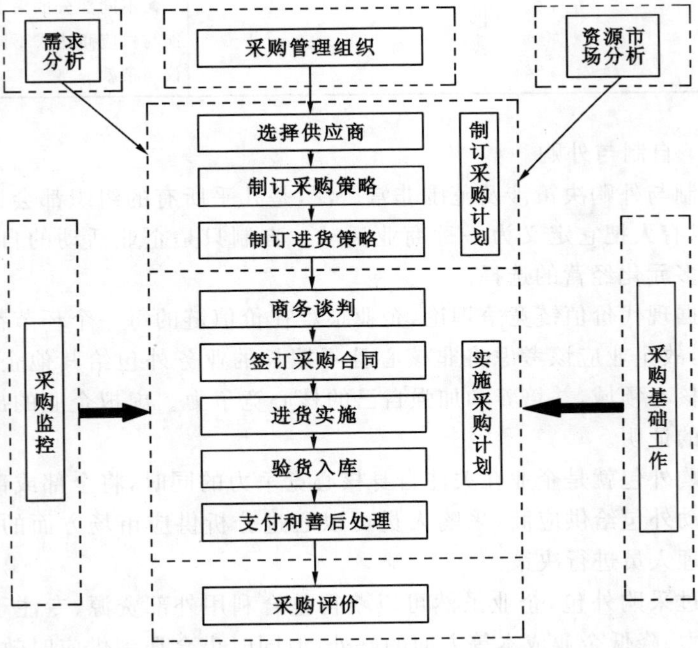

图 5-8 采购作业流程与工作

5.2.3 采购模式

(1) 集中采购与分散采购

按采购任务的集中程度，企业中的采购可以分为集中采购和分散采购。集中采购是指企业的采购任务集中由一个部门负责，而分散采购则是企业各个部门自行处理各自的采购业务。两种方式各有优缺点,而且优缺点是相互对应的。企业在进行选择时,应切实认真地分析各自优缺点,选择适合企业自身需要的采购方式。表5-3简要说明了分散采购的优缺点。

表5-3 分散采购主要考虑因素及优、缺点

主要考虑因素	分散采购优点	分散采购缺点
● 采购物品的共性要求 ● 地理位置分布 ● 供应市场的结构(如供应市场有垄断地位) ● 专业技能的要求 ● 价格浮动的影响 ● 客户要求(客户指定供应商)	● 利润中心直接负责 ● 针对内部客户 ● 采购程序简洁、官样文章少 ● 内部工作协调要求低、扯皮少 ● 与供应商直接联系	● 采购力量分散,缺乏经济规模 ● 针对供应商,态度及做法可能不一致 ● 市场调研分散,难以掌握全面情况 ● 难以造就采购方面的专家 ● 不同部分的采购负责人可能与供应商达成不同的采购协议与条款

(2) 自制与外购

自制与外购决策涉及范围非常广泛,是几乎所有的组织都会遇到的问题,所以有人把它定义为一种商业活动。自制只是企业活动的自然延伸,或者是多元化经营的选择。

根据现代价值链竞争理论,企业很难在价值链的每一个环节都优于竞争对手,故企业应该考虑将非核心且不擅长的业务外包给其他企业,自己专注于核心领域,并培养和加强自己的核心竞争力。虚拟企业的出现就是最有力的证明。

采购外包就是企业在关注自身核心竞争力的同时,将全部或部分采购业务活动外包给供应商,采购人员可以通过分析供应市场方面的情况,来辅助管理人员进行决策。

通过采购外包,企业虽然可以获得整合利用外部资源、专注于自身核心竞争力、降低企业成本等方面的好处,但同时也会遇到供应时效、产品或服务质量等方面的风险。企业在作出采购外包或自制决策时,要根据企业自身情况,用好“拿来主义”。采购外包与自制是对输入资源方式这个问题的两个对立面的不同看法,它们的优、缺点是相对应的。表5-4简明地列出了企业选择采购外包的动因、风险及风险规避策略。

表 5-4 采购外包的动因、风险及风险规避策略

采购外包的动因	风 险	风险规避策略
● 加速采购业务重构 ● 利用企业没有的外部资源 ● 控制采购成本 ● 分担采购风险 ● 培养核心竞争力	● 供应时效风险 ● 企业内部不稳定风险 ● 质量风险 ● 情报泄露风险 ● 制造商控制力下降风险	● 加强对供应商的监控 ● 建立开放式交流机制，不断增进合作互信 ● 建立长期友好的合作关系 ● 通过分成合约实现"激励相容"

(3) 国内采购与全球采购

2001 年世界贸易组织(WTO)第四届部长级会议审议并通过了中国加入世界贸易组织的决定。在此之后中国的外贸发展非常迅速，进出口总额从 2001 年的 5096.5 亿美元发展到 2010 年的 29728 亿美元，2010 年较 2009 年增长 34.7%。随着国家提出"走出去"战略，我国企业越来越多地活跃于世界各地，在这种背景下，认真研究全球采购迅速发展是很有意义的。

为什么要进行全球采购？主要有以下几点重要因素：

① 成本或价格收益

由于各个国家的资源禀赋不同，如美国的大豆，由于各种原因，其成本远远低于我国，又如澳大利亚、巴西等国的铁矿石，中东的石油以及我国的劳动力成本等，成本与收益是进行全球采购的重要因素。

虽然价格差异是国家制定采购战略的主要标准，但采购应该只考虑那些能够满足质量要求和交货标准的供应商。还需要注意的很重要的一点就是，采购者在评估国际采购的成本效益时，必须将其他所有除了价格之外的有关采购项目的成本考虑进去。

② 能够获得产品和工艺技术

中国在世界贸易中的地位不断提高，进出口总额占世界贸易的比重日益增大，但我国在一些产品和工艺技术中并不是领先者。从世界范围看，瑞典以生产工程机械为主，日本以生产电气机械为主，德国以生产运输机械为主，美国以生产飞机、集成电路为主。

③ 质量

日本和德国等国家也一直都被产品质量问题所困扰。这些国家的制造商在一些行业中领先，并能不断增加其世界市场份额。在 20 世纪 80 年代，许多美国采购者开始向国外采购元件，希望能够提高最终产品的质量，正是由于优质低价的结合，使得美国的国外采购势头强劲。

④ 能够获得唯一供应源

20 世纪 80 年代早期经济萧条时,众多行业中的许多供应商都永久性地关门歇业了。例如,在 20 世纪 80 年代早期和中期,由于铜制品的价格低廉(低需求但高供给)而且加工技术效率低下,美国铜制造商关闭了多家煤矿。因此,一些铜制品采购者转向海外寻找那些能够满足原料及半成品原料需求的制造商。

⑤ 加入国内供应商的竞争中

有时候,那些依靠竞争压力来维持其在行业中的价格及服务水平的企业,采取全球采购的方式是为了加入国内供应商的竞争中。在有限的国内竞争的行业中,这样做可以削弱供应商的力量。表 5-5 描述了全球采购的动因及可能导致的障碍和消除障碍的措施。

表 5-5　全球采购的动因、障碍及消除障碍的措施

全球采购的动因	障　　碍	消除障碍的措施
● 更低的采购价格或成本 ● 更容易获得产品技术 ● 改进与供应商的关系 ● 更容易获得加工技术 ● 更快的供应商响应速度 ● 对采购部门的满意度提升 ● 能够更好地管理供应链库存 ● 采购流程能够更加规范 ● 原料、元件及服务质量更优 ● 改进与供应商的信息共享	● 国际采购程序的理解 ● 需要更长的前置期及原材料运输过程,即物流问题 ● 缺乏国外商业管理经验 ● 语言及文化的差异 ● 法律问题 ● 国际通货风险	● 最高管理层对全球采购的支持 ● 培训与教育,这样可以在整个程序中得到更多支持,同时有助于克服变化所带来的焦虑情绪 ● 测评和奖励采购者 ● 广泛宣传成功事例

(4) 服务采购

服务采购是指组织对除货物和工程以外的其他企业需求对象进行获取的过程。对服务采购一词,我国《政府采购法》按照国际惯例,也没有准确的界定,只是用了排除和归纳法。《政府采购品目分类表》将服务概括为印刷、出版,专业咨询、工程监理、工程设计,信息技术的开发设计,维修,保险,租赁,交通工具的维护保障,会议,培训,物业管理和其他服务十一个大项,所以对它们获取的过程就称之为服务采购。

① 服务采购特点

与货物、工程采购相比,服务采购的标的(服务或相关服务)具有无形性、评审侧重质量而不是价格、无法存储性、易变性、不可分割性、不能再销售、服务采购复杂等属性，因此，服务采购呈现出不同的特点。主要特点如下：

a. 服务采购难以把握和控制。因为同样的服务经常在不同的地方或者被多个业务单位使用，或者有多个“业主”在不同程度上使用同一种类型的服务。要应对这个挑战，对服务采购进行分类诊断是关键。

b. 由于服务的无形性，使得确定其范围和要求更加困难。所以，需要一个能够促进供应管理部门和内部客户之间协作和沟通的规范的服务采购流程。

c. 对服务本身或服务供应商的评价更多的是主观评价。所以，必须对供应商的服务范围和要求给出明确的描述。

d. 有些内部客户认为他们所需要的服务非常特别，很难在市场上找到新的供应商。这时，供应管理部门就要利用自己所掌握的市场情况，为内部客户提供增值的服务，包括选择服务供应商和站在客户的立场上详细地说明服务的要求。

e. 有些服务要求会直接面向企业内部的其他部门，可能会越过已经制订的采购流程。这时，供应管理部门就必须介入，不管是通过公司制度还是已经建立起来的信任关系，最好有一个规范的采购流程。当然，也可以把采购职能与评价职能分开，这将有助于供应管理部门参与签约过程。

f. 有时企业会面临某种服务无法归类的情况，这时，采购委员会或供应商关系管理解决方案能够帮助企业将这些服务归类。为此，Mr. Green强调企业在与供应管理部门和内部客户进行协作和沟通时要规范采购流程；若采购服务是直接面向企业内部的其他部门，则为了避免破坏公司的制度，也要规范采购流程。

② 服务采购分类

现代企业主要的服务采购有三大类：物流服务的采购、IT 服务的采购和人力资源服务。还有许多企业采购一些服务类产品，如信息系统、设备检修和维护、市场销售、财务、行政管理等。IO 协会对包括广告业、医疗保健业、制造公共事业以及政府部门在内的企业进行了长期的在线调查，结果显示（表 5-6）：企业服务采购三大领域分别是信息技术、运作、物流。其中，运作包括行政管理、客户服务、财务、人力资源、房地产和实物资产、销售和市场六大块；物流包括分销和运输两部分。

表 5-6 服务采购分类

类型		企业向供应商采购的服务	企业可能要采购的服务
信息技术		维护/修理、培训、应用开发、咨询和重构、上机数据中心	客户/服务器、网络、桌面系统、终端用户支持、全部 IT 资源
运作	行政管理	印刷和复印、收发室、咨询与培训	档案管理、行政管理信息系统、供应/存货、印刷和复印
运作	客户服务	现场服务、现场服务派遣、客户热线支持	客户服务信息系统、现场服务派遣、客户热线支持
运作	财务	薪酬处理、交易处理	薪酬处理、税务事务
运作	人力资源	职位再安置、员工补贴、招聘/安置	咨询与培训、人力资源信息系统
运作	房地产和实物资产	食品和餐厅服务、设备维护保安	设备管理、设备维护、设备信息系统
运作	销售和市场	邮寄广告、广告、电话推销	预订和销售运作、现场销售
物流	分销	货运审计、广告、电话推销	仓储、分销和物流、信息系统、运作
物流	运输	车队管理、车队运作、车队维护	车队管理、车队运作、车队维护

5.2.4 采购方法

(1) MRP 采购

物料需求计划(Material Requirement Planning,MRP)是指根据产品结构各层次物品的从属关系和数量关系,以每个物品为计划对象,以完工时期为时间基准倒排计划,按提前期长短区别各个物品下达计划的时间先后顺序,是一种工业制造企业内物资计划管理模式。因此,MRP 主要用于各种有加工车间环境的工业行业中(加工车间环境是指用相同的生产设备生产成批大量的产品),尤其对以装配操作为中心的企业而言,具有很高的价值。

应该注意的是,对于每年只生产少量产品的公司,MRP 并不能很好地运行,尤其是那些生产复杂昂贵的产品且产品的技术含量很高的公司。经验显示,由于它的提前期太长和太不确定,对于 MRP 来说,其产品结构太复杂以致不能控制。像这样的公司使用网络计划技术和项目规划更好些。

(2) JIT 采购

JIT 采购又称准时化采购,它是由准时化(Just In Time,JIT)生产管理思想演变而来的。它的基本思想是把合适数量、合适质量的物品在合适的时间供应到合适的地点，以最好地满足用户需要。准时化采购和准时化生产一样，它不但能够最好地满足用户需要，而且可以极大地消除库存，最大限度地消除浪费，从而极大地降低企业的采购成本和经营成本，提高企业的竞争力。正是由于JIT采购对于提高企业经济效益有着显著的效果，20世纪80年代以来，西方发达国家非常重视对JIT采购的研究与应用。据资料统计，到目前为止，绝大多数美国企业已经开始全部或局部应用JIT采购方法，并取得了良好的经济效果。

准时化采购和传统的采购方式相比有许多不同之处，具体如表5-7所示。

表5-7 准时化采购与传统采购的比较

项　目	JIT采购	传统采购
采购批量	小批量、送货频率高	大批量、送货频率低
供应商的选择	长期合作、单源供货	短期合作、多源供货
供应商评价	交货期、价格、质量	质量、交货期、价格
检查工作	逐渐减少、最后消除	收货、点货、质量验收
协商内容	长期合作关系、质量和合理价格	获得最低价格
运输	准时送货，买方负责安排	较低成本，卖方负责安排
产品说明	供应商革新、强调性能宽松要求	买方关心设计、供应商没有创新
包装	小巧、标准化容器包装	普通包装，没有特别说明
信息交换	快速可靠	一般要求

企业要实施JIT采购模式，必须遵循一定的科学实施步骤。从经验上来看，企业在实施JIT采购时，大体可以遵循以下具体步骤：

① 创建JIT采购班组；

② 制订计划，确保JIT采购有计划、有步骤地实施；

③ 精选少数供应商，建立伙伴关系；

④ 进行试点工作；

⑤ 做好供应商培训工作，确定共同目标；

⑥ 给供应商颁发产品免检证书；

⑦实现配合节拍进度的交货方式；

⑧ 持续改进，扩大成果。

(3) SCM采购

供应链采购是指供应链内企业之间的采购，即供应链内部的采购企业向供应商企业采购订货，供应商企业将货物供应给采购企业。

供应链采购与传统的采购相比,物资供需关系没变,采购的概念也没变。但是,由于供应链上各个企业之间是一种战略伙伴关系,采购是在一种非常友好合作的环境中进行,所以采购的观念和采购的操作都发生了很大变化。表5-8列出了供应链采购与传统采购的区别。

表5-8 供应链采购与传统采购的区别

项目	供应链采购	传统采购
基本性质	基于需求的采购	基于库存的采购
	供应方主动型、需求方采购操作的采购方式	需求方主动型、需求方全采购操作的采购方式
	合作型采购	对抗型采购
采购环境	友好合作环境	对抗竞争环境
信息关系	信息传输、信息共享	信息不同、信息保密
库存关系	供应商掌握库存	需求方掌握库存
	责任共担	需求方设立仓库、高库存
送货方式	供应商小批量多频次连续补充货物	大批量少频次进货
双边关系	供需双方关系友好	供需双方关系敌对
	责任共担、利益共享、协调性配合	责任自负、利益独享、互斥性竞争
货检工作	免检	严格检查

5.3 库存控制

库存不仅是指企业为满足未来的需求而暂时闲置的资源,更是一个管理问题。有人将库存定义为存放在仓库中的物品,就像存放在蓄水池中的水一样,是暂时派不上用场的备用品。由于不能马上为企业带来经济效益,同时企业却要为库存物资承担资金、场地、人员占用而发生的库存成本,因此,合理控制企业的库存是企业运营管理工作中的一项重要而经常性的工作。库存过多时,资金会冻结,利息也要多付;另外,还得增加保管的空间,又需要更多的人手;然后进一步直接影响资材、制品、商品的新陈代谢,而变质及损耗等商品本身的损失也很可观。具体地说,库存控制工作就是确定企业的库存水平高低,监控库存变化方式以及如何补充库存等一系列库存决策。按功能区分,库存一般有五种基本类型,详细介绍如表5-9所示。

库存控制的目标是在库存投资有限的情况下,以最低成本达到一定的顾客服务水平。为实现该目标,管理者必须对持有的库存水平、库存补充时机与补充量（即订货量）作出科学决策。所以库存决策一般涉及四项内容，即决定进货项目、选择供应商、决定进货时间和决定进货批量。其中，决定进货项目和选择供应商是销售部门、采购部门和生产部门的职责；财务部门要做的是决定进货时间和决定进货批量，根据库存控制目标，在保证顾客服务水平的前提下，制订合理的进货批量与进货时间，使存货的总成本最低。

表 5-9 库存的功能及其作用

类型	定义	功能	作用
波动库存	由于销售与生产的数量与时间不能准确地预测而需要维持的库存	保证意外的需求供应，防止缺货	增加销量；减少外运、停工损失；避免使用高价替代品；减少客户服务、通信、包装等费用
预期库存	为迎接一个销售高峰季节、一次市场营销推销计划或一次工厂关闭期而预先建立起来的库存	平衡生产量	减少加班、转包合同、雇用、解雇、培训、返工等费用
批量库存	以大于眼前所需数量去获得物品，由此造成的库存就是批量库存	降低单件成本	获得采购的数量折扣；减少生产调整次数
运输库存	由于物料必须从一处移动到另一处而存在的库存	填满配送渠道	增加销量，减少运输、搬运
投机库存	通过在低价时大量购进价格易于波动的物品而实现客观的节约的库存	减少原材料涨价损失	降低物料成本

5.3.1 库存管理

库存控制的目标之一就是对生产成本进行控制，因此，库存成本是库存控制决策时应主要考虑的因素，由于其在库存控制过程中的作用特殊，现将其单独进行分析，分类介绍如下：

(1) 订货成本

订货成本又称进货费用，是指从发出订单到收到存货整个过程中所付出的成本。如订单处理成本（包括办公成本和文书成本）、运输费、保险费以及装卸费等。

订货成本一般可分为固定成本和变动成本两部分。订货的固定成本是指与订货次数无关的成本，如采购人员的工资等。变动成本则是指与订货次数有关的成本，包括发出采购订单向外部供应商购买物料而发生的成本，主要有办公费、差旅费、邮资、电话电报费、运输费、检验费、入库搬运费等；向内部工厂发出订单而发生的成本，如向工厂订制一批物料时所发生的文书工作的成本、机器调整费、重新调整后首次生产带来的开工废品以及其他取决于订货或生产批数的一次性费用。

(2) 库存持有成本

库存持有成本是指为保有和管理库存而需承担的费用开支,具体可分为运行成本、机会成本和风险成本三个部分。运行成本主要包括仓储成本,自营型的仓库体现为建造仓库的固定投资及其摊销费用,外包型的仓库则体现为仓库的租金,库存越多,仓储面积越大,仓储成本也就越高。此外,运行成本还包括仓库中的设备投资成本和日常运作费用(水、电、人工等)。企业因持有一定的库存而丧失流动资金所能带来的投资收益,即为库存的机会成本。有时企业通过借款来获得库存,这时的机会成本还应包括借款的利息支出。风险成本,顾名思义是从风险的角度出发来考虑的,首先是保险费用,为了降低库存的损失,大多数企业会为其库存的安全办理保险,其费用就属于风险成本。同时企业可能会因为库存的不合理存放而造成损耗或报废,如食品过期、存放过程中产品破损、产品滞销、产品失窃等,这些损失同样是库存的风险成本。

(3) 购置成本

购置成本是指购买物资支出的货款。当生产系统外购生产物资时,如果供应商采用差别定价策略,为用户提供批量折扣,则买方可以通过增加每次订货的批量以获得更多的价格优惠,从而降低总购置成本。此时,购置成本是库存成本的组成部分。

(4) 库存缺货成本

库存缺货成本,简而言之就是由于库存供应中断而造成的损失,包括原材料供应中断造成的停工损失,产成品库存缺货造成的延迟发货损失和销售机会丧失带来的损失,企业采用紧急采购措施来解决库存供应中断而承担的紧急额外采购成本等。

5.3.2 独立需求库存系统

独立需求和相关需求是两种完全不同的需求模式。因为独立需求受市场的影响,所以它往往会显示出某种固定的形式,同时也会反映出一些随机的影响,这种随机影响通常起源于许多不同的顾客偏好。另外,由于相关需求的生产是典型的批量生产,故相关需求呈现出起伏的、断断续续的形式。当进行批量生产时,就存在对这个部件的需求;但在安排下一次批量生产之前,就不存在对这个部件的需求了。两种需求模式显示在图5-9中。

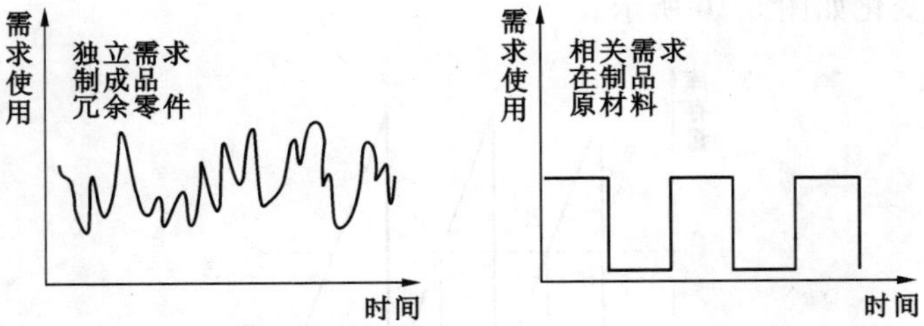

图 5-9 需求模式

不同的需求模式需要使用不同的方法进行库存管理。对独立需求，使用补货理念是适当的。在库存用掉一部分后，需要进行补货，以保证顾客需要时有现货。因此，当库存使用完时，要及时发出进料订单，以使库存得到补充。对于相关需求，则使用"需要"的理念。库存量的安排基于上层产品的需要，当某种库存快要用完时，并不安排新的原材料或在制品的库存，而只有当顾客需要其上层产品或最终产品时，才安排更多的库存。

因此，需求的性质不同导致了两种不同的库存理念。这些理念反过来又引出了不同的方法和计算机软件系统。在独立需求模式下，按物品需求的重复程度不同，可分为单周期需求和多周期需求两种需求类型，由于其性质不同，其库存控制模型也有很大差别。

所谓单周期需求是指仅仅发生在比较短的一段时间内的，或库存时间不可能太长的需求。由于需求时间短，往往一次性订货，很少重复订货。

所谓多周期需求是指在足够长的时间里对某种物品重复的、连续的需求，其库存需要不断地补充。针对多周期需求的库存，常用的库存控制策略分为连续检查控制方式和周期检查控制方式两大类。采用前一种控制方式的系统，由于每次订货量固定，又称固定订货量系统；而采用后一种控制方式的系统，由于每两次订货的时间间隔固定，订货期相对固定，又称固定订货期系统。

(1) 多周期需求库存控制模型

① 经济订货批量模型

经济订货批量(Economic Order Quantity，EOQ)模型又称整批间隔进货模型，于 1915 年由美国工程师 F. W. Harris 提出，在名叫 Wilson 的顾问的推广下才被广泛接受，所以 EOQ 别名又叫 Wilson EOQ。该模型适用于整批间隔进货、不允许缺货的存储情况，即某种物资单位时间的需求量为常数 D，存储量以单位时间消耗数量 d 的速度逐渐下降，经过时间 T 后，存储量下降到零，此时开始订货并随即到货，库存量即由零上升为最高库存量 Q，然后开始下一个存储周期，形成多周期存储模型——EOQ 模型，其库存水平变化如图 5-10 所示。

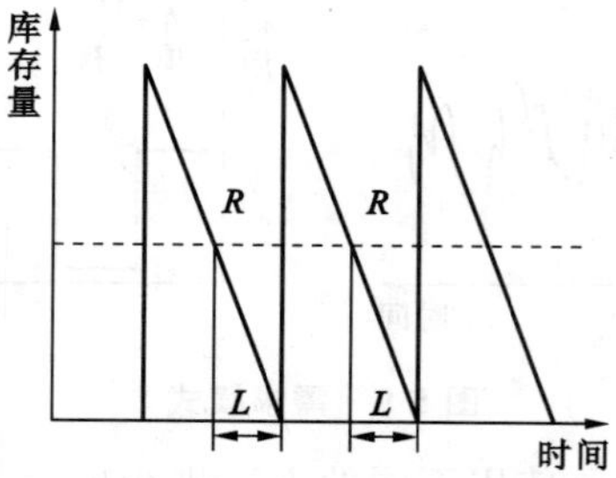

图 5-10　基于 EOQ 模型下的库存水平变化

R—再订货点;L—提前期

最初的 EOQ 模型只有以下 5 个基本假设:

a. 订货成本为常量;

b. 需求率为常量;

c. 订货提前期固定;

d. 购买价格为常量,即没有批量折扣;

e. 货物瞬间补充,整个订货批量一次交付。

随后为了使模型更加精确可靠,又增加了 3 个假设:

a. 需求是连续的而且为常量,也就是说,库存消耗率为常量;

b. 整个过程连续且无限地进行;

c. 订货量和库存容量没有数量约束。

假设计划期为 1 年,年需求量(或预计的年需求量)为 D,订货批量为 Q,每次订货成本为 A(为进货产生的间接成本,不包括购买成本),货物的单价为 P,单位产品年库存持有成本为 H(等于年保管费率 h 乘以单价 P)。此时,年订货次数为 D/Q,平均库存量为 $Q/2$,年订货成本可用公式表述为:

$$年订货成本 = \frac{AD}{Q} \tag{5.1}$$

年库存持有成本则为:

$$年库存持有成本 = \frac{HQ}{2} \tag{5.2}$$

年库存总成本 C_t 为满足年需求量的购买成本(DP)及年订货成本、年库存持有成本之和,即:

$$C_t = DP + \frac{AD}{Q} + \frac{HQ}{2} \tag{5.3}$$

为了使总成本最小,利用微分法对决策变量 Q 求一阶导数,并令其为零，取得 Q 的最优解：

$$Q^* = \sqrt{\frac{2AD}{H}} \tag{5.4}$$

Q^* 即为经济订货批量 EOQ。

此时的库存成本曲线如图 5-11 所示。

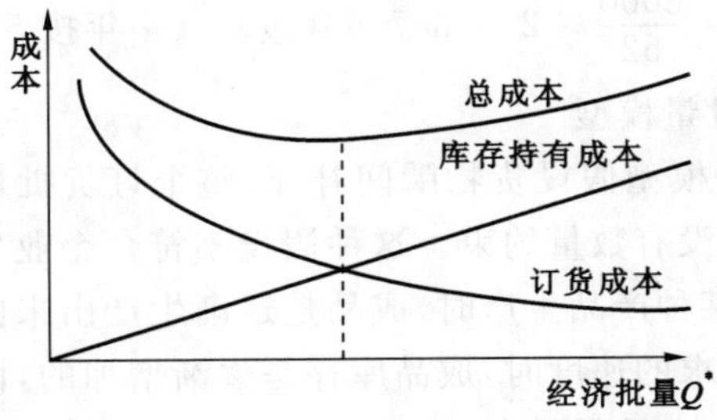

图 5-11 EOQ 模型下的库存成本曲线

因为该模型假定需求量和提前期为常量，且不存在缺货情况，也没有安全库存，所以订货点 R 为：

$$R = dL \tag{5.5}$$

式中 R——订货点；

d——日平均需求量（单位可按天、周、月）；

L——提前期（单位可按天、周、月）。

【例 5-1】 某建筑公司某年需购入水泥 8000 包，水泥单价为 100 元。每次订货成本为 40 元，资金年利息率为 9%，单位库存持有成本按库存水泥价值的 16%计算。若每次订货的提前期为 2 周，试求经济订货批量 Q^*、最低年总成本 C_t、年订货次数 n 和订货点 R。

【解】 这是一个直接利用 EOQ 模型的问题。

$D=8000$ 包/年，$P=100$ 元/包，$A=40$ 元，$L=2$ 周

H 则由两部分组成：一是资金利息，二是库存持有成本，即

$$H = 100 \times 9\% + 100 \times 16\% = 25[\text{元}/(\text{包}\cdot\text{年})]$$

因此

$$Q^* = \sqrt{\frac{2AD}{H}} = \sqrt{\frac{2 \times 40 \times 8000}{25}} = 160(\text{包})$$

年总成本为

$$\begin{aligned} C_t &= DP + \frac{AD}{Q^*} + \frac{HQ^*}{2} \\ &= 8000 \times 100 + 40 \times \frac{8000}{160} + 25 \times \frac{160}{2} \end{aligned}$$

$=80400$(元)

年订货次数

$$n=\frac{D}{Q^*}=\frac{8000}{160}=50(\text{次})$$

订货点

$$R=\frac{D}{52}L=\frac{8000}{52}\times 2=307.69(\text{包})\quad(\text{一年按 52 周计算})$$

② 经济生产批量模型

经济订货批量模型假设货物瞬间补充，整个订货批量一次交付，而且订货量和库存容量没有数量约束。这种假设不符合企业生产过程的实际。一般来说，在进行某种产品生产时，成品是逐渐生产出来的。也就是说，当生产的速度超过需求的速度时，成品库存是逐渐增加的，而非瞬间增加的。EOQ 模型假设库存容量无限大，这是不符合事实的，为了确保库存不会无限地增加，当库存到达一定界限时应停止生产一段时间。由于生产系统调整准备时间的存在，在补充成品库存的生产中，也有一个一次生产多少最为经济的问题，这就是经济生产批量问题。经济生产批量(Economic Production Lot，EPL)模型，又称经济生产量(Economic Production Quantity，EPQ)模型。当然，其假设条件与 EOQ 模型类似，不同点主要是 EPQ 模型不要求补充率无限大，也不要求一次全部到货，库存容量是有限的。

在图 5-12 中，s 为生产率(单位时间产量)，d 为需求率(单位时间出库量)，$d<s$；T_s 为生产时间，T_d 为消耗时间；L_{max} 为最大库存量；Q 为生产批量；R 为订货点；L 为生产提前期。此图描述了在经济生产批量模型下，库存量随时间变化的过程。生产在库存为 0 时开始进行，经过生产时间 T_s 结束。由于生产率 s 超过需求率 d，库存将以$(s-d)$的速率上升，经过时间 T_s，库存达到最大量，即顶点处。生产停止后，库存按需求率 d 下降。当库存减少到 0 时，则重新开始新一轮生产。假设 Q 是在 T_s 时间内的生产量，则 Q 又是一个补充周期 T 内消耗的量。

与 EOQ 模型不同的是，由于补充率不是无限大，这里平均库存量不是 $Q/2$，而是 $I_{max}/2$；P 为生产成本，A 为生产调整或订货成本，D 是全年需求量。于是：

库存总成本(C_t)=库存持有成本(C_h)+订货或生产准备成本(C_R)+购买成本(C_P)

$$=H(I_{max}/2)+A(D/Q)+PD \tag{5.6}$$

问题现在归结为求 I_{max}。由图 5-12 可以看出：

$$I_{max}=T_s(s-d)$$

由 $Q=sT_s$，可以得出 $T_s=Q/s$。所以

$$I_{max}=Q\cdot(s-d)/s=(1-d/s)Q$$

$$C_t=H(1-d/s)Q/2+A(D/Q)+DP \tag{5.7}$$

对 Q 求导，可以得出：

$$Q=EPL=\sqrt{\frac{2AD}{H(1-d/s)}}$$

此时求得的 Q 即为经济生产批量 EPL。

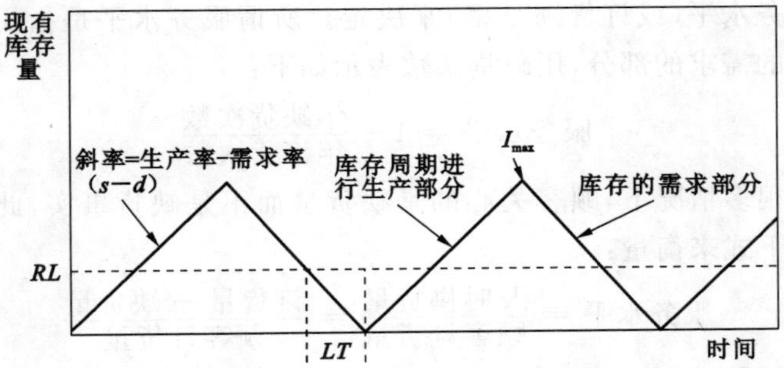

图 5-12 边生产边使用的定量订货模型

【例 5-2】 某高压锅生产厂一年的工作日为 260 天，市场对高压锅的需求量为 80 个/天。高压锅的生产力为 360 个/天，年库存持有成本为 2 元/(个·年)，生产调整准备费用为 50 元/次，求经济生产批量 EPL、每年生产次数 F、最大库存量 I_{max} 及一个周期 T 内的生产时间和消耗时间。

【解】 已知：$A=50$ 元/次，$s=360$ 个/天，$d=80$ 个/天，$H=2$ 元/(个·年)，可知：$D=365\times80=29200$(个)

$$Q=\sqrt{\frac{2AD}{H(1-d/s)}}=\sqrt{\frac{2\times50\times29200}{2\times(1-80/360)}}=1370(\text{个/批})$$

$$T_s=\frac{1370}{360}=3.8(\text{天})$$

$$T_d=\frac{1370}{80}=17(\text{天})$$

$$I_{max}=1370-6\times80=890(\text{个})$$

$$F=\frac{29200}{1370}=21.3(\text{次})$$

③ 不确定条件下的订货模型

由于在现实中企业不可能准确地预测出需求的变化，因此，根本无法完全消除缺货现象。要确定在缺货情况下的订货点，可根据订货提前期的不确定性与需求率的不确定性构建模型。在这种模型下，库存由两部分组成：一部分是周转库存，用于两次订货之间的平均库存消耗，周转库存量可

采用 EOQ 模型进行订货;另一部分是安全库存,是用于减少发生缺货可能性的库存,由于提前期以及提前期内需求的不确定性,因而可能造成等待补货期间库存耗尽的情况,所以安全库存又叫缓冲库存,用于满足提前期的需求。统计学上确定安全库存的公式为:

$$安全库存 = 日平均消耗量 \times 一定服务水平下的前置期标准差 \tag{5.8}$$

设置安全库存的目的是为了防止缺货,因此,安全库存量的大小主要由顾客服务水平(或订货满足率)来决定。所谓服务水平是指用当前库存所能满足的需求的部分,用缺货次数表示如下:

$$服务水平 = 1 - \frac{年缺货次数}{年订货次数} \tag{5.9}$$

但在很多情况下,顾客关心的是缺货量而不是缺货事实,此时的服务水平可用下式来衡量:

$$服务水平 = \frac{及时供货量}{顾客订货量} = \frac{订货量 - 缺货量}{顾客订货量} \tag{5.10}$$

因此,顾客服务水平(或订货满足率)较高,说明缺货发生的情况较少,从而缺货成本就较小,但因增加了安全库存量,导致库存的持有成本上升;而顾客服务水平较低,说明缺货发生的情况较多,缺货成本较高,安全库存量水平较低,库存持有成本较小。因而,必须综合考虑顾客服务水平、缺货成本和库存持有成本三者之间的关系,最后确定一个合理的安全库存量。

安全库存量的计算,一般需要借助统计学方面的知识。假设在一定时期内需求是服从正态分布的,其期望值和标准差已知。为了求解一定时期内库存短缺的概率,可以简单地画一条预期需求量的正态分布曲线,并在曲线上标明所拥有的库存量所在位置,如图 5-13 所示。

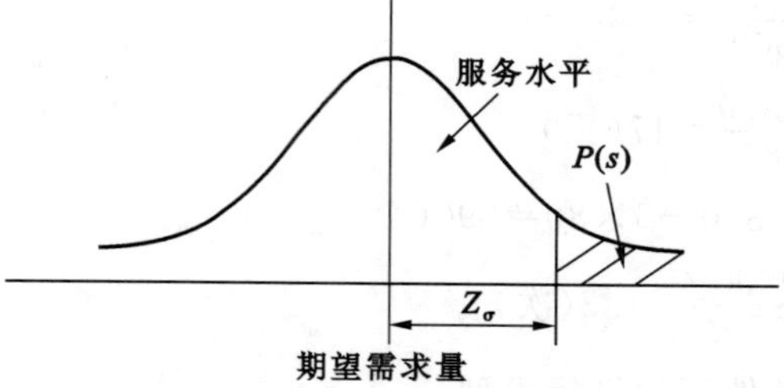

图 5-13　库存需求分布曲线

图 5-13 的中线表示期望库存需求量,Z_σ 表示安全库存量,$P(s)$表示缺货率,服务水平为 $1 - P(s)$ 。现在举些简单的例子来说明这一点。假设月需求量服从正态分布(1000,200),即下个月平均需求量为 1000 单位,标准

差为 200 单位。如果这个月刚开始的时候,库存量刚好为 1000 单位,若本月不再补充库存,则可以确定缺货率为 50%,服务水平也为 50%。公司经常用这种方法来建立不缺货概率为 95%的安全库存。这意味着应当建立 1.64 倍标准差的安全库存,在这个例子中,安全库存就应该为 328 单位(1.64×200=328)。但这并不是说每月应额外订购 328 单位的物资,而是除了每次订购的一个月的使用量外,还应有 328 单位的货物作为安全库存。在这种情况下,每年大约有 0.6 个月将会出现物资短缺或者每 20 个月中将有 1 个月会出现短缺现象。

对于需要设立安全库存以保证在不确定条件下的订货需求,假定需求与提前期是相互独立的,那么根据提前期与需求的不确定性可以划分为三种情况:提前期确定、需求不确定,需求确定、提前期不确定,需求不确定、提前期也不确定。这三种情况都是基于图 5-14 所示的订货系统展开分析的。

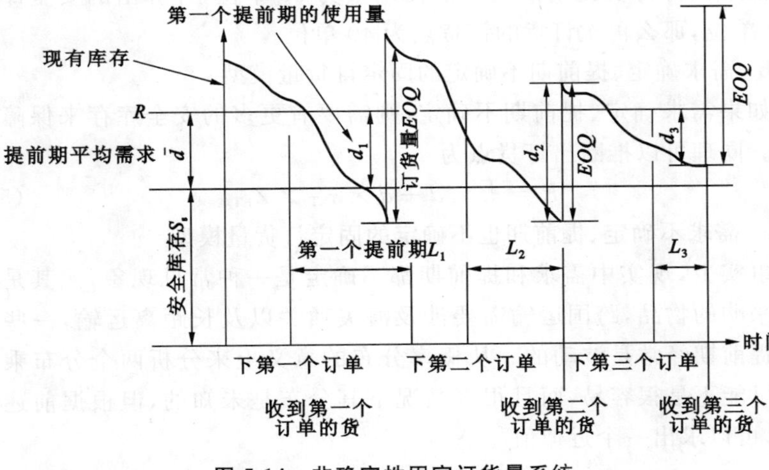

图 5-14 非确定性固定订货量系统

a. 提前期确定、需求不确定的固定订货量模型

在提前期确定、需求不确定的固定订货量模型中,需要对需求的不确定情况进行具体分析。假定提前期内每天的需求服从某种分布,如服从正态分布,则记 R 为以单位产品计的订货点,$\overline{d}$ 为日平均需求量,L 为以天为单位的订货提前期,σ_d 为提前期中每天需求的标准差,SL 为服务水平。

为了保证服务水平,订货点的库存量大于提前期内的需求量的概率要高于服务水平,否则服务水平无法得到保障。则有:

$$P\{R \geqslant \text{提前期内的需求}\} \geqslant \text{服务水平}(SL)$$

因为提前期内每天的需求服从正态分布 $N(\overline{d}, \sigma_d^2)$,则提前期内的需求服从正态分布 $N(L \times \overline{d}, L \times \sigma_d^2)$。

下面将正态分布标准化为：

$$P\left\{\frac{R-L\times\overline{d}}{\sqrt{L}\times\sigma_{\mathrm{d}}}\geqslant\frac{\text{提前期内的需求}-L\times\overline{d}}{\sqrt{L}\times\sigma_{\mathrm{d}}}\right\}\geqslant \text{服务水平}(SL)$$

显然 $\frac{\text{提前期内的需求}-L\times\overline{d}}{\sqrt{L}\times\sigma_{\mathrm{d}}}$ 服从标准正态分布，所以可以通过查找标准正态分布表得到

$$\frac{\text{提前期内的需求}-L\times\overline{d}}{\sqrt{L}\times\sigma_{\mathrm{d}}}=Z_{\mathrm{SL/2}}$$

所以

$$R=\frac{\text{提前期内的需求}-L\times\overline{d}}{\sqrt{L}\times\sigma_{\mathrm{d}}}=Z_{\mathrm{SL/2}} \tag{5.11}$$

式中　Z——安全因子。

如果预计订货提前期期间的使用量为 30 单位，计算出的安全库存量为 10 单位，那么再次订货的订货点为 40 单位。

b. 需求确定、提前期不确定的固定订货量模型

如果需求确定、提前期不确定，则需要有更多的安全库存来保障服务水平。同理可以推断出订货点为：

$$R=\overline{L}\times d+d\times\sigma_{\mathrm{LT}}\times Z_{\mathrm{LT/2}} \tag{5.12}$$

c. 需求不确定、提前期也不确定的固定订货量模型

事实上，现实中需求和提前期都不确定是一种常见现象，尤其是对于全球采购的物品，跨国运输需要涉及海关通关以及长距离运输，一些供应商的提前期经常是波动的。从概率分布的意义上来分析两个分布乘积的分布可能不是很容易，而且很多情况下其分布是未知的，但根据前述推导过程，可以求出一个近似值

$$R=\overline{d}\times\overline{L}+Z_{\mathrm{SL/2}}\times\sqrt{\overline{L}\times\sigma_{\mathrm{d}}^{2}+\overline{d}^{2}\times\sigma_{\mathrm{LT}}^{2}} \tag{5.13}$$

④ 批量折扣下的 EOQ 模型

在基本 EOQ 模型里面假设价格是没有批量折扣的，但是在现实中，供应商会为了扩大销量占领市场、大规模生产以实现规模经济或单纯为了赢得更多利润等各方面原因而采取批量折扣的策略；采购方会在扩大生产、抑制物资价格上涨、获得低成本的所需物资、降低运输成本、减少缺货发生和高库存量、高保管费、物资变质、资金占用等方面作出权衡，从而选择大批量购买。在这种情况下，已不能简单套用传统的 EOQ 模型，但 EOQ 模型仍然是一个良好方案的选择工具，其总的原则是获得最低总成本。当然这种方法也有缺陷，就是没有考虑资金占用成本。下面介绍用 EOQ 模型决定订货批量的步骤。

首先，对供应商提出的价格优惠策略下的价格进行升序排列。

接着，从最低价格开始计算 EOQ，如果此 EOQ 恰好与供应商提供的策略相符，即在 EOQ 模型下，采购方可以享受最低价优惠。

最后，如果不匹配，则依次尝试每一个价格，直到找到匹配方案。找到匹配 EOQ 后，计算匹配 EOQ 与所有大于匹配 EOQ 的数量折扣所对应的总成本并进行比较，选取最小总成本为最优 EOQ。

【例 5-3】 某模具制造商每年要购入某种零件 3000 件。供应商的条件是：订货量大于或等于 95 件时，单价为 900 元；订货量在 0～94 件时，单价为 950 元。订购成本为每次 200 元；每件产品的年库存持有成本为单价的 20%。试求最优订货量。

【解】 这是一个典型的批量折扣模型，可按这类问题的一般求解步骤求解。

步骤 1：从最低价格开始寻找可行的 EOQ，即 $P_j = 900$(元) 时($j \geqslant 95$)，$H = 900 \times 20\% = 180$(元)，$A = 200$(元)，$D = 3000$(件)

$$EOQ(900) = \sqrt{\frac{2DA}{H}} = \sqrt{\frac{2 \times 3000 \times 200}{180}} = 82(\text{件})$$

但依题意，在 $Q = 82$(件) 处，价格为 950 元，而不是 900 元，因此该 EOQ 不可行。

步骤 2：求次低点价格 $P_j = 950$(元) 时($0 \leqslant j < 95$) 的 EOQ，这时，$H = 950 \times 20\% = 190$(元)

$$EOQ(950) = \sqrt{\frac{2DA}{H}} = \sqrt{\frac{2 \times 3000 \times 200}{190}} = 80(\text{件})$$

这是可行的。而大于 80 件数量的折扣只有一个，即订货批量为 95 件，因此，应该分别计算订货量为 95 件和 80 件时的总成本 $C_t(95)$ 和 $C_t(80)$。

因为

$$C_t = \frac{DA}{Q} + hP\frac{Q}{2} + PD$$

所以

$$C_t(95) = \frac{3000 \times 200}{95} + \frac{20\% \times 900 \times 95}{2} + 900 \times 3000$$
$$= 2714866(\text{元})$$

$$C_t(80) = \frac{3000 \times 200}{80} + \frac{20\% \times 950 \times 80}{2} + 950 \times 3000$$
$$= 2865100(\text{元})$$

因为 $C_t(95) < C_t(80)$，所以最优 EOQ 应为 95 件。

⑤ 定期库存控制模型

库存管理的订货方式，可以粗略地分为定量订货方式、定期订货方式以及两者的混合方式。前面介绍的订货方式可以归为定量订货方式，在这种方式下，只要根据库存结余是否到达预先设定的订货点，一旦消耗到订货点，按经济订货批量或者经济生产批量进行订货就可以了，所以管理起来很简单。但是在库存消耗波动大、脱销影响程度高、前置期长等情况下，对安全库存的要求就很高，要求有很大的安全库存，所以定量订货模型并不适合需求变动大以及订货前置期长的物资。在这种情况下，可以引入定期订货方式。所谓定期订货方式，就是首先依据采购与计划人员的建议设定一个固定的订货间隔期，一个季度、一个月或者是一旬、一周等，然后每季度、每月或者每旬、每周定期预测将来的需求量，制订计划，最后按这个需求量确定订货的方式。图 5-15 描述了定期订货系统的运行情况。

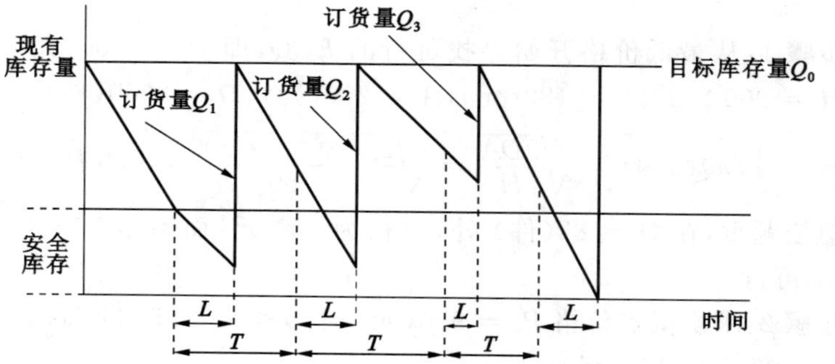

图 5-15　定期订货模型

可见，定期订货模型中的订货量是由订货间隔期、订货提前期的平均需求量和安全库存决定的，公式表达如下：

订货量＝间隔期和提前期内的平均需求量＋安全库存－现有库存量

$$= d(T+L) + Z\sigma_{T+L} - A$$

$$= d(T+L) + Z\sigma_d\sqrt{T+L} - A \qquad (5.14)$$

式中　d—— 预测的日平均需求量；

T—— 两次盘点的间隔期；

L—— 提前期(订购和收到货物之间)；

Z—— 既定服务水平下的标准差的倍数；

σ_{T+L}—— 盘点期与提前期期间的标准差；

A—— 现有库存量(包括已订货尚未到达的)。

【例 5-4】　某产品的需求服从正态分布，日平均需求量为 20 件，日标准差为 8 件，固定间隔期为 30 天，提前期为 14 天。要求服务水平为 98%，在盘点时，库存中有 520 件，试求订购量应该是多少？

【解】 已知：$d=20$(件)，$\sigma_{\mathrm{T+L}}=\sqrt{\sum_{i=1}^{T+L}\sigma^2}=\sqrt{(30+14)\times 8^2}=53$(件)，$A=520$(件)，$P=0.98$，查表可知：$P=0.98$ 时 $Z=2.05$，则

订货量＝间隔期和提前期内的平均需求量＋安全库存－现有库存量

$$=d(T+L)+Z\sigma_{\mathrm{T+L}}-A$$

$$=20\times(30+14)+2.05\times 53-520$$

$$\approx 469\text{(件)}$$

(2) 单周期需求库存控制模型

对于季节性的或易腐蚀性的产品，如报纸、圣诞树、月饼等，这类产品不能以存货方式进行储存或者不能在未来继续出售的情况下，单周期库存就出现了。换句话说，单周期库存其实就是仅需购买一次的库存订购决策，正是因为它的订购的一次性，从而对需求的预测要求更高，如果需求量大于订货量，就会失去潜在的销售机会，造成订货的机会成本的损失；假如需求量小于订货量，则所有未销售出去的物品将可能以低于成本的价格出售，甚至可能报废，还要另外支付一笔处理费。这种由于供过于求而导致的费用称为陈旧(超储)成本。显然，最理想的情况是订货量恰好等于需求量。

为了确定最佳订货量，需要考虑由于订货而引起的各种费用。由于只发出一次订货并且只产生一次订货费用，所以订货费用为一种沉没成本，它与决策无关。库存费用也可视为一种沉没成本。因为单周期物品的现实需求无法准确预计，而且只能通过一次订货满足，所以即使有库存，其费用的变化也不会很大。因此，只有机会成本和陈旧成本对最佳订货量的确定起决定性的作用。确定最佳订货量一般可采用期望损失最小法、期望利润最大法或边际分析法等方法。

在订购的物资直接用于销售的情况下，用边际分析法来进行最优决策，既考虑了边际利润(MP)又考虑了边际损失(ML)。对于任意库存水平，如果它的预期边际利润等于或大于它的预期边际损失，就可以增加存货。这种关系可以用下面的符号表示：

首先，假设 P 为需求大于或等于给定供给的概率(或至少再卖出一件产品的概率)；$1-P$ 为需求小于供给的概率。

预期边际利润为将要销售的产品的概率乘以边际利润，即 $P(MP)$。同样，预期边际损失为不销售产品的概率乘以边际损失，即$(1-P)(ML)$。决策条件为：

$$P(MP)\geqslant(1-P)(ML)$$

求解 P 可得：

$$P \geqslant \frac{ML}{MP+ML} \tag{5.15}$$

确定了 P,然后再根据经验分布就可以找到最佳订货量。

【例 5-5】 月饼的市场售价为 15 元,而该产品的成本为 8 元。没有卖出的月饼退给供应商,每个月饼可得 7 元退款(成本费减 1 元的存贮费)。月饼的市场需求概率分布如表 5-10 所示。试求最低订货量。

表 5-10 月饼的市场需求概率分布

需求	保持该水平需求的概率	需求	保持该水平需求的概率
50	0.1	68	0.3
56	0.1	74	0.2
62	0.2	80	0.1

【解】

$$ML = 8-7=1(\text{元})$$
$$MP = 15-8=7(\text{元})$$

那么

$$P \geqslant \frac{1}{1+7} = 0.125$$

只要累积概率超过 P,就会增加存货。计算累积概率如表 5-11 所示。

表 5-11 累积概率的计算

需求	保持该水平需求的概率	保持该水平或更高水平需求的概率
50	0.1	1.0>0.125
56	0.1	0.9>0.125
62	0.2	0.8>0.125
68	0.3	0.6>0.125
74	0.2	0.3>0.125
80	0.1	0.1<0.125

由表 5-11 可知,实际需求大于 74 个的概率为 0.3,所以,最优策略是订购 74 个月饼。

5.4 配送管理

配送是物流中一种特殊的、综合的活动形式,是商流与物流的紧密结合,既包含了商流活动和物流活动,也包含了物流中若干功能要素。配送是指在经济合理区域范围内,根据用户要求,对物品进行拣选、加工、包装、分割、组配等作业,并按时送达指定地点的物流活动。

5.4.1 配送模式

(1) 按配送承担者划分

① 自营型配送模式

这是目前生产流通或综合性企业(集团)所广泛采用的一种配送模式。企业(集团)通过独立组建配送中心,实现内部各部门、厂、店的物品供应的配送,这种配送模式中虽然因为糅合了传统的"自给自足"的"小农意识",形成了新型的"大而全"、"小而全"的局面,从而造成了社会资源的浪费。但是,就目前来看,这在满足企业(集团)内部生产材料供应、产品外销、零售店铺供货和区域外市场拓展等企业自身需求方面发挥了重要作用。

② 外包型配送模式

它主要是由具有一定规模的物流设施、设备(库存、站台、车辆等)及专业经验、技能的批发、储运或其他物流业务经营企业,利用自身业务优势,承担其他生产性企业在该区域因市场开拓、产品营销而开展的纯服务性的配送。在这种配送模式中,生产企业租用批发、储运等企业的库房作为存储场所,并将其中的一部分改造成为办公场所,设置自己的业务代表机构,并配置内部的信息处理系统。通过这种现场办公式的决策组织,生产企业在该区域的业务代表控制着信息处理和决策权,独立组织营销、配送业务活动。提供场所的物流业务经营企业,只是在生产企业这种派驻机构的指示下,提供相应的仓储、运输、加工和配送服务,收取相对于全部物流利润极小比率的业务服务费。开展这种配送模式的企业,对所承揽的配送业务缺乏全面的了解和掌握,无法组织合理高效的配送,在设备、人员上浪费比较大。所以,这是一种高消耗、低收益的配送模式。

③ 综合配送模式

在这种模式中,从事配送业务的企业,通过与上游企业(生产、加工企业)建立广泛的代理或买断关系,与下游企业(零售店铺)形成稳定的契约关系,从而将生产、加工企业的商品或信息进行统一组织、处理后,按客户订单的要求配送到零售店铺。采用这种配送模式,用户之间可以相互交流供应信息,从而起到调剂余缺、合理利用资源的作用。综合化的中介型配送模式是一种完整意义上的配送模式。

④ 共同配送模式

这是一种配送经营企业间为实现整体的合理化,以互利互惠为原则,互相提供便利的配送业务的协作型配送模式。

(2) 按集散程度划分

① 集货型配送模式

这种模式主要是针对上游企业的采购物流过程进行创新而形成的。上游企业的生产具有相互关联性,下游企业则相互独立;上游企业对配送中心的依存度明显大于下游企业,上游企业相对集中,而下游企业分散,具有相当的需求。同时,这类配送中心也强调其加工功能。此类配送模式适于成品或半成品物资的配送,如汽车配送中心。

② 散货型配送模式

这种模式主要是针对下游企业的供货物流过程进行优化而形成的。上游企业对配送中心的依存度小于下游企业,而且配送中心的下游企业相对集中或有利益共享。采用此类配送模式的流通企业,其上游企业竞争激烈,下游企业的需求以多品种、小批量为主要特征,适于原材料或半成品物资的配送,如机电产品配送中心。

③ 混合型配送模式

这种模式综合了上述两种配送模式的优点,并可对商品流通的全过程进行有效控制,有效克服了传统物流的弊端。采用这种配送模式的流通企业,其规模较大,具有相当大的设备投资,如区域性物流配送中心,在实际流通中,多采取多样化经营,有利于降低经营风险。这种运作模式比较符合新型物流配送的要求,特别是电子商务下的物流配送。

5.4.2 配送中心

(1) 配送中心分类

根据配送中心的运营主体来划分配送中心的类型,可分为以下4类:

① 以制造厂为主的配送中心。规模较大、流通管理较好的制造厂,在建立销售体制的同时,还要建立快捷的配送中心,以降低流通费用并提高售后服务的质量。

② 以大型经销商为主的配送中心。这种配送中心一般是按行业或商品类别的不同,把相关制造厂的商品集中起来,然后向下位配送中心或零售店、连锁店等进行配送。对于不具备建立独自配送中心的制造厂,或本身不能备齐各种商品的零售商或零售店,往往采用这种办法。

③ 以零售业为主体的配送中心。它是为以专业商品为主的零售店、超级市场、百货商店、家用电器商场、建材商场、粮油食品商店、宾馆饭店等服务的。随着城市的增多和大型化,以及人民生活水平的提高,第三产业日趋发达。但城市的商店或服务企业,一般不设仓库和运输设备,因此,这类配送中心的发展更为迫切。

④ 以公共服务业为主体的配送中心。如各主要城市的中心邮局和港口、铁路、道路枢纽等，十分需要将到达的货物迅速地配送给用户。

(2) 配送中心基本功能

① 保管功能

保管功能是配送中心的主要功能之一。配送中心与一般的仓库不同，其仓库形式、平面布置、设备组成等首先要有利于拣选作业、拣选顺序、拣选路线、拣选方法等。为了充分利用仓库的空间，提高所保管商品的入、出库频率，随着科技和生产的进步，货架不断向高层化发展，作业向机械化、自动化发展，用于保管的机械向小通道或无通道发展，库存账目管理和货位管理向计算机化（WMS、MRPⅡ）发展，配送中心与相关企业的信息交换向网络化(ERP)发展。

② 倒装功能

配送中心采购时，为了降低运输成本，一般要求采用大包装或散装形式。而商品来自不同的制造厂或流通企业，其运输包装的形式各不相同。但为了有利于配送中心的机械化和自动化作业，必须进行商品的集装单元化，即进行倒装作业。倒装作业一般在入库区和出库区的商品整理、检验作业时进行。

③ 拣选功能

商品在配送中心保管时，一般是按保管单元的形式来分区域存放。但出库时，首先是按客户订单商品目录来进行拣选的，同一张订单的商品可能只有一种，但通常是若干种；同一订单的商品可能在一个区域内存放，但通常是在不同的区域内存放；所需商品的数量可能是一整个保管单元，也可能不是。应根据具体情况，采用一张订单，按顺序到有关保管区域一一拣选；或者先分解若干张订单，到有关保管区域分别拣选有关商品，然后再按订单一一汇总。这些都增加了配送中心 TRANBBS 设计的复杂性。

④ 流通加工功能

经济高效的运输、装卸、保管一般需要采用大的包装形式。但在配送中心下位的零售商、最终客户，一般需要小的包装。为解决这一矛盾，有的配送中心设有流通加工功能。流通加工与制造加工不同，它对商品不做性能和功能的改变，仅仅是商品尺寸、数量和包装形式的改变。例如，粮油配送中心是将大桶包装加工成瓶状小包装；饲料配送中心，则是将多种饲料的大包装加工成混合包装的小包装。

⑤ 运送功能

配送中心需在其服务范围内，准时地把相应数量的商品送达客户，为了减少客户的库存或实现零库存，运送是多频次的。这就需要配备相应的运输设备及运输前后的装卸设备,这是良好快捷服务的重要保证之一。

⑥ 信息管理功能

在流通领域,为了从各供应商处准时地采购商品,然后准时地向众多客户配送,提供快捷满意的服务,并最大限度地减少库存,提高工作效率,信息管理是十分重要的。配送中心应具有功能完备的仓库管理系统(WMS),并能与各供应商、各客户的ERP或其他信息系统实现实时的链接。

(3) 配送中心基本作业

配送功能决定了配送的基本作业,而配送的基本作业是配送功能的实现,只有进行规范的配送,才能更好地实施配送。配送的基本作业如下:

① 订单处理作业

物流中心的交易起始于客户的咨询、业务部门的报表,随后是订单的接收,业务部门通过查询出货日的存货状况、装卸货能力、流通加工负荷、包装能力、配送负荷等来答复客户,而当订单无法依客户的要求交货时,业务部门需加以协调。由于物流中心一般均不随货收取货款,而是在一段时间后予以结账,因此,在订单资料处理的同时,业务人员依据公司对该客户的授信状况查核是否已超出其授信额度。此外在特定时段,业务人员应统计该时段的订货数量,以便于调货、分配出货程序及数量。退货资料也在此阶段予以处理。另外业务部门还需制订报表的计算方式,管理报表历史资料,制订客户订购最小批量、订货方式或订购结账截止日。

② 采购作业

自交易订单接收之后,由于供应货品的要求,物流中心要由供货厂商或制造厂商订购商品,采购作业的内容包括由商品数量求统计、查询供货厂商的交易条件,而后依据所制订的数量及供货厂商所提供的较经济的订购批量,提出采购单。采购单发出之后则进行进货入库的跟踪运作。

③ 进货入库作业

当采购单开出之后,在采购人员进货入库跟踪催促的同时,入库进货管理员即可依据采购单上预定的入库日期做入库作业排程、入库站台排程,而后于货品入库当日,在货品进入时做入库资料查核、入库品检查,查核入库货品是否与采购单内容一致。当品项或数量不符时,即做适当的修正或处理,并将入库资料登录建档。入库管理员可依一定方式指定卸货及托板堆叠。对于从客户处退回的商品,退货品的入库也需经过退货品检查、分类处理后登记入库。

一般商品入库有两种作业方式:一是商品入库上架,储放于储架上,等候出库,需要时再予出货。商品入库上架,由管理人员依照仓库区域规划管理原则或商品生命周期等因素来指定储放位置,或于商品入库之后记录其储放位置，以便日后的存货管理或出货查询。二是直接出库，此时管理人员依照出货要求，将货品送往指定的出货码头或暂时存放地点。在入库搬运的过程中，由管理人员选用搬运工具、调派工作人员，并做好工具、人员的工作时程安排。

④ 库存管理作业

库存管理作业包含仓库区的管理及库存数量的控制。仓库区的管理包括：货品在仓库区域内的摆放方式、区域大小、区域的分布等规划；货品进出仓库的控制遵循先进后出或后进先出的原则；进出货方式的制订包括货品所用的搬运工具和搬运方式，仓储区储位的调整及变动。库存数量的控制则依照一般货品出库数量、入库时间等来制订采购数量及采购时点，并做采购时点预警系统。制订库存盘点方法，于一定期间印制盘点清册，并依据盘点清册内容清查库存数、修正库存账册并制作盘亏报表。仓库区的管理更包含容器的使用与容器的保管维修。

⑤ 补货及拣货作业

由客户订单资料的统计可知货品真正的需求量。在出库日，当库存数足以供应出货需求量时，可依据需求量印制出库拣货单及各项拣货指示，做拣货区域的规划布置、工具的选用及人员调派。出货拣取不仅是拣取作业，更应注意拣货架上商品的补充，使拣货作业得以流畅进行而不至于缺货，这中间包括补货水准及补货时点的确定、补货作业排程、补货作业人员调派等作业。

⑥ 流通加工作业

商品由物流中心送出之前可在物流中心做流通加工处理。在物流中心的各项作业中以流通加工最易提高商品的附加值，其中流通加工作业包括商品的分类、过磅、拆箱重包装、贴标签及商品的组合包装。而要达到完善的流通加工，则必须执行包装材料及容器的管理、组合包装规则的确定、流通加工包装工具的选用、流通加工作业的排程、作业人员的调派等。

⑦ 出货作业处理

完成货品的拣取及流通加工作业之后，即可执行商品的出货作业。出货作业主要内容包括依据客户订单资料印制出货单据，拟定出货排程，印制出货批次报表、出货商品上所需的地址标签及出货检核表。由排程人员决定出货方式、选用集货工具、调派集货作业人员，并决定所运送车辆的大小与数量。由仓库管理人员或出货管理人员决定出货区域的规划布置及出货商品的摆放方式。

⑧ 配送作业

配送商品的实体作业包括将货品装车并实时配送，而完成这些作业则须事先规划配送区域的划分或配送路线的安排，由配送路线选用的先后次序来决定商品装车的顺序，并于商品配送的途中做商品的追踪及控制以及配送途中意外状况的处理。

⑨ 会计作业

商品出库后，销售部门可依据出货资料制作应收账单，并将账单转入会计部门作为收款凭据。商品购入入库后，则由收货部门制作入库商品统计表以作为供货厂商请款、稽核之用，并由会计部门制作各项财务报表以供运营决策制订及运营管理参考之用。

⑩ 运营管理及绩效管理作业

除了上述物流中心的实体作业之外，良好的物流中心的运作更要基于较上层的管理者通过各种考核评估来达成物流中心的高效管理，并制订良好的运营决策及方针。而运营管理和绩效管理可以由各个工作人员或中级管理阶层提供各种资讯与报表，包括出货销售的统计资料、客户对配送服务的反应报告、配送商品次数及所用时间的报告、配送商品的失误率、仓库缺货率分析、库存损失率报告、机具和设备损坏及维修报告、燃料耗材等使用量分析、机具和设备成本分析、退货商品统计报表、作业人力的使用率分析等。

(4) 配送中心业务数据流程

配送的业务数据流程比较规范，一般的业务数据流程如图 5-16 所示，但不同产品的配送可能有其独特之处。

(5) 配送中心的规划设计要点

在明确了配送中心的功能及其基本作业并决定建设配送中心后，在规划设计阶段应十分慎重，因为配送中心投资大、功能多、设计难度大，一旦建成就难以改造。因此，在配送中心规划设计时，除应在详细调查、分析的基础上，严格按照设计程序进行外，还需注意以下几点：

① 在规划设计阶段，配送中心的管理者、使用者(客户)和设计单位必须紧密结合。有经验的设计单位能对配送中心的方案提出很多建设性建议，并要求客户提供所需的基础数据；但配送中心的建设目的、用途、规模、基础数据及其相关性，工艺作业流程，外部环境，可投资额及其可调整性等都有所不同，只有客户最为了解，并有权进行必要的调整。规划设计是至关重要的，它决定了配送中心的实用性、先进性、可扩性、投资额和建设周期，而详细设计、施工、调试等完全由承建单位负责，客户仅需按合同(规划设计是其附件的一部分)验收。

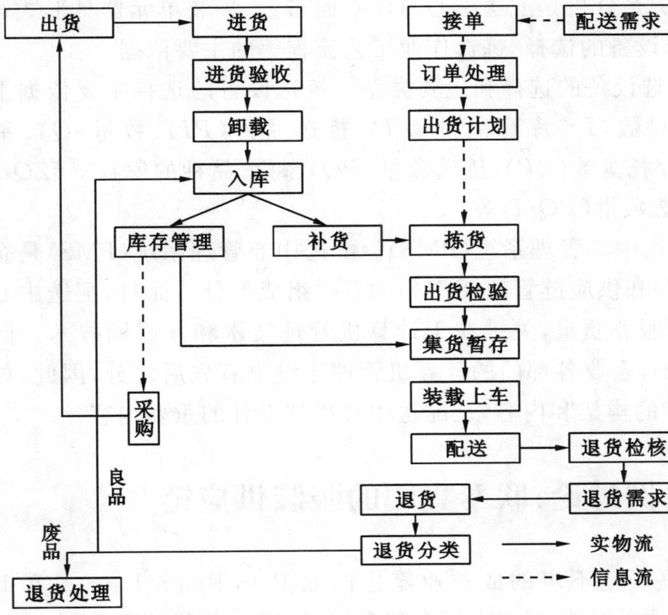

图 5-16 配送中心业务数据流程图

② 设计时,必须注意系统的整体性、均衡性、流畅性。系统的各个环节在技术上有复杂、简单之分,但从系统的观点来看,任何一个环节都同等重要。系统的某个环节可能增加了作业内容或投资,但却为整个系统作业的流畅创造了条件,提高了综合效益。

③ 集装单元运输是现代运输的重大改革,集装单元器具形式、规格的确定也是配送中心设计的重要内容。集装单元器具的形式必须有利于保管、拣选作业。集装单元器具的形式不但要考虑配送中心使用方便,必要时还需考虑与下位配送中心、各零售店、专卖店等的通用性与可交换性。要尽量减少集装单元器具的规格,使其便于作业、管理和交换。

配送中心各个环节的机械设备,包括运输、装卸、保管、拣选机械设备,都要以规定的集装单元器具的形式和尺寸来设计。虽然商品各式各样,但集装单元化后就为物流的机械化、自动化作业奠定了基础。

④ 配送中心地址的选择。配送中心地址的选择必须从配送中心综合效益来考虑,既要有利于上游企业的采购、进货,也要有利于对下游企业各配送中心、专卖店、连锁店或最终用户的配送。应优先选择公路运输方便的地点,确定合理的配送圈及其送达时间,因为只有汽车运输才能实现"门到门"运输,避免中间保管和重复装卸,降低流通成本,缩短配送时间。

⑤ 进行科学的定量分析,如 IQ 分析、EIQ 分析等。定性分析、定量分

析和组合关系分析是配送中心总体平面布置、集装单元器具形式和保管区选型、拣选设备的选择、拣选作业工艺流程等的主要依据。

⑥ 拣选设备的选择和主要类型。拣选设备的选择主要依据上述订单数(E)、品种数(I)、库存品种(ZI)、拣选品种(PI)、数量(Q)、库存数量(ZQ)、库存托盘数(ZP)、拣选数量(PQ)、每个品种的库存量(ZQ/I)、每个品种的拣选数量(PQ/I)等。

⑦ 配送中心管理系统(PMS)。配送中心管理系统(PMS)是企业资源计划(ERP)和供应链管理(SCM)的重要组成部分。而且,配送中心要降低库存,提高服务质量,关键在于计算机管理技术和互联网技术。但企业规模有大有小,企业各部门的计算机管理建设也有先后之分,因此,如何规划设计 PMS 的构架和内容,是配送中心规划设计的重要内容。

5.5 案例讨论:联泰集团的服装供应链

当一些疲倦不堪的成衣业零售商如 Polo Ralph Lauren 和 Liz Claiborne 在中国南方的制造工厂之间奔波时,广东东莞的联泰制衣公司的 15 号楼像是一块它们未曾料想到的绿洲。中国在纺织品制造方面的竞争优势往往被认为来自于其低廉的生产成本,但是优秀的生产制造商——联泰却在此之上增加了价值,通过供应链的合理化,使得它们的顾客能够更加容易得到满足。

1998 年以前,联泰的生产方式基本上是传统的大规模生产,成衣款式少而生产量大。一个款式往往生产 10 万件甚至 100 万件,交货期也比较长,一般是在 6~9 个月之间。但自中国加入 WTO 后,联泰面临了众多挑战:配额限制消失,国内外同行竞争加大,除了香港和台湾的一些企业在做服装制造以外,中国内地一些企业也开始做了,而且其成本更低、规模小、灵活性大。而且,人们对款式多样化的要求也越来越高,“款式少、生产量大”的生产模式的竞争力逐渐下降。

面对服装行业“款式多、数量少、订货期短、竞争激烈”的状况,为了实现让顾客“不买错货”和为了实现联泰“创造一个求大于供的市场”的理想,联泰提出了自己独特的“D2S”(Design to Store)商业模式,即为客户提供“从设计到店铺”这样全程的一站式服务。

联泰利用我国土地规模大和成本低的优势,将服装的设计中心建到工厂附近,为服装设计师提供所需要的面料图书馆、面料测验中心、流行色研究、电脑绘图和小样制作等非核心设计服务。品牌服装的设计师可以带着创意飞到联泰,一周内就可以完成整个设计过程。过去进行服装设计与小样制作时，设计师需要在国外和国内之间来回跑，花费约45天的时间，这一变化使服装开发时间缩短了40天。同时又不侵犯服装品牌商的核心利益，为服装品牌商提供了过去必须要做但又不擅长的服务。下游厂商在国外做一件衣服的式样需要10多万美元，而在联泰做只需要10多万人民币。

联泰的这种多客户多产品的策略反映到供应链管理上，就形成了“根据不同类型客户分别进行供应链管理”的策略，其“从设计到门店”的供应链管理战略也就更加灵活。多条供应链并不是说每位客户都有一条供应链，而是根据客户的需求和运营模式进行分类，将特点比较接近的企业放到一起管理。联泰在其既定的战略思想的指引下，正在一步步向其宏大的战略目标逼近，并将供应链管理、信息系统和企业绩效管理等理论付诸中国企业的实践发展之中。

（资料来源：根据北京大学联泰供应链研究与发展中心资料压缩整理。）

分析与讨论：

(1) 对联泰集团的服装供应链战略，你作何评价？

(2) 在联泰集团的战略转型中，联泰集团的订单赢得因素是怎样变化的？

(3) 联泰集团D2S模式的成功运营，你认为需要哪些关键因素作支撑？

(4) 除了服装业外，你认为联泰集团的供应链模式还可以运用到哪些行业？为什么？

本章小结

供应链管理的理论与应用研究一直以来都受到国内外学者和企业家的广泛关注，并随企业的发展而不断演变。本章首先介绍了供应链管理的核心概念与思想，从供应链管理与设计的角度给出了理论依据，强调了供应链绩效评价的重要性，并解释了牛鞭效应的成因及其对策。采购管理介绍了采购流程与模式，并重点介绍了服务采购的要点。库存控制详细界定了库存成本，并重点介绍了多周期需求库存控制模型与单周期需求库存控制模型的有关算法。最后配送管理介绍了配送模式以及配送中心的运作与规划设计要点。

本章思考题

(1) 在图书馆以及网上查找有关供应链的资料,试描述你所在单位的供应链构成。

(2) 简述供应链管理的实现方案。

(3) 供应链管理的重要性体现在哪些方面?

(4) 举例说明生活中遇到过的牛鞭效应,并分析其成因及后果,给出其解决方案。

(5) 在现行的供应链绩效评价方法中,供应链运作参考模型(SCOR)的基本原理与操作方式是怎样的?

(6) 订货点法库存管理策略包括哪几种?各适用于什么情况?

(7) 调查分析我国准时化采购现状,并与国外情况进行比较。

(8) 简述配送中心的职能以及规划设计要点。

6 运营计划与控制

开篇案例——联邦捷运和 UPS 的综合计划

联邦捷运公司和联合包裹服务公司(UPS)在包裹运输业中是直接的竞争者,两者的综合计划方式明显不同。联邦捷运公司为其巨型包裹分类设备配备了大量非全日制雇员。在半夜4小时一次轮班中,一台孟菲斯设备配以一定数量的人员来处理100万件以上的信件和包裹。该公司发现大学生是理想的用工来源,这些精力充沛的非全日制雇员满足了高峰期需求。

UPS包裹分类中心经理也曾面临是聘用全日制员工还是聘用临时工的问题。UPS选择全日制方式,该公司也全面研究了工作方案和工作过程,希望提供一个高水平的工作满意度并树立强烈的道德团队意识,因为UPS的工作时间很长,工作也很辛苦。

在现代企业的运营活动中,需要调配多种资源,在需要的时候,按需要的量提供所需的产品和服务,因此,企业离不开周密的计划。运营计划就是根据顾客的需求和企业的运营能力,对一个运营系统从投入到产出的过程进行资源、设备的调配,并对产出的产品、产出的速度、产出时间以及库存问题进行预先考虑和安排。

6.1 运营计划类别

运营计划按时间可以划分为长期计划、中期计划、短期计划三种。长期计划往往是战略性计划,它规定组织较长时期的目标及实现目标的战略性计划,一般一年做一次,着眼于一年以上时间段的运营活动。中期计划通常涵盖6～18个月,一般以月或季度为计量单位。短期计划通常为1天至6个月,一般以周为时间单位。

图6-1描述了企业分层运营计划体系,从图中可知企业运营计划可以归纳为以下类型:

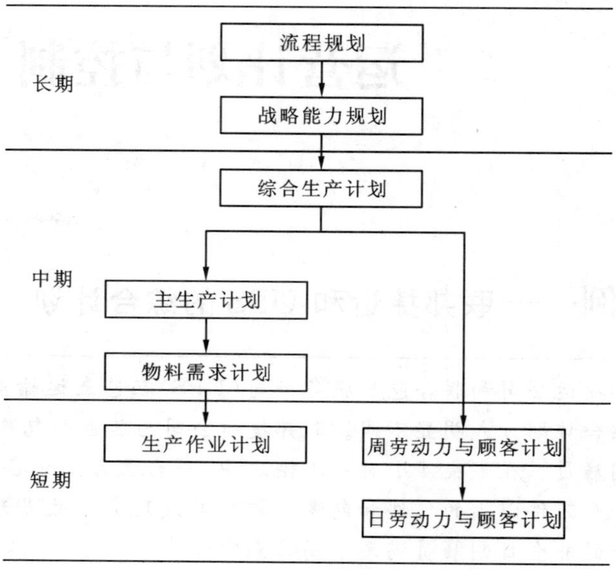

图6-1　企业运营计划层次体系示意图

(1) 长期计划。它包括流程规划和战略能力规划。流程规划是处理生产某种产品或提供某种服务所需的特定技术和程序。战略能力规划是确定生产系统的长期能力,主要涉及产品发展方向、生产发展规模、技术发展水平、新生产设施的建造等。

(2) 中期计划。它包括综合生产计划、主生产计划和物料需求计划。

综合生产计划(Aggregate Planning,AP)是对企业未来较长一段时间内资源和需求之间的平衡所作的概括性设想。它是根据企业所拥有的生产能力和需求预测,对企业未来较长一段时间内的产出内容、产出量、劳动力水平、库存投资等问题所作出的决策安排。

主生产计划(Master Production Scheduling,MPS)是要确定每个具体的最终产品在每个具体时间段内的生产数量。

物料需求计划(Material Requirement Planning,MRP)是指根据产品结构各层次物品的从属和数量关系,以每个物品为计划对象,以完工时期为时间基准倒排计划,按提前期长短区别各个物品下达计划时间的先后顺序。

(3) 短期计划。制造企业的短期计划为生产作业计划,服务企业的短期计划分为周劳动力与顾客计划、日劳动力与顾客计划。

生产作业计划(Production Planning and Scheduling,PPS)是根据年度生产计划规定的产品品种、数量及大致的交货期的要求,对每个生产单位在每个具体时期内的生产任务作出详细规定,使年度生产计划得到落实。

劳动力与顾客计划是服务企业运营计划的重点。劳动力计划是计划顾客所能获得的服务小时数、相关时间段内某一时间能得到的特殊服务技能等。顾客计划则是处理顾客指定或预订的服务,并在他们到达时为他们安排接受服务的先后顺序。最重要的是,服务工作中包含很多人为因素,受到特定的时间和法律的限制,这些限制影响着计划的制订,而典型的制造行业则没有这些限制。

6.2 综合运营计划

如前所述,制造业常把综合运营计划称为综合生产计划、总生产计划或年度生产大纲,是对企业未来较长一段时间内资源和需求之间的平衡所作的概括性设想。它并不是规定每一种产品的生产数量、生产时间以及每一部门或人员的具体任务,而是根据企业所拥有的生产能力和需求预测,对企业未来较长一段时间内的产出内容、产出量、劳动力水平、库存投资等问题作出决策安排。综合运营计划是生产活动的前期工作,计划期一般为一年,或者更短一些。对企业决策者而言,市场需求往往难以准确预测,为了充分利用企业生产资源,企业需依据部分订单和市场预测信息,在计划期内从整体上统一考虑生产资源的合理利用,以获得最佳效益。

6.2.1 综合运营计划的输入因素

综合运营计划的制订需要考虑竞争者行为、现有原材料、市场需求量、外包能力、经济状况、当前生产能力、现有劳动力、库存水平和生产活动等。其所需的信息及来源如表 6-1 所示。

表 6-1 综合运营计划所需信息及来源

所需信息	信息来源
新产品或服务开发情况 主要产品或服务和工艺改变(对资源投入的影响) 工作标准	技术部门

续表 6-1

所需信息	信息来源
成本数据 企业的财务状态	财务部门
劳动力市场状况 现有人力情况 培训能力	人事管理部门
现有设备能力 劳动生产率 现有人员水平 新设备计划	制造或营运部门
市场需求预测 经济形势 竞争对手状况	市场营销部门
原材料供应情况 现有库存水平 供应商、承包商的能力 仓储能力	物料管理部门

6.2.2 综合运营计划的制订策略

(1) 追逐策略

当订货量发生变化时,要相应地调节生产速率或人员水平,以适应需求。这个策略成败的关键在于:当订货量上涨时,是否有一批容易培训、可供雇佣的工人。其优点在于库存投资小、无订单积压,缺点在于每一期的调整都是要花费成本的,且容易引起劳资关系的疏远、生产率和质量下降等问题。

(2) 稳定的劳动力水平策略

通过柔性的工作计划或加班来改变工作时间,进而改变产量,使产量和订货量匹配。这种策略使工人数量稳定,避免了追逐策略中雇佣和解雇工人时所付出的情感和物质代价。

(3) 平准策略

在计划期内保持生产速率和人员水平不变,使用浮动的库存量、订单积压和减少销售来消化缺货与剩余产品。在制造企业,稳定的生产速率主要是靠人员稳定、库存调节来实现。当允许人员水平发生变动而生产速率仍要求保持不变时,可使用加班、临时聘用或外包等方式来实现。这种策略的优点是产出平衡,人员水平稳定,但增加了库存投资,加班或部分开工也会引起额外费用。

在前面提到的策略中,企业既可以只采取一种策略来适应需求波动,也可以同时采用两种或两种以上的策略来适应需求波动。

除了上述的策略外，企业也可以选择将部分产品分包出去。这种策略和追逐策略很相似，只是将雇佣和解雇转化成了分包和不分包。如果企业与供应商的关系很稳定，则以分包方式来适应变化的需求是值得的，否则制造商会失去对计划和质量的控制，从而增加企业的风险。正因为如此，大量外包被视为一种高风险策略。

6.2.3 综合运营计划的制订程序

综合运营计划的制订是动态、连续的过程，而且当环境发生变化的时候，需要周期性地调整、更新，尤其是新的信息输入和新的运营机会出现时，更是如此。具体制订程序如图 6-2 所示。

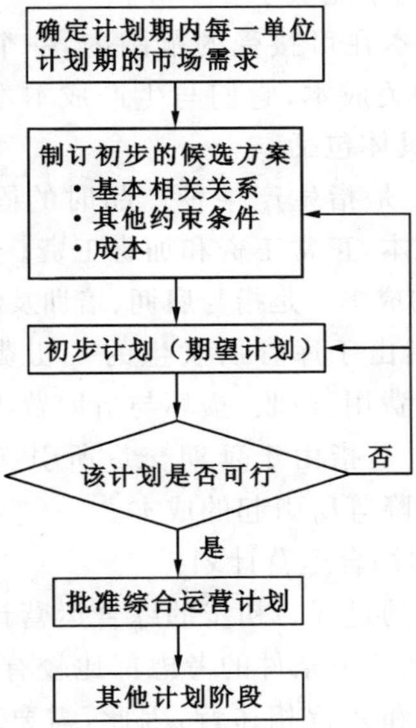

图 6-2　综合计划的制订程序

步骤 1：确定计划期内每一单位计划期的市场需求。

市场需求的信息来源很广泛，包括对产品未来的需求预测、现有订单、未来的库存计划、来自流通环节或零售环节的信息等。

步骤 2：制订初步的候选方案。

制订初步的候选方案需要考虑基本相关关系、其他约束条件和成本。这三个因素都不同程度地影响着方案的制订。

(1) 基本相关关系。在评价、审视初步候选方案时，主要考虑以下两种基本相关关系：

① 在给定时间段内人员的关系式,其基本表述为:

本期人员数=上期期末人员数+本期期初聘用人员数
一本期期初解聘人员数

② 库存水平与生产量的关系式,其基本表述为:

本期期末库存量=上期期末库存量+本期生产量-本期需求量

(2) 其他约束条件。除了考虑上述两种基本相关关系以外,还需要考虑其他一些约束条件。这些约束条件可以分为物理性约束条件和政策性约束条件。前者包括一个组织的设施限制、空间限制、生产能力限制等问题。如企业的培训设施有限,一个计划期新招聘的人员最多不能超过多少;仓库面积决定了库存量的上限;设备能力决定了每月的最大产出。后者是指企业经营管理方针上的限制,如企业规定订单积压时间最长不能超过多久,最小安全库存量不能低于多少等。

(3) 成本。只有成本在可接受的范围内,一个计划才是可以接受的。综合运营计划有4种相关成本,它们与生产成本本身有关,与库存和未完成订货的成本也有关,具体包括:

① 基本生产成本。是指生产某种产品时的固定成本和变动成本,包括直接和间接劳动力成本,正常工资和加班工资。

② 与生产率相关的成本。是指与雇佣、培训及解雇员工相关的成本。

③ 库存成本。是指由于库存所发生的一切费用,包括库存占用的资金成本、仓储费用、保险费用、税收、损坏与折旧费用等。

④ 延期交货成本。是指由于延期交货所引起的赶工生产成本、企业信誉丧失和销售收入下降等所引起的成本。

步骤3:制订可行的综合运营计划。

这是一个不断反复的过程。初步的综合运营计划只是一个期望的、理想的计划,对环境和其他约束条件的考虑都比较有限,信息也不全面,可能与企业最初的经营目标和宗旨相违背,因此,需要不断地验证该计划是否可行,反复制订,反复修改,直至计划可以被接受为止。

步骤4:批准综合运营计划。

企业应当成立专门的委员会,或者是从最高管理层中抽取人员来审查综合运营计划,对计划提出一些更好的建议,处理其中可能存在的相悖的若干目标。

6.2.4 制订综合运营计划的技术

企业经常用表格和图形来进行综合运营计划的制订。常用方法有试算法、平准化、线性规划运输法及仿真模型，其中试算法、线性规划运输法及仿真模型这三种方法都是通过电子表格来实现其功能的。试算法是从各种综合运营计划可供选择的方案中选择一个最好的，而线性规划则是求最优解。

(1) 试算法及举例

试算法就是通过绘制简单的表格或图形，使计划者能够对计划需求和现有生产能力进行直观比较。各种可选方案一般都是以其总成本进行评价的。

例如：CA&J 公司是一个需求有显著季节性变化的公司，一般要求管理者制订出该公司一年的生产计划，以适应最忙与最闲月份的需求量。可在一个较短的计划期内阐述其一般性原则。下面对 CA&J 公司制订未来 6 个月的生产计划，已知信息如表 6-2 所示。

表 6-2 CA&J 公司生产计划基础数据

需求与工作天数							
	1月	2月	3月	4月	5月	6月	总计
需求预测量(件)	1800	1500	1100	900	1100	1600	8000
每月工作天数(天)	22	19	21	21	22	20	125

费　用	
材料成本	100.00 美元/件
库存成本	1.50 美元/(件·月)
缺货损失	5.00 美元/(件·月)
分包边际成本	20.00 美元/件(120 美元分包费用减 100 美元的材料费用)
招聘与培训成本	200.00 美元/人
解聘费用	250.00 美元/人
单位产品加工时间	5 小时/件
正常人工成本(每天 8 小时)	4.00 美元/小时
加工人工成本(1.5 倍正常人工成本)	6.00 美元/小时

库　存	
期初库存	400 件
安全库存	月需求预测量的 25%

为了解决问题，可以不考虑材料成本，也可将 100 美元的材料成本包括在所有的计算中。但如果每件产品都要花费这 100 美元，便仅需考虑边际成本。分包费用为 120 美元，但由于分包后节约了原材料，所以分包的真正费用仅为 20 美元。应该注意的是，许多费用的表示形式与企业计账形式不同。因此，不要期望直接从账簿中找到所有这些费用，而应间接从管理人员手中获得，他们能帮助解释这些数据的含义。综合生产计划需要的数据如表 6-3 所示。

表 6-3 综合生产计划需要的数据(单位:件)

	1月	2月	3月	4月	5月	6月
期初库存	400	450	375	275	225	275
需求预测量	1800	1500	1100	900	1100	1600
安全库存(0.25×需求预测量)	450	375	275	225	275	400
生产需求量(需求预测量+安全库存−期初库存)	1850	1425	1000	850	1150	1725
期末库存(期初库存+生产需求量−需求预测量)	450	375	275	225	275	400

第一阶段月初库存为 400 件。由于需求预测是有误差的,故 CA&J 公司决定建立一个安全库存(缓冲库存)以减少缺货的可能性。本例中,安全库存为预测需求量的 1/4。

在研究备选生产计划之前,一般应将预测需求量转换为生产需求量,生产需求量包括安全库存。在表 6-4 中,生产需求量表明该公司从未真正使用过安全库存,每月的期末库存都等于该月的安全库存。例如,1 月份的安全库存为 450 件(1 月份需求量 1800 件的 1/4),最后成为 1 月末的库存。1 月份生产需求量等于预测需求量加安全库存减期初库存[1800+450−400=1850(件)]。

表 6-4 四个生产计划的成本

方案 1:满足生产需求量,变动工人人数

	1月	2月	3月	4月	5月	6月	总和
生产需求量(件)	1850	1425	1000	850	1150	1725	
所需生产时间(生产需求量×5 小时/件)(小时)	9250	7125	5000	4250	5750	8625	
每月工作天数(天)	22	19	21	21	22	20	
每人每月工时(工作天数×8 小时/天)(小时)	176	152	168	168	176	160	
所需人数(生产时间/每人每月工时)(人)	53	47	30	25	33	54	
新增工人数(假定期初工人数等于 1 月份的 53 人)(人)	0	0	0	0	8	21	
招聘费用(新增工人数×200 美元)(美元)	0	0	0	0	1600	4200	5800
解聘人数(人)	0	6	17	5	0	0	
解聘费用(解聘人数×250 美元)(美元)	0	1500	4250	1250	0	0	7000
正常人工成本(所需生产时间×4)(美元)	37000	28500	20000	17000	23000	34000	948
总成本(美元)	172800						

方案 2:固定工人人数,变动库存与缺货

	1月	2月	3月	4月	5月	6月	总和
期初库存(件)	400	8	－276	－32	412	720	
每月工作天数(天)	22	19	21	21	22	20	
可用生产时间(工作天数×8小时/天×40人)(小时)	7040	6080	6720	6720	7040	6400	
实际生产量(可用生产时间÷5小时/件)(件)	1408	1216	1344	1344	1408	1280	
需求预测量(件)	1800	1500	1100	900	1100	1600	
期末库存(件)	8	－276	－32	412	720	400	
缺货损失(缺货件数×5美元)(美元)	0	1380	160	0	0	0	1540
安全库存(件)	150	375	275	225	275	400	
(正数)多余库存(期末库存－期初库存)(件)	0	0	0	187	445	0	
库存费用(多余库存×1.50美元)(美元)	0	0	0	281	688	0	948
正常人工成本(所需生产时间×4美元)(美元)	28160	24320	26880	26880	28160	15600	160000
总成本(美元)	162488						

注:固定的工人人数＝(生产需求量总和×5小时/件)÷(可用生产时间之和×8小时/天)＝(8000×5)÷(125×8)＝40(人)

方案 3:固定下限工人人数,分包

	1月	2月	3月	4月	5月	6月	总和
生产需求量(件)	1850	1425	1000	850	1150	1725	
每月工作天数(天)	22	19	21	21	22	20	
可用生产时间(工作天数×8小时/天×25人)(小时)	4400	3800	4200	4200	4400	4000	
实际生产量(可用生产时间÷5小时/件)(件)	880	760	840	840	880	800	
分包件数(生产需求量－实际产量)(件)	970	665	160	10	270	925	
分包成本(分包件数×20美元)(美元)	19400	13300	3200	200	5400	18500	60000
正常人工成本(所需生产时间×4)(美元)	17600	15200	16800	16800	17600	16000	100000
总成本(美元)	160000						

注:本例中,最小生产需求量为4月份的850件,4月份所需的工人数为(850×5)/(21×8)＝25(人)。

方案 4:固定工人人数,加班

	1月	2月	3月	4月	5月	6月	总和
期初库存(件)	400	8	−276	−32	412	720	
每月工作天数(天)	22	19	21	21	22	20	
可用生产时间(工作天数×8小时/天×38人)(小时)	6688	5776	6384	6384	6688	6080	
固定生产量(可用生产时间÷5小时/件)(件)	1338	1155	1277	1277	1338	1216	
需求预测量(件)	1800	1500	1100	900	1100	1600	
加班前库存量(期初库存+固定生产−需求预测量)(件)	−62	−345	177	554	792	408	
加班生产件数(件)	62	345	0	0	0	0	
加班成本(加班生产件数×5小时/件×6美元/小时)(美元)	1860	10350	0	0	0	0	12210
安全库存(件)	450	375	275	225	275	400	
(正数)多余库存(加班前库存量−安全库存)(件)	0	0	0	329	517	8	
库存费用(多余库存×1.50美元)(美元)	0	0	0	494	776	12	1281
正常人工成本(所需生产时间×4)(美元)	26752	23104	25536	25536	26752	24320	15200
总成本(美元)	165491						

下面为 CA&J 公司制订的生产计划。用一张电子表格对不同方案进行分析,以确定总成本最低的方案。

方案 1:改变工人人数,每天固定工作 8 小时,以便使生产数量恰好等于每月预测需求量。

方案 2:保持工人人数不变,生产需求量为未来 6 个月的平均值。固定工人人数,用该段时间内平均每天需要的工人人数计算。将总生产需求量乘以每件的加工时间,然后再除以一个工人在计划期内总的工作时间,即(8000×5)/(125×8)=40(人)。允许库存积累,缺货通过延期交货的方式由下月生产补足。注意:在该计划中,1 月、2 月、3 月、6 月需使用安全库存以达到预计需求量。

方案 3:在正常的工作时间内用固定人数的工人进行生产,以满足最小的预测需求量(4 月份),用分包方式来满足其他生产需求量。确定最小月生产需求量和当月所需工人人数,计算出固定的工人人数,即(850×5)/(21×8)=25(人),再将生产需求量与实际生产量的差额部分分包出去。

方案 4:在正常的工作时间内用固定人数的工人进行生产,满足所有预测需求量(除前两个月外),然后通过加班的方式完成其余生产需求量。该计划中工人人数难以确定,但其目标是使6月份的期末库存与安全库存尽可能接近,经过反复计算,得出最合适的工人人数为38人。

下一步是计算各计划方案的成本,需要在表6-5中进行一系列简单计算。注意:每个计划方案中每行标题各不相同,因为每个计划彼此都不相同,需要用各自的数据进行计算。

表6-5 四个计划方案的比较(单位:美元)

成本	方案1:满足生产需求量,变动工人人数	方案2:固定工人人数,变动库存与缺货	方案3:固定下限工人人数,分包	方案4:固定工人人数,加班
雇佣	5800	0	0	0
解聘	7000	0	0	0
多余存货	0	948	0	1281
缺货	0	1540	0	0
外包	0	0	60000	0
加班	0	0	0	12210
正常人工成本	160000/172800	160000/162488	100000/160000	152000/165491

最后一步是比较各计划方案的相关成本,由表6-5看出,有分包计划的方案3成本最低。

注意,在本例中有另一种假设:计划能按任何数目的工人开始运行,而不需要雇佣或解聘工人。因为总生产计划是在现有工作人员基础上做出的,该假设便成为一般情况,可以以这种方式开始制订计划。然而,在实际应用中,公司雇员可在企业内部各部门间流动,这也许会使假设条件发生变化。

每个计划都着重考虑一种成本,而且前三种为单一策略。显然,还有其他可行方案,其中一些方案可能会使用变动工人人数、加班和分包等策略的组合。在实际过程中,考察所有的6个月计划期的不同备选计划方案后,才能最后选定计划。

试算法并不能保证一定找到最小成本方案。然而电子表格软件,如微软的Excel,能在几秒钟内完成成本估计的试算,并将"如果……,那么……"这类分析升华为一门优秀的艺术。当然,更复杂的程序能得出更好的结论。

(2) 平准化

平准化是日本丰田汽车公司提出的对现场组织生产的要求。丰田生产方式的两大支柱——准时化和生产自动化,都是建立在生产平准化的基础之上的。1978年,中国第一汽车制造厂也学习了"平准化"的生产方式。

生产平准化就是在多品种生产条件下,使生产过程中的各道工序、各条加工生产线、装配线的产品产量、品种、工时、设备负荷等进行全面均衡生产,使最终的成品生产线、装配线的负荷波动接近于零。实现生产平准化,不仅要求加工工序、检验工序、运输工序平准稳定地生产,而且要求产品包装、发运、执行交货合同和外协厂供应原材料、毛坯、外购件等在品种、数量、交货时间上也实现平准化,从而以最少的储备,合理、均匀地进行生产,充分发挥企业的人力、物力和财力,取得良好的经济效益。

(3)线性规划运输法

如果成本和标量之间的关系是线性的并且需求可以认为是确定的,那么线性规划的一般模型对于综合运营计划是十分合适的。确定各时期的正常与超时工作产量、转包生产产量、额外轮班以及各时期库存的累积都有一定的变动幅度。对于不考虑雇佣和解雇成本的特殊情况,可应用更易建立的运输方法模型。

使用线性规划的运输法来解决综合运营计划问题,特别是分析持有库存、超时工作和转包效率很有作用。但一旦引用因素较多,该方法收效就不大。运输矩阵具有显著多变性,能综合影响总生产计划的多种因素,具体如下:

① 多品种生产。当两种或两种以上的产品共用设备时,每种产品都应增加相应的列。对于每个月来说,列的数目应等于产品的品种数,每一单元的成本项应等于相应产品的成本。

② 延期交货。若计划期 1 所需产品在计划期 2 交货,则相当于用计划期 2 的产品满足计划期 1 的需要。

③ 销售损失。当允许无存货且存在一部分需求未被满足时,企业承担了与损失的收入相同的机会成本。这时可以在矩阵中每一时期加入“销售损失”项。单元格中的成本项等于每件产品损失的收入。

④ 分包。在矩阵中每一时期加入“分包”行即可。每单元格的成本项等于分包单位成本加上任何库存成本(与正常时间、加班时间费用增长方式相同)。

6.3 主生产计划

主生产计划是未来产出计划的表述,即确定每一具体的最终产品在每一具体时间段内的生产数量。这里的最终产品对于企业来说是指最终完成、将要出厂的完成品,它要具体到产品的品种、型号。主生产计划根据客户合同和市场预测,把综合生产计划的产品系列具体化,使之成为展开制订需求计划的主要依据，起到从综合运营计划向具体计划过渡的作用。

6.3.1 主生产计划的输入因素

主生产计划(MPS)明确了将要完成的产品、完成的时间和数量。其信息主要来源于综合运营计划，是对综合运营计划的分解和细化。主生产计划是由其期初存货、预测需求和顾客订单所驱动，根据生产能力和产品提前期的限制，来识别生产产品品种，安排生产时间和确定生产数量。从较短的时间来看，主生产计划可以作为物料需求计划、组件的生产计划、订单优先计划、短期资源计划的基础；从较长的时间来看，主生产计划可以作为各项资源长期计划的基础。

6.3.2 主生产计划的制订程序

主生产计划首先必须使得所确定的生产总量等于综合运营计划所确定的生产总量，而且在决定产品批量和生产时间时必须考虑资源的约束，如设备能力、人员能力、库存能力、流动资金总量等。主生产计划的编制过程可表述如下：

(1) 根据生产规划和计划清单确定对每个最终项目的生产预测。

(2) 根据生产预测、已收到的客户订单、配件预测以及该项目的需求数量，计算毛需求量。需求的信息来源主要有：当前库存、期望的安全库存、已存在的客户订单、其他实际需求、预测的其他各项综合需求等。

(3) 根据毛需求量和事先确定好的批量规则，以及安全库存量和期初预计可用库存量，自动计算各时段的计划产出量和预计可用库存量。

(4) 自动计算可供销售部门机动销售的销售量。

(5) 自动计算粗能力，用粗能力计划(Rough Cut Planning or Resouces Capacity Planning，RCP)评价主生产计划方案的可行性。粗能力计划就是对生产中所需的关键资源进行计算和分析。关键资源通常指瓶颈工作中心。粗能力计划用于核定主要生产资源的情况，即关键工作中心能否满足主生产计划的需要，以使主生产计划在需求与能力之间取得平衡。

(6) 评估主生产计划。一旦初步的主生产计划确定，接下来的工作就是对主生产计划进行评估，并对存在的问题提出建议，同意主生产计划或者否定主生产计划。如果需求和能力基本平衡，则同意主生产计划；如果需求和能力偏差较大，则否定主生产计划，并提出修正方案，力求达到平衡。

6.3.3 制订主生产计划的技术

假设某企业的电表与组件需求如表6-6所示，且当月第1周就可获知为满足确定与随机需求所需的数量。管理层(在例子中)宁愿每个月生产单一批量而不是同时生产很多批量的电表。

表6-6 来自确定顾客订单与随机源的电表A、B及组件D的未来需求

月份	电表A		电表B		组件D	
	已知	随机	已知	随机	已知	随机
3	1000	250	410	60	200	70
4	600	250	300	60	180	70
5	300	250	500	60	250	70

在这些条件及3、4、5月份的需求在当月的第1周(或第9、13、17周)就已知的情况下，采用的主生产计划如表6-7所示。为简单起见，考虑第9周的需求。制订的计划需要接受检验，考察资源的可获得性、能力的可获得性等，然后修改并重新运行。

表6-7 满足表6-6所示需求的主生产计划

星期	9	10	11	12	13	14	15	16	17
电表A	1250				850				550
电表B	470				360				560
组件D	270				250				320

6.4 物料需求计划

20世纪60年代中期，美国IBM公司的约瑟夫·奥利奇博士(Dr. Joseph A. Orlicky)提出，把企业产品中的各种物料分为独立需求(Independent Demand)物料和相关需求(Dependent Demand)物料两种类型，克服了订货点法的缺陷，并在此基础上总结出了一种新的管理理论——物料需求计划理论。

物料需求计划是一种用于解决相关需求的计划方法，它围绕物料转化组织生产，通过精确的计算得到各时间段所需物料(零部件和原材料)的需求数量和需求时间，从而解决了企业"产"、"供"、"销"部门物料信息的集成管理，实现低库存与高服务水平的并存。

在日常生产活动中，由于企业所处环境的变化，使得实际执行情况容易偏

离计划,故必须修改计划。但是修改计划要在短期内完成,导致工作量过大。MRP 的出现,解决了手工修改计划的困难,易于对计划进行修改和调整。

6.4.1 MRP 的原理

(1) MRP 的处理流程

MRP 是一个基于计算机的信息系统,是为相关需求库存的订货与时间进度安排而设计的。从预定日期开始,用交货周期及其他信息决定何时订货以及订多少货,把产品特定数量的生产计划按照反工艺顺序来确定原材料、零部件的需要数量和需要时间,确保生产中能及时取得所需要的原材料和零部件。从图 6-3 可以看出,MRP 的处理主要关注以下问题:

① 需要生产什么(由主生产计划决定)?

② 需要哪些零部件(由主生产计划和产品结构文件决定)?

③ 已经有了哪些成品/零部件(由库存状态文件决定)?

④ 是否该进行订购/生产(通过 MRP 计算得到)?

⑤ 何时开始订购/生产(由提前期决定)?

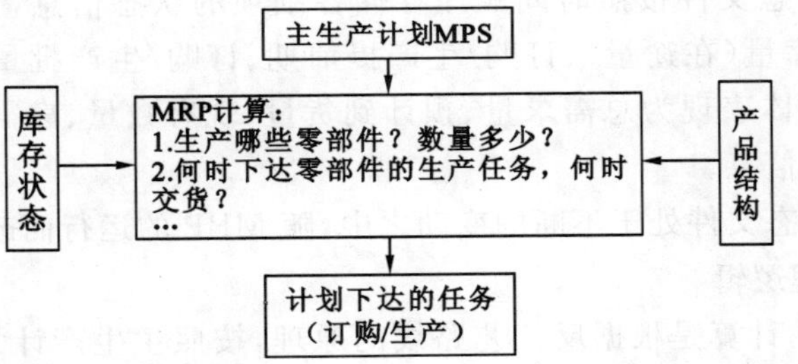

图 6-3 MRP 的处理流程图

MRP 的处理流程如下:

① 输入信息

MRP 系统的输入信息主要有三个部分:主生产计划、产品结构信息和库存状态信息。

a. 主生产计划

主生产计划指定了计划期内每一生产周期最终产品的计划生产量,是针对交付给顾客的产品而言的,即需要什么,需要多少,何时需要。计划生产量主要由客户订单和市场需求预测确定。客户订单是近期可以确定的需求,市场需求预测为远期可能会产生的顾客需求。在制订主生产计划的过程中,除了考虑订单和需求预测外,还要考虑未完成的订单、可用资源等因素。

表 6-8 是某产品出产计划的示例。由表可知,产品 A 的计划出产量

为:第2周10台,第4周13台,第7周12台。

表6-8 产品出产计划

周　次	1	2	3	4	5	6	7
产品A(台)		10		13			12
产品B(台)	10					15	
产品C(件)	20	20	20	20	20	20	20

b. 产品结构文件

产品结构文件表达了产品的配置关系、一个产品所包含的零部件的种类和数量以及它们之间的装配关系。企业利用计算机进行辅助生产管理,首先要使计算机能够读出企业的产品构成和所有涉及的物料。为了便于计算机识别,必须把用图示表达的产品结构转化成某种数据格式,这种以数据格式来描述产品结构的文件就是物料清单(BOM),它是定义产品结构的技术文件。

BOM是计算机识别物料的依据,是编制生产计划的基础,据此可以进行成本计算,使设计系列化、标准化、通用化。

c. 库存状态文件

库存状态文件按照时间顺序存储各细项的状态信息,包括当前库存量、计划入库量(在途量)、订购/生产提前期、订购/生产批量、安全库存等信息。其具体表现为总需求量、预计到货量、现有数量、净需要量、计划发出订货量等信息。

库存状态文件处于不断的变动之中,随MRP的运行而改变。

② 处理逻辑

MRP的计算是根据反工艺路线的原理,按照主生产计划规定的产品生产数量及时间要求,利用产品结构、零部件和在制品库存情况,以及各生产(或订购)的提前期、安全库存等信息,反工艺顺序地推算出各个零部件的出产数量与时间。

为了具体说明MRP的处理逻辑,现以图6-4中产品A为例,逐层计算。

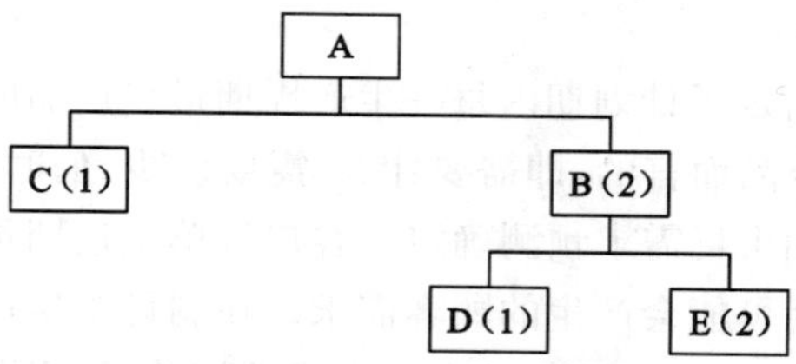

图6-4 成品A的产品结构树

在计算过程中，首先要计算出各物料在各个时期的净需求，其计算公式为：

净需求＝总需求－(预期到货量＋预期库存量)＋安全库存

总需求为不考虑持有量时，某细项或原材料期望的总需求。

详细计算过程如表 6-9 所示。为简化运算，此处不考虑安全库存。

例 6-1 用来说明对此类问题的解决方法。

【例 6-1】 某加工厂收到一份订单，要求第 7 周去现场安装 100 个 A 产品，A 产品由 2 个 B 元件(需使用 1 个 D 和 2 个 E)和 1 个 C 元件组成。安装 A 需要 1 周的时间。B 由协作厂定制，加工周期是 1 周。C 面向市场订购，订货提前期是 2 周。已知有 50 个 B 将于第 3 周到货，企业现有 10 个 C 的库存量。试根据这些条件确定 A、B 和 C 应分别在何时下达多少数量的订单。

【解】 第 7 周要求交货的 100 个 A 产品即为该厂当期的主生产计划。产品结构树绘制如图 6-4 所示。

根据题中数据，通过 MRP 的处理过程，即可得到表 6-9 所示的成品 A 的需求数据及各元件所需的数量。

表 6-9 MRP 的处理过程

项目 \ 周期		0	1	2	3	4	5	6	7	8
A总装计划	总需求								100	
	预期到货量									
	预期库存量									
	净需求								100	
	计划订单入库								100	
	计划订单下达							100		
B分装计划	总需求							200		
	预期到货量				50					
	预期库存量				50	50	50	50		
	净需求							150		
	计划订单入库							150		
	计划订单下达						150			
C分装计划	总需求							100		
	预期到货量									
	预期库存量							10		
	净需求							90		
	计划订单入库							90		
	计划订单下达					90				

表 6-9 只给出了成品 A 和元件 B、C 的计算数据。在实际生产计划的制订过程中，数据的计算量是比较大的，不过 MRP 的运算逻辑均如此。

③ 输出信息

MRP 根据输入信息，经过计算机的动态运算输出物料需求计划，包括主报告和次报告两大部分。生产、库存的计划与控制是主报告的重要组成部分。主报告包括计划订单、经由管理层授权的执行计划订单、经由管理层授权的计划订单变更等；次报告包括计划执行结构报告、例外报告等。主报告和次报告决定了零部件采购计划和生产计划，即为了满足产品完工需求，应该在何时进行自制生产或者外购件的采购，各自数量是多少。结合我国企业情况，现将主要输出信息列举如下：

a. 零部件投入出产计划。它规定了每个零件和部件的投入数量和投入时间、出产数量和出产时间。

b. 原材料需求计划。它规定了每个零件所需的原材料的种类、需要数量及需要时间。

c. 互转件计划。它规定了互转零件的种类、数量、转出车间和转出时间、转入车间和转入时间。

(2) MRP 的决策参数

在应用 MRP 系统时，除了要考虑主生产计划、产品结构信息、库存状态信息外，还要考虑时间参数、批量、安全库存等方面的信息。

① 时间参数

a. 计划展望期。它是指计划所覆盖的未来时间区间。计划展望期一定要比最长的产品生产周期长。

b. 时间段(周期)。它是指计划展望期里被分成称为时间段的小时间区间。在整个计划展望期内，通常采用相等的时间段，然后按时间段来组织生产作业。通常情况下，一周为一个时间段。

c. 提前期。它是执行某项任务由开始到完成所消耗的时间。MRP 里涉及的提前期是指零件的加工周期和产品的装配周期，一般按周计。MRP 采用固定提前期，即不论生产批量是否超出生产能力，事先确定的提前期均不变，即假设生产能力是无限的，这是 MRP 存在的一个问题。

② 批量

无论是采购还是生产，都是以批量的形式进行的，这样可以节省订货费用或者设备调整费用。常用的决定批量的方法可以分为静态方法和动态方法两类。

a. 静态方法。其订货批量为固定常数，包括经济订货批量法和生产能力确定法(将生产能力定为固定批量)。

b. 动态方法。其在不同周期，订货数量可能会有变动，包括直接批量法（将每个时期对项目的净需要量作为订货批量）和固定周期批量法（订货量为固定的几个周期的净需求量之和）。

③ 安全库存

设置安全库存是为了消除制造过程中不可预见的变化所引起的需求波动对生产造成的不利影响。相关需求从理论上来说不需要设置安全库存，因为可根据确定的产品出产计划计算出元件的相关需求量。但是仍会有不确定性的存在，如设备故障、外购件交货延迟等。设置安全库存是为了应对不确定性。

6.4.2 物料清单文件

(1) BOM 定义

物料清单文件（Bill of Materials，BOM）是产品结构文件中的技术文件。在 BOM 里，各个元件处于不同的层次。一般将最高层称为零层，代表最终产品项；将产品的直接构成层称为第一层；第二层为组成第一层部件的组件……依此类推，最低层为零件和原材料。

为了形象地说明产品结构，将成品与各元件之间的关系用一种树形图来表示，称为产品结构树。它是根据产品装配系统图和产品零部件明细表（通用件、标准件、自制件、外购件、原材料）绘制的由产品、部件、零件之间的相互依赖关系组成的树形结构，如图 6-5 所示。

在图 6-5(a)中，A 为成品，B、C 为半成品，D、E 为原物料。每加工 1 个 A，需要 1 个 B 和 1 个 C。加工 1 个 C，需要 1 个 D 和 1 个 E。加工 1 个 B，需要 1 个 C 和 2 个 E。由图 6-5(a)可知，C 元件分别出现在第 1 层和第 2 层，这样会给计算机处理带来麻烦。为了提高计算机处理的效率，通常采用低层编码的原则，即取 C 最低层次号，作为元件 C 的低层码。这样，计算机只需要在第 2 层中计算一次元件 C 的需求。改进后的成品 A 的 BOM 结构图如图 6-5(b)所示。

(2) BOM 产品生命周期形式

BOM 在产品生命周期的不同阶段表现为不同的形式。BOM 的最初形式是工程 BOM（Engineering BOM，EBOM），它是由工程设计部门产生的，包含产品明细表、材料定额明细表、产品各种分类明细表等信息。

EBOM 进入工艺计划部门后，工艺工程师根据工厂的加工水平和能力对 EBOM 进行再设计，生成计划 BOM（Plan BOM，PBOM）。PBOM 主要包含工艺计划、工序、工步、工位、材料定额及简单的装配等信息。PBOM

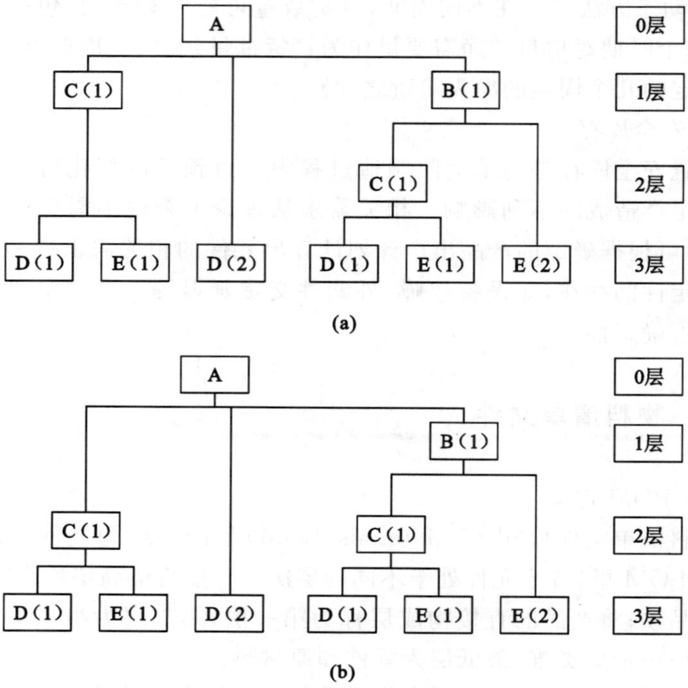

图 6-5 产品结构树

(a) 成品 A 的 BOM 结构图；(b) 调整后的 BOM 结构图

用于工艺设计和生产制造管理，使用它可以深入了解零件与零件之间的制造关系，跟踪零件是如何制造出来的。

BOM 进入生产部门后要根据生产车间的实际生产情况进行再调度，重新安排加工和装配顺序，添加装配中间件等。根据制造装配要求完善的 BOM 称为制造 BOM(Manufacturing BOM,MBOM)。MBOM 主要包含装配结构、工艺路线、工时定额、生产进度及机床、刀具、夹具、量具、辅具等信息。

进行产品成本估算后生成的成本 BOM(Costing BOM,CBOM)是由 MRPⅡ系统产生出来的。当企业定义了零件的标准成本、建议成本、现行成本的管理标准后，系统在前续 BOM 提供的作业信息和数据的基础上叠加成本因素形成 CBOM。

在任何制造环境中，不同的部门和系统因不同的目的而使用 BOM，每个部门和系统都从 BOM 中获取特定的数据。

当产品结构发生变化或对某个零件进行重新设计时，设计部门要从 BOM 中获取所有零件的信息及其相互间的结构信息。工艺部门根据 BOM 信息建立各零件的制造工艺和装配件的装配工艺，并确定加工制造过程中应使用的工装、模具等。生产部门使用 BOM 来决定零件或最终产品的制造方法,决定领取的物料清单。产品成本核算部门利用 BOM 中每个自制件或外购件的当前成本来确定最终产品的成本。

6.4.3 闭环 MRP

闭环 MRP 是在 MRP 的基础上,增加对投入与产出的控制,也就是对企业的能力进行校检、执行和控制。MRP 可以根据市场需求和主生产计划计算出初步的加工计划和采购计划,但不能保证生产能力能够满足市场需求。闭环 MRP 考虑了能力需求计划的执行功能,从而确保 MRP 产生的是可行的计划。同时,闭环 MRP 里面信息的传递和反馈便于修改计划和实行控制,解决了企业生产计划与控制问题。

闭环 MRP 的处理过程为:企业根据合同订单和预测需求来制订企业生产规划;根据生产规划制订主生产计划,同时进行生产能力与负荷的分析,以满足企业的生产能力约束条件;再根据产品出产计划、库存状态文件、产品结构文件等来制订物料需求计划;由物料需求计划和车间各加工工序能力数据生成对能力的需求计划,通过对各加工工序能力的平衡,调整物料需求计划。如果这个阶段无法平衡能力,则还有可能修改主生产计划;采购与车间作业按照平衡能力后的物料需求计划执行,并将作业执行结果反馈到计划层。图 6-6 描述了典型闭环 MRP 处理流程。

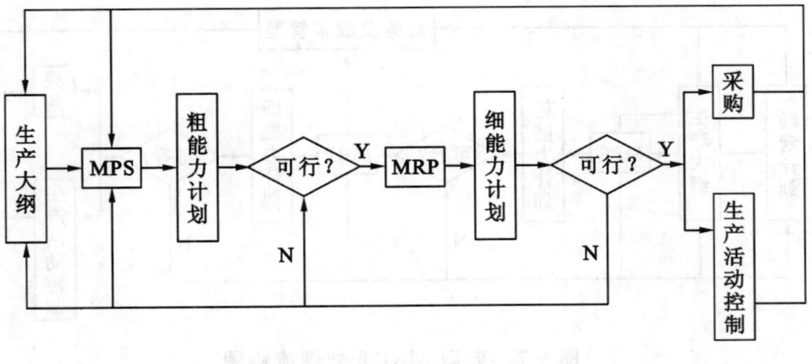

图 6-6 典型闭环 MRP 处理流程图

闭环 MRP 具有两个特点:主生产计划与物料需求计划的运行伴随着生产能力与需求负荷的运行,从而保证计划是可靠的;能力的执行情况最终反馈到计划制订层,整个过程是能力不断执行与调整的过程。

6.4.4 制造资源计划

制造资源计划(Manufacturing Resource Planning,MRPⅡ)由美国著名管理专家、MRP的鼻祖奥列弗·怀特(Oliver W. Wight)在20世纪70年代末提出,并在20世纪80年代由美国生产与库存管理协会加以完善和大力推广。MRPⅡ是在闭环MRP的基础上发展起来的,体现了物流与资金流的信息集成,即把成本和财务系统纳入到系统中来。MRPⅡ涉及企业的主要业务市场、销售、计划、生产、物料、成本、财务和技术等,能有效地对企业的各种有限制造资源进行周密计划和合理利用,进而提高企业的竞争力。

MRPⅡ基于企业经营目标制订生产计划,围绕物料转化组织制造资源,实现按需、按时生产。具体来说,即根据时间段确定不同时期的物料需求,从而解决库存物料订货与组织生产问题;按照基于产品结构的物料需求组织生产,根据产品交付日期确定生产计划;根据产品结构层次的从属关系,以完工日期为基准倒排计划,按各种零部件的生产周期反推出其生产与投入的时间和数量,按提前期长短区分各种物料下达订单的优先级,从而保证在生产需要时所有物料都能配备齐全,不需要时不会过早积压,达到减少库存量和资金占用的目的。图6-7描述了典型MRPⅡ的系统结构及其处理流程。

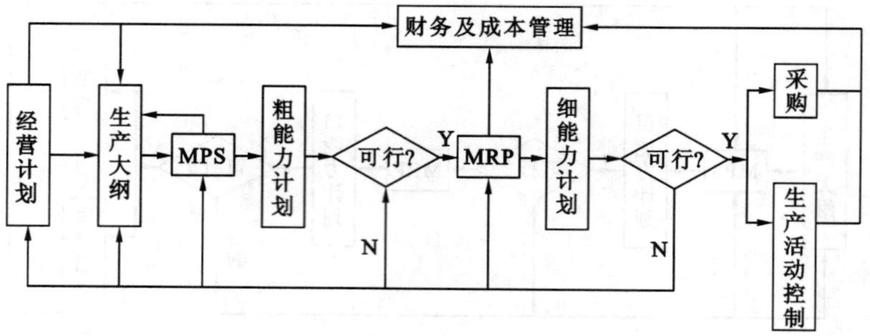

图6-7 典型MRPⅡ处理流程图

MRPⅡ具有如下三个特点:扩展包括财务等子系统;能利用MRPⅡ系统中现有的运作数据来分析某种方案或决策的可能后果,依此作出决策或方案选择;对数据进行综合管理,信息由数据库统一集中管理,由各部门共享。

6.5 排产规则与作业安排

运用 MRPⅡ确定各项物料的生产、采购计划之后，企业需要把自加工工件的生产计划转变为每个班组、人员及每台设备的工作任务。也就是说，要解决不同作业在同一工作中心上的加工顺序问题，不同作业在整个生产过程中的顺序问题，以及设备和员工等资源的分配问题，这就是作业安排，也称之为作业排序。

6.5.1 作业排序的基本功能和目标

作业排序就是为每台设备、每位员工具体确定每天的工作任务和工作顺序的过程。其基本功能如下：

(1) 分配订单、设备、人员到工作中心或者其他特定地点，这类似于企业的短期能力计划；

(2) 决定订单的执行顺序，即建立工作的优先级；

(3) 调度已排序的作业；

(4) 车间控制，包括在完成订单的过程中经常检查状态，控制完成速度，加快速度滞后或者关键的订单。

作业排序是在有限资源的约束下，通过安排零件的加工顺序，使其给定的目标函数达到最优。其优化目标包括以下几个方面：

(1) 以事实为依据分配工作，使工作任务如期完成，满足交货日期的要求；

(2) 减少作业交换时间，缩短提前期；

(3) 使准备时间最短或成本最小；

(4) 确保在制品库存最小；

(5) 充分利用机器或人力的使用率，并使其最大化。

6.5.2 作业排序问题的分类

在制造业和服务业领域中，存在最基本的两种作业排序：(1) 劳动力作业排序，主要是确定人员何时工作；(2) 生产作业排序，主要是将不同工件安排到不同的设备上，或安排不同的人做不同的工作。在制造业中，后者是主要的，因为许多绩效标准，如按时交货率、库存水平、制造周期、成本和质量等都直接与排序方法有关;在服务业中,前者是主要的,因为很多绩效标准,如顾客等待时间、排队长度、设备(人员)的利用情况、成本和服务质量等,都与服务的及时性有关。

在制造业中,还可以进一步考虑按机器、工件和目标函数的特征分类。例如,按照机器的种类和数量的不同,可以分为单台机器的排序问题和多台机器的排序问题;而对于多台机器的排序问题,按零件加工路线的特征,可以分为单件作业排序问题和流水作业排序问题。按工件到达车间的情况不同,可以分为静态排序问题和动态排序问题。当进行排序时,所有工件都已经到达,可以一次性对其进行排序,这是静态排序问题;若进行排序时,工件是陆续到达的,要随时安排它们的加工顺序,这是动态排序问题。按目标函数的性质不同,也可划分为单目标排序问题和多目标排序问题。如按平均流程时间最短或者按使误期完工的工件数最少来进行作业排序。

6.5.3 作业排序的优先级规则

作业排序的优先级规则是指在进行作业排序时使用的规则。优先排序规则决定了工作中心将要进行加工的下一个任务是什么。在理论界和实务界已有大量的排序规则出现,最常用的有如表6-10所示的一些规则,其中FCFS、SPT和EDD是局部性规则,而CR和STR/OP则是整体性规则。

表6-10 作业排序的11个优先级规则

代码	中文名称	含义
FCFS	先到先服务	按照订单到达的先后顺序进行加工
SPT	最短作业时间	首先加工所需时间最短的作业,然后是第二短的,依此类推
EDD	最早交货期	最早交货的作业最先加工
S	开始时间	交货期减去作业的正常提前期,最早开工的先安排
STR	剩余宽裕时间	“当前到交货期的剩余时间－(准备时间＋加工时间)”称为剩余宽裕时间,剩余宽裕时间最少的作业先安排
STR/OP	单项作业的剩余宽裕时间	STR/OP＝(交货时间前的剩余时间－剩余加工时间)/剩余的作业数,STR/OP小的先安排
CR	关键比率	CR＝(交货日期－当前日期)/剩余的工作日数,CR小的先安排
QR	排队比例	QR＝计划剩余松弛时间/计划剩余排队时间,QR小的先安排
LCFS	后到先服务	这个规则通常作为缺省值,后到的订单放在先到的上面,操作员在操作的时候会先加工上面的订单
R	随机排序	主管或操作员按自己的喜好安排作业
LSU	准备时间	准备时间最短的先安排

6.5.4 作业排序技术

(1) 单个工作中心的排序

在静态排序情况下，涉及1台机器上的6项作业，对比11个优先级规则中的某些规则。例如，卡尔是文件复印公司的主管，该公司为华盛顿地区的公司提供复印服务。从这周开始，6位客户提供了他们的订单(表6-11)。所有订单都要使用唯一可用的彩色复印机，卡尔必须决定6个订单的加工顺序。评价的标准是流程时间最短。

表6-11 客户订单信息

作业(按到达顺序)	加工时间(天)	交货日期(从现在算起天数)
A	2	7
B	8	16
C	4	4
D	10	17
E	5	15
F	12	18

方案1：

FCFS规则：FCFS的流程时间结果如表6-12所示。

表6-12 FCFS的流程时间结果

作业(按到达顺序)	加工时间(天)	交货日期(从现在算起天数)	流程时间(天)
A	2	5	0+2=2
B	8	16	2+8=10
C	4	4	10+4=14
D	10	17	14+10=24
E	5	15	24+5=29
F	12	18	29+12=41
总流程时间=2+10+14+24+29+41=120(天)			
平均流程时间=120/6=20(天)			

比较每项作业的交货日期和流程时间，发现只有作业A、B能及时完成，作业C、D、E和F将分别延迟10、7、14和23天，平均延迟时间为(0+0+10+7+14+23)/6=9(天)。

方案2：

SPT规则：首先假定所给的加工时间最短的订单以最高的优先级。SPT的流程时间结果如表6-13所示。

表 6-13　SPT 的流程时间结果

作业(按到达顺序)	加工时间(天)	交货日期(从现在算起天数)	流程时间(天)
A	2	7	0＋2＝2
C	4	4	2＋4＝6
E	5	15	6＋5＝11
B	8	16	11＋8＝19
D	10	17	19＋10＝29
F	12	18	29＋12＝41
总流程时间＝2＋6＋11＋19＋29＋41＝108(天)			
平均流程时间＝108/6＝18(天)			

显然,SPT 规则的平均流程时间比 FCFS 规则的短。另外,作业 A 和 E 可以满足交货日期。作业平均延迟时间为(0＋2＋0＋3＋12＋23)/6＝6.67(天)。

方案 3:

EDD 规则:EDD 的流程时间结果如表 6-14 所示。

表 6-14　EDD 的流程时间结果

作业(按到达顺序)	加工时间(天)	交货日期(从现在算起天数)	流程时间(天)
C	4	4	0＋4＝4
A	2	7	4＋2＝6
E	5	15	6＋5＝11
B	8	16	11＋8＝19
D	10	17	19＋10＝29
F	12	18	29＋12＝41
总流程时间＝4＋6＋11＋19＋29＋41＝110(天)			
平均流程时间＝110/6＝18.33(天)			

显然,作业 B、D 和 F 都将延误。作业平均延迟时间为(0＋0＋0＋3＋12＋23)/6＝6.33(天)。

方案 4:

LCFS、R 和 STR 规则的流程时间结果分别如表 6-15、表 6-16、表 6-17 所示。

表 6-15　LCFS 的流程时间结果

作业(按到达顺序)	加工时间(天)	交货日期(从现在算起天数)	流程时间(天)
F	12	18	0＋12＝12
E	5	15	12＋5＝17
D	10	17	17＋10＝27
C	4	4	27＋4＝31
B	8	16	31＋8＝39
A	2	7	39＋2＝41
总流程时间＝167(天)			
平均流程时间＝167/6＝27.83(天)			
平均延迟＝16(天)			

表 6-16 R的流程时间结果

作业(按到达顺序)	加工时间(天)	交货日期(从现在算起天数)	流程时间(天)
F	12	18	0+12=12
D	10	17	12+10=22
C	4	4	22+4=26
A	2	7	26+2=28
E	5	15	28+5=33
B	8	16	33+8=41

总流程时间=162(天)
平均流程时间=162/6=27(天)
平均延迟=14.83(天)

表 6-17 STR的流程时间结果

作业(按到达顺序)	加工时间(天)	交货日期(从现在算起天数)	流程时间(天)
C	4	4	0+4=4
A	2	7	4+2=6
F	12	18	6+12=18
D	10	17	18+10=28
B	8	16	28+8=36
E	5	15	36+5=41

总流程时间=133(天)
平均流程时间=133/6=22.17(天)
平均延迟=9.5(天)

将以上调度规则的结果进行整理,结果如表6-18所示。

表 6-18 调度规则的整理结果

规 则	总完成时间(天)	平均完成时间(天)	平均延迟(天)
FCFS	120	20	9
SPT	108	18	6.67
EDD	110	18.33	6.33
LCFS	167	27.83	16
R	162	27	14.83
STR	133	22.17	9.5

显然,SPT规则比其他规则的结果都好。通过这个结果可以得出一个重要的结论,即平均时间最小化常常是通过选择在当前生产条件下作业时间最短的工件为待加工的下一个工作任务来实现的。当以平均时间作为系统评价准则时,工作中心这一工作排序规则(称为最短作业时间)产生了良好的效果。在以平均工件数目最小化为准则的系统中,SPT的实施效果也很好。当准则是工件平均延迟时间最小化时,SPT也是在单台机器情形下对工件进行排序的最好规则。因此,SPT规则被称为"整个排序学科中

最重要的概念”。

(2) 双工作中心的排序

针对 n 项作业、2 个工作中心的排序问题，约翰逊提出了约翰逊算法。该算法的目标是使从第一项作业开始到最后一项作业结束的总流程时间最短，它还能使一组待加工作业通过两个连续工作中心的时间跨度降至最小。利用这项技术必须满足以下条件：

① 各项作业在各工作中心的作业时间必须已知且固定；

② 作业时间必须独立于作业顺序；

③ 所有作业都必须遵守同样的两步式工作顺序；

④ 没有工作优先级；

⑤ 在作业被移送到第二个工作中心之前，其在第一个工作中心的所有工作内容都必须完全结束。

具体步骤如下：

① 列出全部作业及其在 2 个工作中心的加工时间。

② 选择最短的加工时间。

③ 如果最短的加工时间来自第一个工作中心，那么先完成这项作业；如果来自第二个工作中心，那么这项作业放在最后完成。

④ 对剩余的作业重复第②步和第③步，直到整个排序完成。

值得注意的是，约翰逊算法已经扩展到在 n 项作业、3 个工作中心的情况产生最优解，但超过 3 个工作中心获得解决方案就不可能了。

以下通过图表来说明 5 项作业在 2 个工作中心的排序。

第一步：列出加工时间(表 6-19)。

表 6-19　加工时间

作　业	在工作中心 1 上的加工时间	在工作中心 2 上的加工时间
A	6	5
B	4	3
C	8	9
D	2	7
E	6	8

第二步和第三步：选择最短的加工时间并进行指派。作业 D 在工作中心 1 的加工时间最短，所以把作业 D 排在第一位。作业一旦被指派，就不能再参与排序。

第四步：重复第二步和第三步直到整个排序完成。在剩余的作业中选择加工时间最短的，作业 B 在工作中心 2 的加工时间次短，因此，B 放在最后。现在，作业 B 和 D 都不能再进行排序了。作业 A 是剩余作业中在工作中心 2

上加工时间最短的，所以放在第四位。在剩余的作业中E首先加工，作业C排在第三位。最后，这个方案的排序是DECAB，流程时间是最短的。同理，总空闲时间和平均空闲时间都是最短的。最终结果如图6-8所示。

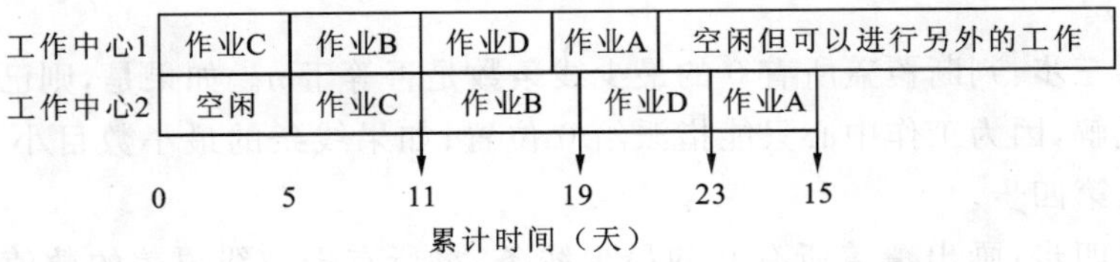

图6-8　运用约翰逊算法的最终排序

(3) 指派方法

指派方法是线性规划运输模型的一个特例，适用于n项作业、m个工作中心的排序问题，目标是使一些效率指标最大化或者最小化。指派法处理的是动态问题，它考虑了相继到达和服务时间的随机性，为预测平均流程时间、平均在制品数量、预期的工作中心利用率和平均等待时间提供了稳态的结果。具体步骤如下：

① 列出每项作业的机床加工成本分配矩阵。

② 将表里每一行数值减去这一行最小的数值（在每一行将至少有一个0）。

③ 将表里每一列数值减去这一列最小的数值（在每一列将至少有一个0）。

④ 判断覆盖所有0的最少线条是否等于n。如果是，则已经得到最优解，因为工作中心只能指派给0位置；如果线条的最小数目小于n，则进入步骤⑤。

⑤ 画出覆盖所有0的最少线条。将所有未被线覆盖的数值减去这其中最小的数值，并将位于线交点位置的数值加上这个最小的数值。重复步骤④。

通过下例来说明具体的方法，假设排序员有5项作业，这5项作业要分配到5台机床上。完成每项作业的成本见表6-20。

表6-20　每项作业的机床加工成本分配矩阵（美元）

工　件	A	B	C	D	E
1	5	6	4	8	3
2	6	4	9	8	5
3	4	3	2	5	4
4	7	2	4	5	3
5	3	6	4	5	3

具体步骤如下：

第一步:将表里每一行数值减去这一行最小的数值(在每一行至少有一个0)。

第二步:将表里每一列数值减去这一列最小的数值(在每一列至少有一个0)。

第三步:判断覆盖所有0的最少线条数是否等于n。如果是,则已经得到最优解,因为工作中心只能指派给0位置;如果线条的最小数目小于n,则进入第四步。

第四步:画出覆盖所有0的最少线条,将所有未被线覆盖的数值减去这其中最小的数值,并将位于线交点位置上的数值加上这个最小的数值。重复第三步。

最终结果如表6-21所示。

表6-21 最终结果

工件	A	B	C	D	E	
1	1	3	0	2	0	作业1指派给机床E 3
2	1	0	4	1	1	作业2指派给机床B 4
3	2	2	0	1	3	作业3指派给机床C 2
4	4	4	0	1	1	作业4指派给机床D 5
5	0	4	1	0	3	作业5指派给机床A 3
						总成本 17

复杂工作间作业的特征是,多个工作中心处理一系列不同的作业,这些作业是在一天中间歇地到达工作中心的。如果有n项作业要在m台机器上进行加工,并且所有的作业都要经过所有机器来加工,那么就有$(n!)^m$种可选的作业方法。为检验现实的多个工作中心和动态的作业排序,常用到仿真模型。仿真模型能用几个准则检验不同规则的表现水平,这样就可以扩展到研究问题的维度(作业中心和作业),考虑条件的开始和结束的影响、产品结构类型的匹配、相继到达时间的方式以及工作间的能力。仿真模型阐述了如下的主要问题:在工作中心哪种指派方法能最好地对工件进行排序?遵守了哪些准则?对某些准则或某类问题来说,一类规则是否比另一类规则更优?

(4) 服务业人员循环排序

在许多服务业中(如医院、警局、消防队、饭店和超市),排序的要求是基本类似的,员工的工作在重复性或循环的基础上,进行轮班或者有时间空档,而且有假期。通常一个基本工作模式是一批的(如连续工作5天,然后有连续2天的假期),在计划的时间周期(通常是一周)内对员工的需求是给定的。

例如，一种相对简单并且能够有效地确定最少员工数量的方法如下：从对员工的重复需求开始(表 6-22)。

表 6-22 不同日期所需员工数

日期	星期一	星期二	星期三	星期四	星期五	星期六	星期日
所需员工数(人)	4	3	4	2	3	1	2

① 确定第一个员工的工作安排，使两天有最低的需求(也就是两者之和最小)，并作为假日。在这里，星期六和星期日是连续的需求最低的两天，将这两天画圈(注意，在有些情况下，星期日和星期一可能是需求最低的两天)。如果有相同的，则选择临近的、有最低需求的两天。如果还有相同的，则随意选择(表 6-23)。

表 6-23 第一步

日期	星期一	星期二	星期三	星期四	星期五	星期六	星期日
所需员工数(人)	4	3	4	2	3	1	2
员工1	4	3	4	2	3	1	2

② 除了被圈住的两天外，每一天的需求减 1。安排下一个员工，继续使用连续的需求最低的两天作为假日，画上圆圈(表 6-24)。

表 6-24 第二步

日期	星期一	星期二	星期三	星期四	星期五	星期六	星期日
所需员工数(人)	4	3	4	2	3	1	2
员工1	4	3	4	2	3	1	2
员工2	3	2	3	1	2	1	2

③ 对每个增加的员工都重复前述步骤，直至所有员工的需求都已经涉及，但当值为零时就停止(表 6-25)。

要找到每个员工具体在哪些天工作，可以沿着员工所在的行寻找没有被画圈的非零值。类似的，要知道某一天安排了哪些员工工作，可以按列寻找没有被画圈的非零值。这个方案包括 5 个工人工作 19 天，员工 1 星期六、星期日休息，员工 2 星期五、星期六休息，员工 3 星期六、星期日休息，员工 4 星期三、星期四休息，员工 5 只在星期三上班。注意：员工 3 星期四不上班，员工 4 星期二也不上班。

表 6-25 第三步

日期	星期一	星期二	星期三	星期四	星期五	星期六	星期日
所需员工数(人)	4	3	4	2	3	1	2
员工1	4	3	4	2	3	1	2
员工2	3	2	3	1	2	1	2
员工3	2	1	2	0	2	1	1
员工4	1	0	1	0	1	1	1
员工5	0	0	1	0	0	0	0
正在工作的员工数(人)	4	3	4	2	3	1	2

此外,像餐饮等服务业所遇到的主要问题是随时都在变动的需求。在高峰时期需要很多员工,而在高峰时期之外所需的员工较少。管理层必须不断调整以适应这种变化的需求。这种人员的需求计划可以通过一种简单的规则实现——“第一小时”原则。另一种方法就是分割轮班,这种方法的效果实际上和在生产中改变批量大小的效果类似。

(5) 新的研究成果

① 可控排序

可控排序是指通过改变或控制机器以外的资源来改变或控制工件参数,突破了经典排序的确定性假设,在充分考虑工件参数控制费用的同时实现排序目标。因此,可控排序实际上是一个多目标排序。赶工排序是一种可控排序,它通过对工件加工时间的压缩或控制来控制或改变工件的交货期、就绪时间等,在满足排序目标的基础上使控制或改变工件加工时间的费用最小化。

② 成组分批排序

根据成组技术,将工件分为“类似”工件的工件组后,同组工件接连加工时,不需要安装时间;不同组的工件接连加工时,则需要一定的安装时间,而且,一般来讲安装时间与排法有关。这种考虑安装时间或安装费用、成组技术的成组排序方法突破了经典排序的以下假设:

a. 更换工件所需的安装时间或安装费用与机器无关;

b. 更换工件所需的安装时间或安装费用与工件的排法无关。

分批排序是指把一个“工件”分为若干个子批,并把子批及时送出或放到下一台机器上加工。它突破了经典排序的以下假设:只有当一个“工件”整个被加工完成后,才能送出或放到下一台机器上加工。该工件既可是一批产品,也可是一组相同的项目。

成组分批排序是指在综合考虑成组排序和分批排序对排序目标效应影响的基础上研究排序问题。它通过有效排序来缩短不同工件组的工件的主要安装时间、同一工件组的不同批次工件的次要安装时间，并满足排序目标。

③ 在线排序

在线排序是指工件的信息是逐个释放的，在决定当前工件的加工时，对其后面就绪的工件的信息一无所知，并且一旦决定工件的安排后就不允许改变。离线排序是指在安排所有工件之前已经就知道所有工件的信息，包括工件的个数、就绪时间、加工时间等。半在线排序工件介于这两者之间，即不允许对已经安排的工件重排，在排序之前不知道所有工件的信息，但是知道后面就绪工件的部分信息。经典排序是假设工件在排序前所有信息都已知道，即满足离线排序的要求。

④ 同时加工排序

同时加工排序是指机器能同时加工多个工件，突破了经典排序关于任何机器在任何时刻只能加工一个工件的假设。它有两种类型：一是机器容量有限情况下的同时加工排序；二是机器容量无限情况下的同时加工排序。一般默认为机器容量有限。

不同工件的加工时间一般不同，但是放在同一批次中同时被加工时，根据问题的实际背景，作为一个批次的工件的加工时间有两种计算方法：一种是该批次的加工时间等于这批工件中所有工件加工时间的最大者；另一种是该批次的加工时间等于这批工件中所有工件加工时间的总和。这两种问题分别称为平行工件同时加工排序和串联工件同时加工排序。

⑤ 准时排序和窗时排序

经典排序中的“延误”和“提前”分别是度量工件在交货期之后和在交货期之前完工的两个量。准时排序是指交货提前和延误都要“受罚”，都要付出代价的排序问题。窗时排序是指“交货期”不是一个“点”，而是一个“区间”，在这个时间区间之后（延误）或之前（提前）交货都要付出额外的费用。因此，窗时排序是准时排序的推广，准时排序是窗时排序的特殊情况。在这两类排序中的目标函数就不是正则的。

经典排序中把延误作为优化的目标是因为工件的延误会带来损失，要付出代价，因此，要使工件的延误越小越好；同时经典排序又认为“提前”是“理所当然的”，是“应该的”，是不必付出代价的，也不会带来“收益”。延误是一个正则的目标函数，这正是经典排序所研究的对象。然而，实际生活中“提前”也会造成损失，也要付出代价。

准时排序和窗时排序突破了经典排序的假设，认为“提前”是有成本的，是研究使“提前”和“延误”的权重总和最小的排序问题。

⑥ 机器不同时开工排序

机器不同时开工排序是指部分机器就绪时间太迟，导致并不是所有机器同时开始加工同一排序的工件。它突破了经典排序中关于所有机器同时开始加工工件的平行机器排序假设。

⑦ 资源受限排序

经典排序中假设加工工件只需要机器这一种资源，并且假设机器的能力是“无限”的，即在任何时候和任何情况下，机器是一直可以加工的。资源受限排序突破了这种假设，具体表现在以下两个方面：第一，加工工件除了需要机器以外，还需要其他的资源；第二，包括机器在内的所有资源的能力并不是“无限”的，而是有限的。

6.6 作业控制

生产作业控制就是对作业计划的实施情况进行监控，发现作业计划与实际完成情况之间的偏差，采取调节和校正措施，以确保计划目标的实现。如果说生产作业计划的功能是预先安排作业活动，那么生产作业控制的功能就是根据产量、质量、进度、成本等评定生产绩效的各种标准，对与生产相关的活动实施实时调度。生产作业控制是运营管理的重要职能，是实现生产计划和生产作业计划的重要手段。

造成计划与实施情况产生偏差的原因如下：

(1) 加工时间估计不精确。对于单件小批量生产类型，很多任务都是第一次碰到，很难将每道工序的加工时间估计得很精确。而加工时间是编制作业计划的依据，加工时间不准确，计划也就不准确，实施中就会出现偏离计划的情况。

(2) 随机因素的影响。即使加工时间的估计是精确的，很多随机因素的影响也会使计划发生偏离。如工人的劳动态度和劳动技能的差别、人员缺勤、设备故障、原材料的差异等，这些都会造成实际进度与计划要求不一致。

(3) 加工路线的多样性。调度人员在决定按哪种加工路线加工时，往往有多种加工路线可供选择，不同的加工路线会造成完成时间的偏离。

(4) 企业环境的动态性。尽管制订了一个准确的计划，但第二天可能会产生一个更有吸引力的新任务，或者关键岗位的职工跳槽、物资不能按时到达、停电等，这些都会造成实际生产难以按计划进行。

当实际情况与计划发生偏离，就要采取措施，要么使实际进度符合计划要求，要么修改计划使之适应新的情况。这就是生产控制问题。

实施生产控制有三个条件：一是要有一个标准。标准就是生产计划和生产作业计划。没有标准就无法衡量实际情况是否发生偏离。生产计划规定的产品出产期、MRP系统生成的零部件投入出产计划、通过排序方法得出的车间生产作业计划，都是实行生产控制的标准。二是要取得实际生产进度与计划偏离的信息。控制离不开信息，只有取得实际生产进度偏离计划的信息，才能知道两者是否产生了矛盾。计算机辅助生产管理信息系统能有效地提供实际生产与计划偏离的信息。通过生产作业统计模块，每天都可以取得各个零部件的实际加工进度和每台机床负荷情况的信息。三是要能采取纠正偏差的措施。纠正偏差是通过调度来实现的。

6.6.1 作业控制的主要功能

作业的优先级仅仅是车间控制（Shop-floor Control，现在通常称为生产作业控制）的一个方面。AIPCS字典把“车间控制系统”定义为：使用来自车间的数据和数据处理文件来维护和传递关于车间工单和工作中心状态信息的系统。作业控制的主要功能如下：

(1) 为每个车间的工单指派优先级；

(2) 维护在制品数量信息；

(3) 将车间工单信息传送到办公室；

(4) 提供实际产出数据来为能力控制服务；

(5) 根据车间工单对机位的要求，为在制品库存管理提供数量信息；

(6) 测量人力和设备的效率、利用率和工件产量。

6.6.2 作业控制的主要工具

(1) 甘特图

甘特图又叫横道图，它以图示的方式通过活动列表和时间刻度形象地表示出任何特定项目的活动顺序与持续时间。它最早是由亨利·L.甘特(Henry L. Gant)于1910年提出。许多企业的车间都采用甘特图来制订计划和跟踪作业的完成情况。甘特图能够使管理者为各项作业安排进度，然后再随着时间的推移，对比计划进度与实际完成情况，进行监控工作。作业进度甘特图是一种基本的甘特图形式，它能表示一项作业的计划开始日期、计划完成日期以及目前的进度状况。甘特图的优点在于简单明了，能够普遍应用于作业、任务、项目等的计划和控制。

其主要的描绘步骤如下：

① 明确项目所涉及的各项活动、任务。内容包括项目名称(包括顺序)、开始时间、工期、任务类型(依赖/决定性)和依赖于哪一项任务。

② 创建甘特图草图。将所有的项目按照开始时间、工期标注到甘特图上。

③ 确定项目活动依赖关系及时序进度。使用草图,按照项目的类型将项目联系起来,并且进行综合调度。

这一步骤将保证在未来计划有所调整的情况下,各项活动仍然能够按照正确的时序进行。也就是确保所有依赖性活动能并且只能在决定性活动完成之后按计划展开,同时避免关键性路径过长。关键性路径是由贯穿项目始终的关键性任务所决定的,它既表示了项目的最长耗时,也表示了完成项目的最短可能时间。关键性路径会由于关键性任务进度的提前或延期而发生变化。注意不要滥用项目资源,同时,对于进度表上不可预知的事件要安排适当的富余时间(Slack Time)。但是,富余时间不适用于关键性任务,因为作为关键性路径的一部分,它们的时序进度对整个项目至关重要。

④ 计算单项活动任务的工时。

⑤ 确定活动任务的执行人员并适时按需调整工时。

⑥ 计算整个项目时间。

例如,假设工件 A 比计划延迟 4 小时,工件 B 提前完成,工件 C 由于机器维护延迟了开工时间,但已完成,如图 6-9 所示。

图 6-9　甘特图

值得注意的是,与计划相比,工件是提前完成还是延时完成取决于作业的进度与此时时间位置的对比。在图 6-9 中,工件 A 在星期三末本应该完成,而工件 B 已经完成了部分星期四的工作了。

(2) 输入/输出控制

输入/输出控制是制造计划和控制系统的一个主要特征。输入/输出控制的主要目的是管理工作流，其主要原则是工作中心的输入永远不能超过工作中心的输出。当输入超过输出时，就会在工作中心产生堆积，结果将会延长到上游作业的预计提前期。而且，当工作中心产生工件积压后，就会形成阻塞，作业机器会变得很没有效率，到下游工作中心的工作流会变得时断时续。如果输入与输出的速度能够达到平衡，那么就不会出现工件积压、等待加工的现象，同时可以使工作地得到有效利用。输入/输出控制通过分析输入/输出之间的差异，有助于管理者找出问题的根源，采取适当的措施，从根本上消除问题，从而有效地控制作业实施过程，保证计划的顺利完成。

假设某一台加工设备的输入/输出报告如表 6-26 所示。

表 6-26 输入/输出报告

时期		1	2	3	4	5	6
输入	计划	160	150	150	140	140	150
	实际	180	140	140	145	145	150
	差异	+20	−10	−10	+5	+5	0
	累计	+20	+10	0	+5	+10	+10
输出	计划	160	160	160	150	150	160
	实际	150	170	145	150	155	150
	差异	−10	+10	−15	0	+5	−10
	累计	−10	0	−15	−15	−10	−20
积压	30	60	30	25	20	10	10

各期差异是“实际值”与“计划值”之差，如在第 1 期，实际输入为 180 单位，而计划输入为 160 单位，两者之间相差+20 单位。同样，计算第 1 期的计划输出和实际输出，可知其差异为−10 单位。用“实际输入”减去“实际输出”，再加上上期积压，就可以得到本期的积压单位数。

(3) 日常调度单

日常调度单的作用是告诉主管哪些工件要被加工，以及这些工件的优先级与加工时间。

(4) 各种状态和异常报告

① 预计延期报告。由车间计划员每周提供一次或两次，车间计划负责人检查是否有严重的、会影响主计划的延期。

② 废品报告。

③ 返工报告。

④ 作业总结报告。提供按期完成的订单的数量和比例,未按期完成订单的执行情况、输出数量等。

⑤ 短缺情况表。

6.7 案例讨论:某休闲食品公司的生产计划

假设你是一家休闲食品制造工厂的生产经理,你的重要职责之一是为工厂制订总生产计划,这个计划是每年制订预算的重要依据。该计划应提供来年的相关信息,如生产率、生产所需劳动力及计划成品的库存水平等。

该工厂在包装线上生产小盒的混合布丁。一条包装线上有很多排成链条一样的机器。在包装线上,布丁一开始就进行混合,然后装进小包。这些小包被装入小的布丁包装盒,当这些布丁包装盒达到 48 个时就把它们集中在一起堆放,最后 160 堆被放到一个货盘上。这些货盘放置在运输区域,然后被运送到 4 个分销中心。这些年来,包装线的技术日新月异,以至于在同样的小炉子里可以生产出不同口味的布丁,而不需要耗费不同口味之间的切换时间。该工厂有 15 条这样的包装线,但目前只用上了 10 条,每条需要 6 个工人。

该产品的需求按月波动。另外,还有一个季节的因素,每年的春节、圣诞节、五一劳动节之前都是销售淡季。综合下来,每年第一个季度季末工厂都会搞一个促销活动,给予大订单客户特别优惠。这样生意一般会很好,工厂的销售量一般也会得到增长。

工厂把产品送到全国 4 个大的分销仓库。卡车每天会运货,运货的数量是根据仓库的目标存货水平而定的。这些目标是根据每个仓库的预期供应周数而定的,目前的目标是供应两周。

过去,公司的策略是使生产量满足预期销售量,因为公司对成品的储存能力有限,而生产能力是完全能支持这个政策的。市场部门已经作出了明年的销售预测,这个预测是按每季销售配额制订的,这是一种激励销售人员的方法。销售主要面向国内零售店。根据销售人员拿到的订单,布丁从分销仓库运往各零售店。

你的直接任务就是制订来年的总生产计划,所需考虑的技术和经济因素如下:

(1) 目前有 10 条包装线非加班工作,每条需要 6 个工人。出于计划目的,每次正常启动包装线运行 7.5 小时,支付工人 8 小时的工资。可以考虑每天加班 2 小时,但这必须规划成每次加班至少持续 1 周,而且所有包装线都得加班。工人正常工资是 40 元/小时,加班则为 60 元/小时。每条包装线的标准生产率为450套/小时。

(2) 市场部门对需求的预测如下：Q1—2000，Q2—2200，Q3—2500，Q4—2650，Q1—2200(下一年)。这些数值都是以1000套为单位的，每个数值代表13周的预测。

(3) 管理部门已经通知生产部门维持足够仓库2周供应的生产量。这2周供应量应该建立在对未来销售的预测上。每季季末存货的目标水平如下：Q1—338，Q2—385，Q3—408，Q4—338。

(4)根据会计估计，存货存储成本约为每套每年3元。这意味着如果一套布丁存放一整年，存货成本就是3元；如果存放一星期，成本就是3/52元，即0.05769元。成本是与存放时间成正比的。在Q1的时候有2000000套存货(这是预测宣布的以1000套为单位的2000套)。

(5) 如果发生脱销，那么就要延期交货并推迟运输。延期交货的成本是2.40元/套，因为信誉丧失以及紧急运输。

(6) 人力资源小组估计雇佣并培训一个新的生产工人需要花费5000元，解雇一个工人需要花费3000元。

分析与讨论：

假设销售预测准确，请制订来年的总生产计划。

本章小结

本章按照运营计划的层次体系，自上而下依次介绍了综合运营计划、主生产计划、物料需求计划及作业计划与控制的基本原理和应用技术。综合运营计划主要目的是确定生产率、劳动力水平和当前存货的数量；MPS是确定每次订货所需产品数量和交货日期；物料需求计划是从MPS中得到最终产品的需求量，并将它们分解到零件和部装件，并制订物料计划；最终计划则是每个工作中心每天或每周的作业计划。

本章思考题

(1)简述生产计划的层次、内容、主要指标及含义。

(2)说明作业排序中几种常用的优先级规则。

(3)MRP系统有哪些输入和输出？

(4)简述MRP系统的处理逻辑。

(5)物料需求计划是怎样应用于服务业的？与制造业相比，此时所需的输入及输出有何异同？

(6)有一种电话机是由话筒和机座装配而成的。其中,话筒是由一个把手和一条电线组装成的,机座是由一个外壳、一个电路板和一个面板组装而成的。BOM 如图 6-10所示,现有库存数和生产提前期如表 6-27 所示。

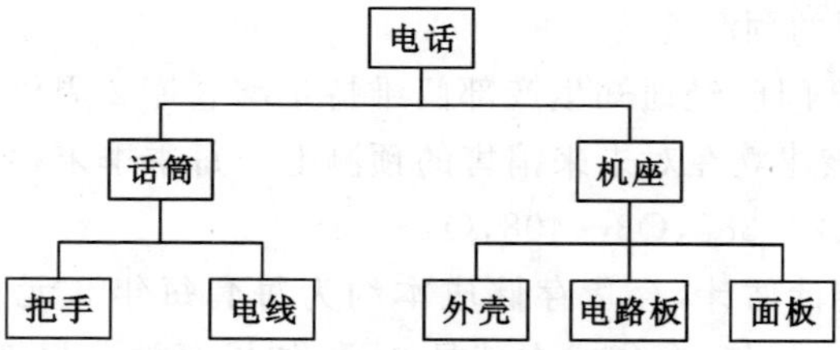

图 6-10　思考题(6)的资料图

表 6-27　思考题(6)的数据表

零部件	现有库存数	生产提前期(周)
电话	200	1
话筒	300	1
把手	200	2
电线	75	2
机座	250	1
外壳	200	2
电路板	150	1
面板	300	2

公司希望尽快开始装配电话机,目前已有的零部件能装配多少电话机?何时能交货?试制订物料需求计划来解释你的答案。

(7) 表 6-28 为要排序工件的有关情况,这些工件需在一台机床上加工。

表 6-28　思考题(7)的数据表

工件	加工时间(天)	交货日期(从现在算起天数)
A	4	20
B	12	30
C	2	15
D	11	16
E	10	18
F	3	5
G	6	9

① 先到先服务(FCFS)排序的结果是什么?

② 最短作业时间(SPT)排序的结果是什么?

③ 剩余宽裕时间(STR)排序的结果是什么?

④ 最早交货期(EDD)排序的结果是什么?

⑤ 以上排序的平均流程时间各是多少?

(8) 春天打印机公司需要为生产线制订总生产计划,相关数据如表6-29所示。

表6-29 思考题(8)的数据表

生产时间	3小时/件	期初库存	700件
平均劳动力成本	30元/小时	安全库存	半个月
每周工作	5天,8小时/天	缺货成本	25元/(件·月)
每月工作日	假设每月20工作日	库存管理成本	10元/(件·月)

2011年预测											
1月	2月	3月	4月	5月	6月	7月	8月	9月	10月	11月	12月
2500	3000	4000	3500	3500	3000	3000	4000	4000	4000	3000	3000

管理上倾向于保持固定的工人人数和产量,用剩余存货和缺货来适应需求波动,未满足的需求转移到下一个月。

试制订一个能够满足需求和其他条件的总生产计划。不必求最优解,只要找到一个答案并阐述寻找更优解的方法即可。可以作任何必要假设。

(9) 中兴企业要扩大生产线以生产新型产品A型、B型和C型。它们将在同样的生产设备上生产,生产目标是在必要的时候加班以满足需求量。接下来4个月的需求量(以生产所需的小时数表示)如表6-30所示。

表6-30 思考题(9)的数据表(1)(单位:小时)

产 品	4月	5月	6月	7月
A型	800	600	800	1200
B型	600	700	900	1100
C型	700	500	700	850

因为产品变质速度很快,质量损失严重,故产品保管到下一期的费用很高。产品保管到未来月份的成本为:A型:3元/小时;B型:4元/小时;C型:5元/小时。

生产可以按正常时间进行,也可以加班进行。正常付薪为:A型:4元;B型:5元;C型:6元。加班附加50%的奖金。

正常工作时间和加班时间的可用生产能力如表6-31所示。

表6-31 思考题(9)的数据表(2)(单位:小时)

不同时间	4月	5月	6月	7月
正常时间	1500	1300	1800	1700
加班时间	700	650	900	850

① 建立模型矩阵并表示恰当的成本。

② 求出可行方案。

(10) 已知某邮局从星期一至星期五的工作日期间需要 12 人当班，周六需要 6 人当班，周日需要 7 人当班，求在以下 3 种条件下的单班次计划：① 保证每位职工每周有两个休息日；② 保证每位职工每周的两个休息日是连续的两天；③ 除保证每位职工每周有两个休息日以外，在连续两周内每位职工有一周是在周末休息。

7 质量管理与质量控制

开篇案例——三鹿奶粉事件

2008年6月28日，位于兰州市的解放军兰州军区第一医院收治了首例患有"肾结石"病症的婴幼儿。2008年7月中旬，甘肃省卫生厅接到医院婴儿泌尿结石病例报告后，随即展开调查，并报告卫生部。随后短短两个多月，该医院收治的患婴人数迅速扩大到14名。此后，全国陆续报道因食用三鹿乳制品而发生不良反应的病例一度达几百例，事态之严重，令人震惊！2008年9月13日，卫生部证实，三鹿牌奶粉中含有的三聚氰胺，是不法分子为增加原料奶或奶粉中的蛋白含量而人为加入的。据医学专家介绍，三聚氰胺是一种低毒性化工产品，婴幼儿大量摄入可引起泌尿系统疾患，目前患泌尿系统结石的婴幼儿，主要是由于食用了含有大量三聚氰胺的三鹿牌婴幼儿配方奶粉引起的。党中央、国务院对严肃处理三鹿牌婴幼儿奶粉事件作出部署，立即启动国家重大食品安全事故一级响应，并成立应急处置领导小组。2008年9月15日，甘肃省政府新闻办召开了新闻发布会，会上称甘谷、临洮两名婴幼儿的死亡，确认与三鹿奶粉有关。三鹿奶粉事件总共导致6名婴儿死亡，逾30万儿童患病，引起全国震撼。2008年12月23日，石家庄市中级人民法院宣布三鹿集团破产。这家国内连续14年保持产销量第一的奶粉生产企业，最终不得不面对资不抵债的困境，进入破产程序。

质量、成本、交货期、服务及响应速度，是决定市场竞争成败的关键要素，而质量更是居于首位的要素，是运营管理的基本问题之一，是企业参与市场竞争的必备条件。质量问题不仅关系到广大消费者的权益，关系到企业的生存与发展，而且也是社会经济发展的重要战略因素。质量是企业的生命线，也是人类社会发展的永恒主题。

7.1 质量管理的核心概念

质量是质量管理的对象,正确、全面地理解质量的概念,对开展质量管理工作是十分重要的。随着社会经济和科学技术的不断发展,人们对于质量概念的理解也在不断发展和深化。

(1) 质量的定义与内涵

经过质量管理理论界和实践界专家们多年的研究和实践,1986 年发布的 ISO 8402《质量管理和质量保证》标准中提出了质量的定义:质量(品质)是反映产品或服务满足明确或隐含需要能力的特征和特性的总和。随着对质量认识的提高,这一概念的外延得到扩展,2000 年,ISO 9000:2000 质量管理体系对质量的定义是:一组固有特性满足要求的程度。这一术语的核心是满足要求的程度,强调在固有特性与要求之间,要求是主导的、居于第一位的。

理解质量含义的着重点是产品或服务满足顾客期望的程度。顾客的期望可以分解为许多不同的方面和属性,顾客根据这些属性来判断产品或服务的质量水平。认识和理解这些属性有助于组织通过努力来满足顾客的期望。对于产品和服务来说,其质量属性在一定程度上有所差别。

一般说来,产品质量属性包括性能、附加功能、可靠性、一致性、耐久性、维护性、美学性和感觉性等,如表 7-1 所示。

表 7-1　产品质量属性

质量属性	属 性 解 释
性能	产品主要功能达到的技术水平和等级,如立体声音响的信噪比、灵敏度等
附加功能	为使顾客使用更加方便、舒适而增加的产品功能,如电视机的遥控功能、照相机的自动卷片功能
可靠性	产品完成规定功能的准确性和概率
一致性	产品符合产品说明书和服务规定的程度,如饮料中天然固形物的含量是否达到所规定的百分比等
耐久性	产品达到规定使用寿命的概率
维护性	产品是否容易修理和维护
美学性	产品外观是否具有吸引力和艺术性
感觉性	产品是否能使人产生美好联想,甚至妙不可言,如广告用语给人的感觉和使人产生的联想等

服务业的服务质量比制造业的产品质量更难衡量。接受某项服务的顾客往往会对几家服务业企业进行多方面的比较，若某家服务业企业提供的服务不具有某项特性，则该企业可能就会被排除出选择范围。服务质量的特殊性主要源于服务本身所具有的特点，如表 7-2 所示。

表 7-2　服务质量的决定因素

可靠性	可用性，服务实际表现的一致性
反应	员工提供服务的意愿，包括服务的及时性
胜任	实际服务必须拥有的技能和知识
易得	服务的容易得到与方便
殷勤	对顾客礼貌、尊重、体谅和友好
沟通	用易懂的语言告诉顾客及倾听他们的意见
可信	包括可信赖、诚实，时刻将顾客利益放在心中
安全	没有危险、风险和疑虑
理解	尽力了解顾客需求
有形	服务的物质实体

(2) 质量大师的质量观

质量管理的发展离不开质量管理专家们的贡献，他们的思想深深影响了整个世界，下面将着重介绍三位质量大师关于质量的定义。

① 戴明

戴明(W. Edwards Deming)(1900—1993 年)博士是世界著名的质量管理专家，他因对世界质量管理发展所作出的卓越贡献而享誉全球。以戴明命名的“戴明品质奖”，至今仍是日本品质管理的最高荣誉。戴明品质奖每年颁发一次，以奖励那些在质量管理工作中作出杰出贡献的个人。作为质量管理的先驱者，戴明学说对国际质量管理理论和方法有着异常重要的影响。他认为，“质量是以最经济的手段，制造出市场上最有用的产品。一旦改进了产品质量，生产率就会自动提高”。

戴明十分强调管理部门在质量改进中的作用。他把质量定义为对一个稳定系统的连续改进。这个定义强调了两个方面的内容：首先，所有的系统(管理、设计、生产和销售)在统计学意义上必须是稳定的，这就要求在整个公司的范围内对质量特性进行测定和实时监控；其次，要对多个不同的系统连续地进行改进，以减少质量的变异和更好地满足客户需求。

1950 年，戴明对日本工业的振兴提出了“以较低的价格和较好的质量占领市场”的战略思想。20 世纪 80 年代初，他受福特汽车公司首席执行官唐纳德·彼得森(Donald Peterson)之邀来到底特律。那时的福特汽车公司由于日本竞争对手的冲击而"内出血",正步履维艰地挣扎出 Pinto 质量事故的厄运。Pinto 质量事故是福特汽车公司在出现轮胎质量事件之前最大的一次质量事故。戴明提出了长期的生产程序改进方案、严格的生产纪律以及体制改革。戴明将一系列统计学方法引入美国产业界,以检测和改进多种生产模式,从而为后来杰克·韦尔奇等人的六西格玛管理法奠定了基础。

同当今许多质量管理法不同的是,戴明不仅仅是在科学的层面来改进生产程序,他用其特有的夸张语气强调:"质量管理 98% 的挑战在于发掘公司上下的知识诀窍",他推崇团队精神、跨部门合作、严格的培训以及同供应商的紧密合作。这些观念远远超前于 20 世纪 80 年代所奉为经典的"能动性培养"。

著名企业改造专家约翰·惠特尼(John O. Whitney)说:"美国需要戴明这种震荡疗法。多亏了戴明,现在美国的首席执行官才真正理解程序的重要性。"许多质量管理专家认为,戴明的理论帮助日本从一个衰退的工业国转变成了世界经济强国。

戴明总结出了质量管理的 14 条原则(表 7-3)。他认为,一个公司要想使产品达到规定的质量水平必须遵循这些原则。戴明这 14 条原则的核心是目标不变、持续改善和知识渊博。除了这 14 条原则,戴明还强调了减少质量变动(与一定标准之间的偏差)的必要性。

表 7-3 戴明总结的质量管理的 14 条原则

(1) 持久地改进产品和服务,目的是使企业具有竞争优势,追求长期而不是短期的利润; (2) 采纳新的观念,即拒绝通常可接受的错误、缺陷和延迟的水平,满足变化的需要; (3) 减少对大规模检查的依赖,产品质量首先是制造出来的,在控制和改进质量上采用统计方法; (4) 结束仅仅以标价为基础的奖励活动,减少那些无法提供有关过程控制的统计证据的供应商; (5) 持续地改善生产系统以提高质量和生产率,这样就能不断地降低成本; (6) 对所有的员工进行职业培训; (7) 将领导和监控人员的工作重点放在帮助员工更好地工作上;	(8) 消除恐惧,不要因为"系统问题"责备职员,鼓励有效的双向沟通,减少操纵式管理方式; (9) 消除部门间的障碍,鼓励研究、设计、生产和销售等不同领域的员工组成团队; (10) 减少只要求提高生产率水平而不提供好方法的空洞计划、劝诫和标语; (11) 减少干扰质量的强制指标、工作标准和目标,代之以领导能力的提高和工作过程的持续改进; (12) 清除那些夺走人们工作自豪感的障碍——糟糕的体制和管理; (13) 鼓励全体员工接受终身教育和自学提高; (14)对高级管理层采取措施,以促使每天的工作都符合上面 13 条原则

② 朱兰

朱兰(Joseph Juran)曾指导日本企业提高产品质量,也被认为是使日本质量管理取得成功的一位主要贡献者。朱兰于 1951 年出版了《质量控制手册》(Quality Control Handbook)。朱兰视质量为适用性,他还认为通过管理可以控制大约80%的质量缺陷发生。他提出了质量三部曲的概念,即:质量计划、质量控制和质量改进。根据朱兰的观点,为建立有能力满足质量标准的工作程序,质量计划是必要的,为了掌握何时采取必要措施纠正质量问题,就必须实施质量控制,而质量改进有助于发现更好的管理工作方式。管理就是不断改进工作,这是朱兰理论的一个核心。朱兰传授的质量改进方法是通过逐个项目有针对性地解决问题和团队合作的方式进行的,是高层管理所必备的。他坚信质量管理不是偶然产生的,它的产生必定是有计划的,并断言质量改进是逐个项目进行的。

朱兰的《质量策划》(Planning for Quality) 一书是对他的质量管理思想的阐述以及对整个公司质量策划的构成方法的明确向导。朱兰的质量策划是公司内部实现质量管理方法三部曲中的第一步。除此之外还有质量控制,它用于评估质量绩效,用已经制订的目标比较绩效,并弥合实际绩效和设定目标之间的差距。朱兰将第三步质量改进作为持续发展的过程,这一过程包括建立并形成质量改进循环必要的组织基础设施。他建议使用团队合作和逐个项目运作的方式来努力保持持续改进和突破改进两种形式。

朱兰对实行组织内部质量策划的主要观点包括:识别客户和客户需求;制订最佳质量目标;建立质量衡量标准;设计策划在运作条件下满足质量目标的过程;持续增加市场份额;优化价格,降低公司或工厂中的错误率。

朱兰的大部分著作主要是引起人们对质量危机的关注,建立起新的方法进行质量策划以及帮助企业重新策划现有过程,避免质量缺陷,并建立公司在质量策划过程中的管理权以避免出现新的质量问题。在第5版的《质量控制手册》中,对比图表中列出了“大Q”与“小q”概念,“小q”将质量视为技术范畴,而“大Q”将质量与商业范畴联系在一起。朱兰认为,大部分质量问题是管理层的错误导致的,而并非工作层的技巧问题。总的来说,他认为管理层控制的缺陷占所有质量问题的80%以上。

朱兰他首创将人力与质量管理结合起来。如今,这一观点已包含于全面质量管理的概念之中,其观念的发展过程是逐步进行的。最高管理层的参与,质量知识的普及培训,质量实用性的定义,改进逐个项目的运作方法,“重要的少数”与“有用的多数”及“三部曲”(质量策划、质量控制、质量改进)之间的区别——朱兰就是以这些观点而闻名的。

③ 克劳士比

克劳士比(Phillip Crosby)对世人有卓越的贡献和深远的影响,被尊为“20世纪伟大的管理思想家”、“品质大师中的大师”、“零缺陷之父”、“一代质量宗师”。他创造了“零缺陷”概念,主张企业应该追求产品生产零缺陷或努力做到"一次成功",并以名言"开头就开好"而闻名。他强调预防,并对"总会存在一定程度的缺陷"的说法提出相反的看法。1979 年,他的开山之作《质量免费》(Quality Is Free)出版,这本书以通俗易懂的术语解释了质量概念。他的《质量无泪》(Quality Without Tears)出版于 1984 年,现已成为质量改进人员的经典手册,其中阐述了"克劳士比方法"的思想基础——四项基本原则:质量的定义即符合要求;质量系统的核心在于预防;工作标准是"零缺陷";质量是由不符合要求的代价衡量的。

表 7-4 列出了戴明、朱兰、克劳士比三位质量大师的成就比较。

表 7-4 质量大师的成就比较

项目	戴明	朱兰	克劳士比
质量定义	低成本下的可预测的吻合度和可靠度,适应市场需要	适用性(满足顾客需要)	符合需要
高管责任	对 94%的质量问题负责	工人对质量问题担负不到 20%的责任	对质量负有责任
行为标准/动机	质量有很多等级;运用统计方法度量各个领域的性能;零缺陷是关键	避免实施完美工作的运动	零缺陷
基本方法	通过持续改善减少质量变异,结束大批量检验	对质量全面管理,尤其重视人的因素	预防而非检验
结构	质量管理的 14 条原则	质量改善的 10 个步骤	质量改进 14 步法则
统计供需管理(SPC)	必须运用质量控制的统计方法	建议使用 SPC,但警告这种方式可能导致工具驱动方法	拒绝统计可接受质量水平(要求 100%的完美质量)
改进基础	不断减少质量变异;取消没有方法的目标	项目组目标;设立目标	一个流程而不是一个项目;改进目标
团队	员工参与决策制订,打破部门之间的界限	团队和质量环	质量改进团队:质量理事会
质量成本	不存在最优,不断改进	质量不是免费的,不存在最优	适合的成本,质量是免费的
采购和货物接收	检验太迟;抽样,允许次品进入系统;要求有统计证据和控制图	问题比较复杂;要进行一些正式调查	表明需要;供应商是业务的扩展对象;大多数错误是由采购人员自己造成的
供应商评价	不评价供应商,但对供应商的许多体系要求严格	进行评价,但帮助供应商改进质量	进行供应商评价,认为质量评审没用

(资料来源:[美]理查德·B.蔡斯,等.运营管理.11 版.任建标,等,译.北京:机械工业出版社,2007)

(3) 质量管理的基本概念

① 质量管理

质量管理是企业为了使其产品质量能满足不断更新的市场质量要求

而开展的策划、组织、计划、实施、检查、改进等管理活动的总和。著名质量管理专家朱兰认为,质量管理就是制订与贯彻质量标准方法的综合体系。美国质量专家A. V. 费根堡姆对质量管理的定义是:为了在最经济的水平上生产出充分满足顾客质量要求的产品,而综合协调企业各部门为保证与改善质量的有效体系。2000版ISO 9000族标准对质量管理下的定义是:在质量方面指挥和控制组织的协调的活动。这些在质量管理方面的指挥和控制活动,通常包括制订质量方针和质量目标以及质量策划、质量控制、质量保证和质量改进。这个定义指出质量管理是各级管理者的职责,必须由一个组织的最高管理者来推动,并且和组织内的全体成员都有关系,他们的工作都直接或间接地影响着产品或服务的质量。

② 质量环

企业要开展质量管理,就必须以质量体系为核心,对产品质量的产生和形成实现全过程的管理,这个全过程包括从最初的识别需求到最后满足质量要求和顾客期望的全部阶段,通常称为质量环,也称为质量螺旋。质量环是指从识别需要到评价这些需要是否得到满足的各个阶段,影响产品或服务质量的相互作用活动的概念模式。质量环有以下特点:

a. 质量环由若干相互关联、相互作用的环节组成,一般包括11个环节,如图7-1所示。质量环中前5个环节构成了质量体系中的5个要素;而最后5个环节因其通用性较弱,则综合为搬运和生产后职能这一职能要素;而检验、试验和检查这一环节,则与产品审核结合构成了“产品验证”要素。

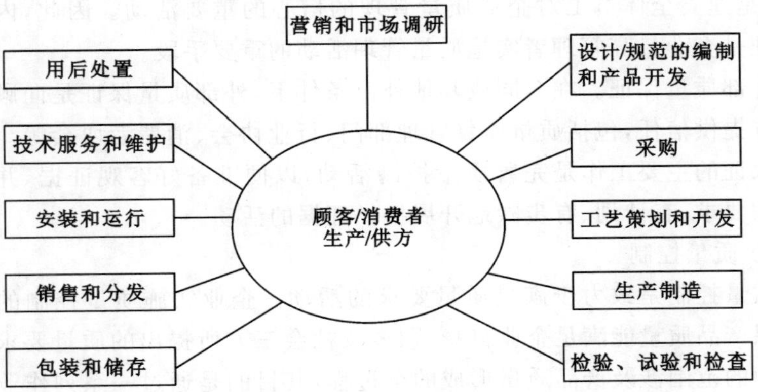

图7-1 质量环

b. 在质量环的11个环节中,营销和设计环节尤为重要。

c. 质量环中的11个环节不是一个简单重复的过程环节,而是一个螺旋式上升的质量环,这和朱兰的质量螺旋有相同之处,意指产品质量从市场调研开始到质量形成,实现后交付使用,在使用中又产生新的设想,构成新的动力再开始新的质量环,产品质量水平呈螺旋式上升和提高。

③ 质量方针

质量方针是由组织的最高管理者正式颁布的总的质量宗旨和方向。这里所指的"组织",是指那些具有自身特定功能、能独立经营管理的组织,如生产企业、服务单位或独立的设计、检验机构等。一个组织除了质量管理方面的工作之外,还有其他方面的工作,因此,组织的质量方针应与组织的总经营方针协调一致。一个组织的质量方针应具有高度概括性和强烈的号召力,如"以质量求生存,以品种求发展"、"质量第一,用户第一,服务第一"等。但它决不能只停留在一些口号的简单组合上,应该根据组织的性质和特点,针对从识别用户需要到满足用户需要的各环节的质量活动,规定其行为准则、应实现的目标或质量水平、相互协调的原则和方法等。

④ 质量保证

质量保证是致力于提供质量要求能得到满足、信任的活动。质量保证是一种有计划、有系统的活动,是实现质量管理所必需的工作保证。质量保证一般分为内部质量保证和外部质量保证。

内部质量保证。在企业内部,质量保证的主要目的是向企业最高管理者提供信任,即使企业最高管理者确信本企业的产品能满足质量要求。为此,企业中有一部分管理人员专门从事监督、验证和质量审核活动,以便及时发现质量控制中的薄弱环节,提出改进措施,促使质量控制能更有效地实施。随着对质量认识的深化,企业最高管理者也有向员工提供信任的必要,这是建立全体员工对企业质量管理的信心的重要活动。因此,内部质量保证是企业最高管理者实施质量管理活动的重要手段。

外部质量保证。在合同或其他外部条件下,外部质量保证是向顾客或第三方提供信任,包括质量监督管理部门、行业协会、消费者协会等。企业质量保证的主要工作是完善质量控制活动,以便准备好客观证据,并根据顾客的要求,有计划、有步骤地开展提供证据的活动。

⑤ 质量控制

质量控制是致力于满足质量要求的活动。企业实施质量控制的目标是确保产品质量能满足企业自身、顾客及社会三方所提出的质量要求。质量控制的范围涉及产品质量形成的全过程,其目的是通过一系列作业技术和活动对全过程影响质量的人、机、料、法、环(Man,Machine,Material,Method,Environment,4M1E)诸因素进行控制,并排除会使产品质量受到影响而不能满足质量要求的各项因素,以减少经济损失,取得经济效益。

⑥ 质量改进

质量改进致力于增强满足质量要求的能力。质量改进要求具有有效性(Effectiveness)、效率(Efficiency)、可追溯性等(Traceability)。有效性是指完成策划的活动或达到策划结果的程度;效率是指所要达到的结果与所使用的资源之间的关系;可追溯性是指追溯所考虑对象的历史应用情况或所处场所的能力。

企业开展质量改进应关注以下几点:

a. 质量改进必须通过改进质量形成的过程及其支持过程来实现。

b. 质量改进致力于经常寻求改进机会,而不是等待问题暴露后再去捕捉机会。

c. 对质量损失的估计依据三个方面的分析结果:顾客满意度、过程效率和社会损失。这三个方面的质量损失问题不仅给质量改进制造了机会,也为质量改进效果的评价提供了分析比较的依据。

(4) 质量成本

质量成本的概念是由美国质量专家 A. V. 费根堡姆在 20 世纪 50 年代提出来的。他将企业中质量预防和鉴定成本以及因产品质量不符合企业自身和顾客要求所造成的损失一并考虑,并形成质量报告,为企业高层管理者了解质量问题对企业经济效益的影响、进行质量管理决策提供重要依据。此后人们充分认识到降低质量成本对提高企业经济效益的巨大影响,从而进一步提高了质量成本管理在企业经营战略中的重要性。质量成本是指企业为了保证和提高产品或服务质量而支出的一切费用,以及因未达到产品质量标准,不能满足用户和消费者需要而产生的一切损失。质量成本的构成如图 7-2 所示。

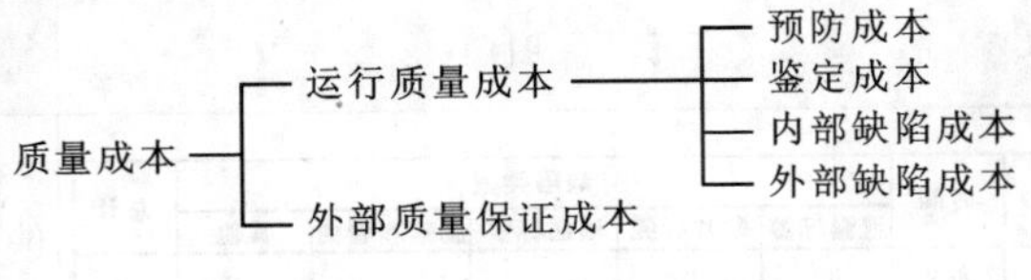

图 7-2 质量成本的构成

其中,预防成本是指为预防质量缺陷的发生所支付的费用;鉴定成本是指为评定产品是否具有规定的质量而进行试验、检验和检查所支付的费用;内部缺陷成本是指交货前因产品未能达到规定的质量要求所造成的损失(在全过程中);外部缺陷成本是指交货后因产品未能达到规定的质量要求所造成的损失;外部质量保证成本是指为达到合同规定的质量保证要求提供客观证据、演示和证明所发生的费用。

质量成本的各部分费用之间存在着一定的比例关系,探讨这些费用的合理比例关系，以最大限度地降低质量总成本，即实现质量成本的优化，这是质量成本管理的一项重要任务。统计资料表明，运行质量成本的四类费用大致存在着如下的比例关系：内部缺陷成本约占质量总成本的25％～40％，外部缺陷成本约占质量总成本的20％～40％，鉴定成本约占总成本的10％～50％，预防成本约占总成本的0.5％～5％。这些数据说明：内部缺陷成本和外部缺陷成本占了总成本的大部分，是应着重采取措施予以降低的重要部分。

从我国当前企业的情况来看，普遍存在的问题是预防成本偏低，结果使内、外部缺陷成本居高不下，从而使质量总成本过高。因而，在质量成本管理中，判明和掌握四类运行质量成本的合理比例关系以及它们之间的变化规律，针对具体的问题采取措施，降低质量成本，是质量成本管理的一项重要任务。

7.2 质量控制基础工具

7.2.1 质量管理工具

(1) 质量管理的七种传统工具

在实际质量管理中，常用的质量管理方法有七种，即检查表、直方图、帕累托图、散点图、控制图、因果分析图、趋势图，通常被称为“QC七大工具”。表7-5简要概括了这七种质量管理工具。

表7-5　质量管理的七种传统工具

<table>
<tr><th>序号</th><th>工具名称</th><th>例　图</th><th>功能简介</th></tr>
<tr><td>①</td><td>检查表</td><td>
<table>
<tr><th rowspan="2">天</th><th rowspan="2">时间</th><th colspan="5">缺陷类型</th><th rowspan="2">总计</th></tr>
<tr><th>遗漏标签</th><th>贴片标签</th><th>油墨标签</th><th>脱落和卷曲</th><th>其他</th></tr>
<tr><td rowspan="7">M</td><td>8~9</td><td>||||</td><td>||</td><td></td><td></td><td></td><td>6</td></tr>
<tr><td>9~10</td><td></td><td>|||</td><td></td><td></td><td></td><td>3</td></tr>
<tr><td>10~11</td><td>|</td><td>|||</td><td>|</td><td></td><td></td><td>5</td></tr>
<tr><td>11~12</td><td></td><td>|</td><td></td><td>|</td><td>|(破裂)</td><td>3</td></tr>
<tr><td>1~2</td><td></td><td>|</td><td></td><td></td><td></td><td>1</td></tr>
<tr><td>2~3</td><td></td><td>||</td><td>|||</td><td>|</td><td></td><td>6</td></tr>
<tr><td>3~4</td><td></td><td>||</td><td>卌|</td><td></td><td></td><td>8</td></tr>
<tr><td colspan="2">总计</td><td>5</td><td>14</td><td>10</td><td>2</td><td>1</td><td>32</td></tr>
</table>
</td><td>检查表为使用者提供了一种格式，以便于他们收集、整理、记录和组织数据。其格式可能是一种简单的核对符号表，一般根据使用者通过收集数据想要了解什么问题来设计检查表</td></tr>
</table>

续表 7-5

序号	工具名称	例图	功能简介
②	直方图	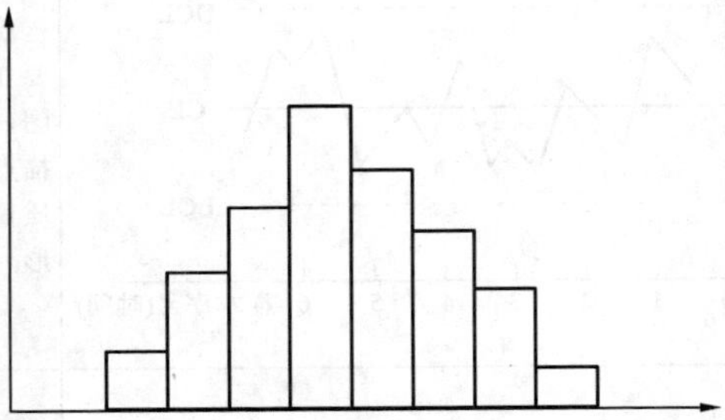	通过直方图可以比较直观地看出产品质量特性的分布状态以及工序是否处于受控状态，还可对总体质量情况进行判断。对直方图的分析主要侧重于其分布是否对称、数值的变化范围以及是否存在异常的数值
③	帕累托图	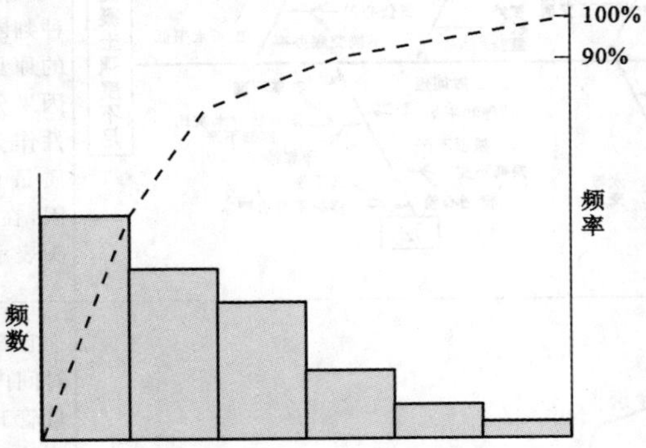	它又称为“排列图”，根据问题的重要程度对其进行分类，并集中解决那些最重要的问题，适当考虑那些次要的问题。根据帕累托概念，即通常所说的 80 ∶ 20 原则，大约 80％的问题是由占总原因数 20％的那些原因造成的
④	散点图	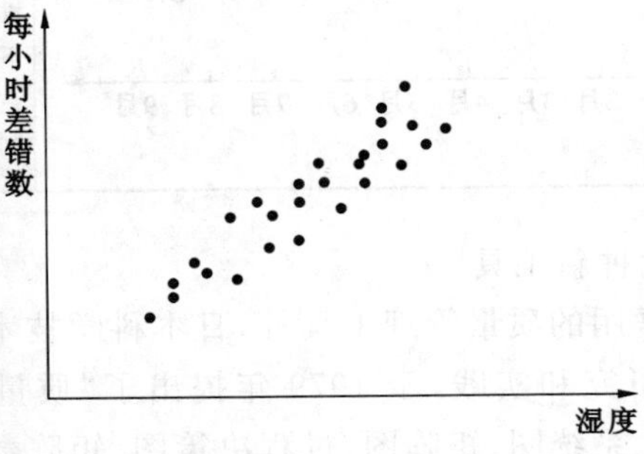	它是对两个变量之间关联性的一种描述。可用相关系数法来判断两个变量之间的相关程度

续表 7-5

序号	工具名称	例图	功能简介
⑤	控制图	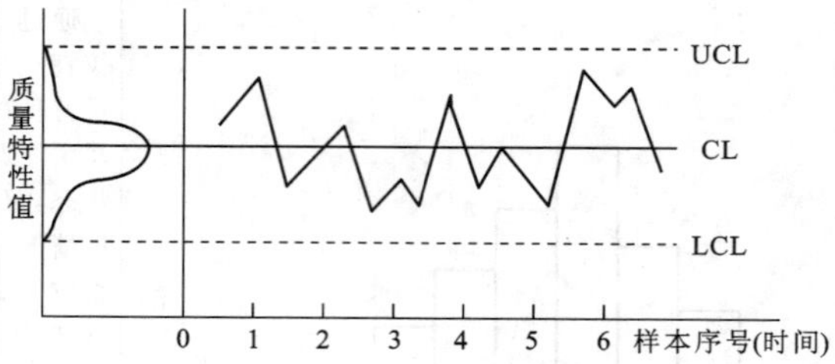	质量统计控制的主要工具是质量控制图,它是按时间顺序描点作出的有关产品质量的样本统计量图形
⑥	因果分析图	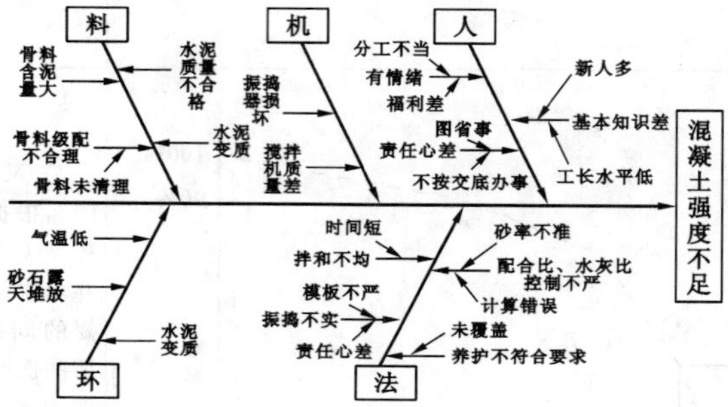	它也称为鱼刺图或石川图,是日本质量管理学者石川馨于1943年提出的,是一种判断引起某一问题的原因的系统方法。因果分析图以质量特性作为结果,以影响质量的因素作为原因,在它们之间用箭头表示因果关系
⑦	趋势图	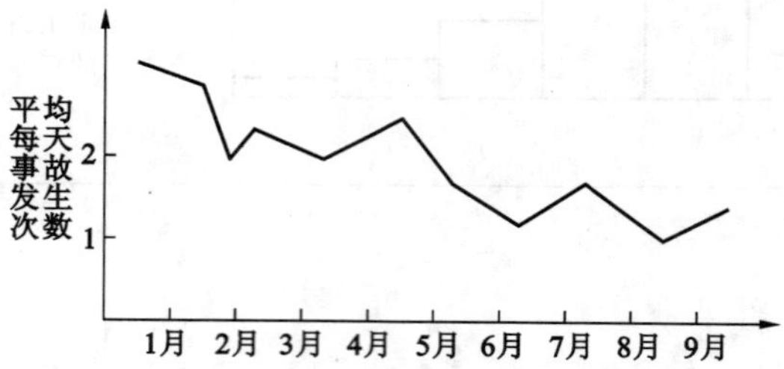	它是用来跟踪一段时间内变量变化的质量管理工具,可用于确认可能发生的趋势或分布。从例图中可以看出,随着时间的推移,事故发生率呈下降趋势。趋势图的主要优点是便于绘制,直观,易于理解

(2) 质量管理的七种新工具

除了上述的七种常用的质量管理工具外,日本科学技术联盟的质量管理研究会经过多年的研究和实践,于1979年提出了“质量管理七种新工具”,即亲和图、关联图、系统图、矩阵图、过程决策图、矩阵数据分析法和箭头图,如表7-6所示。质量管理七种新工具把统计方法和思考过程结合起来,这些新的工具和传统的质量管理七大工具结合起来,互相补充,相辅相成。

表 7-6 质量管理七种新工具

序号	工具名称	例图	功能简介
①	亲和图	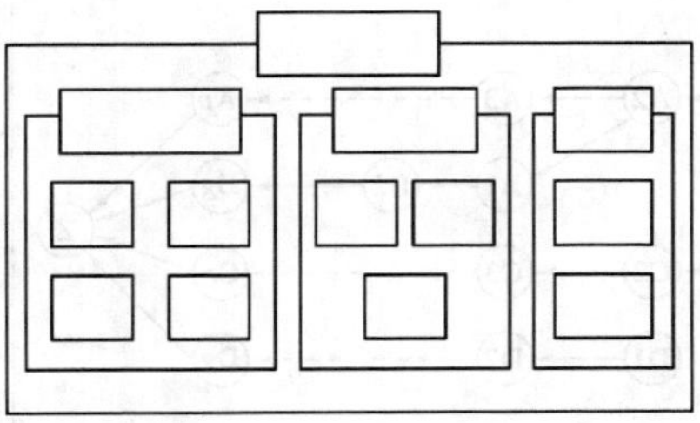	它将未知的问题、不曾接触领域的问题的相关事实、意见或设想之类的语言文字资料收集起来，并利用其内在的相互关系作成归类合并图，以便从复杂的现象中整理出思路，抓住实质，找出解决问题的途径的一种方法
②	关联图	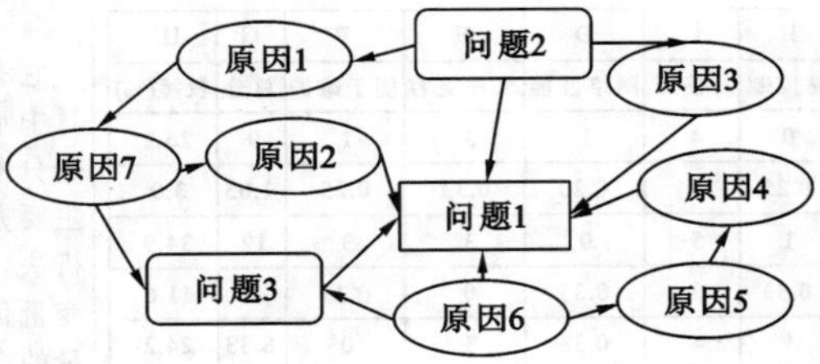	它又称关系图，是用来分析事物之间“原因与结果”、“目的与手段”等复杂关系的一种图表，它能够帮助人们从事物之间的逻辑关系中寻找出解决问题的办法
③	系统图	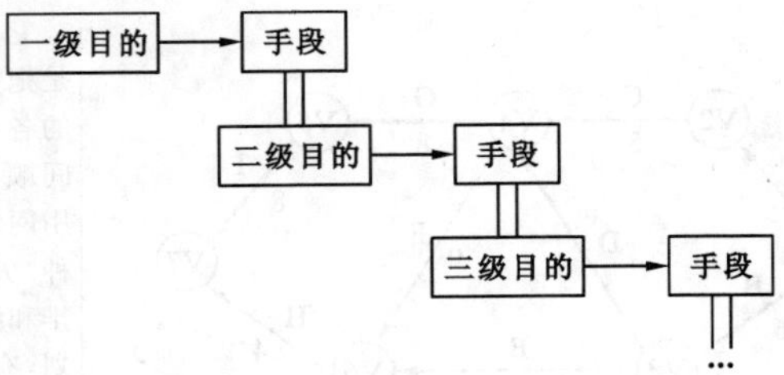	它把要实现的目标与需要采取的措施或手段系统地展开，由方块和箭头构成，形状似树枝，它是把价值工程中所用的机能系统的手法应用到质量管理中来的一种图形方法
④	矩阵图	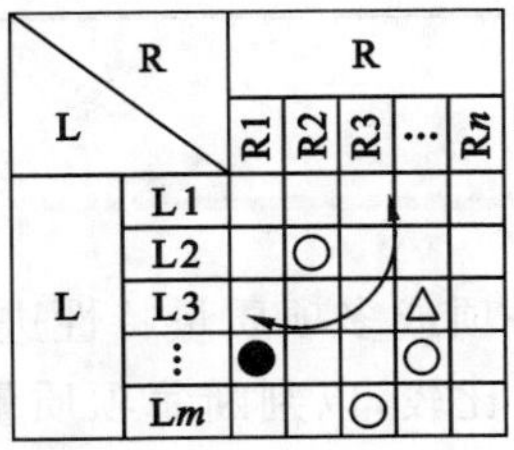	它是从多维问题的事件中，找出成对的因素，排列成矩阵图，然后根据矩阵图来分析问题，从而确定关键点的方法；它是一种通过多因素综合思考、探索问题的好方法

续表 7-6

<table>
<tr><th>序号</th><th>工具名称</th><th>例　图</th><th>功能简介</th></tr>
<tr><td>⑤</td><td>过程决策图(PDPC)</td><td>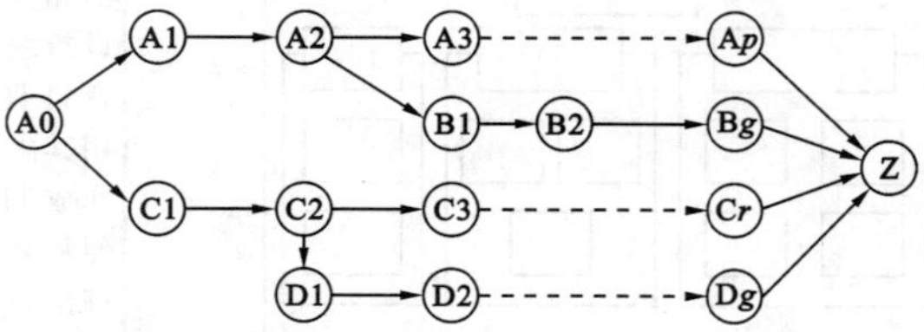</td><td>它是在制订计划或进行系统设计时，事先预测可能发生的障碍(不理想的状态或结果)，从而设计出一系列对策措施以最大的可能引向最终目标(达到理想结果)。该法可用于防止重大事故的发生，因此，也称之为重大事故预测图法</td></tr>
<tr><td>⑥</td><td>矩阵数据分析法</td><td>
<table>
<tr><th></th><th>A</th><th>B</th><th>C</th><th>D</th><th>E</th><th>F</th><th>G</th><th>H</th></tr>
<tr><td>1</td><td></td><td>易控制</td><td>易使用</td><td>网络性能</td><td>软件兼容</td><td>便于维护</td><td>总分</td><td>权重(%)</td></tr>
<tr><td>2</td><td>易于控制</td><td>0</td><td>4</td><td>1</td><td>3</td><td>1</td><td>9</td><td>26.2</td></tr>
<tr><td>3</td><td>易于使用</td><td>0.25</td><td>0</td><td>0.20</td><td>0.33</td><td>0.25</td><td>1.03</td><td>3.0</td></tr>
<tr><td>4</td><td>网络性能</td><td>1</td><td>5</td><td>0</td><td>3</td><td>3</td><td>12</td><td>34.9</td></tr>
<tr><td>5</td><td>软件兼容</td><td>0.33</td><td>3</td><td>0.33</td><td>0</td><td>0.33</td><td>4</td><td>11.6</td></tr>
<tr><td>6</td><td>便于维护</td><td>1</td><td>4</td><td>0.33</td><td>3</td><td>0</td><td>8.33</td><td>24.2</td></tr>
<tr><td></td><td>总分</td><td colspan="7">34.37</td></tr>
</table>
</td><td>它是 QC 新七大工具中唯一一种利用数据分析问题的工具，主要方法为主成分分析法，是一种将多个变量化为少数综合变量的多元统计方法</td></tr>
<tr><td>⑦</td><td>箭头图</td><td>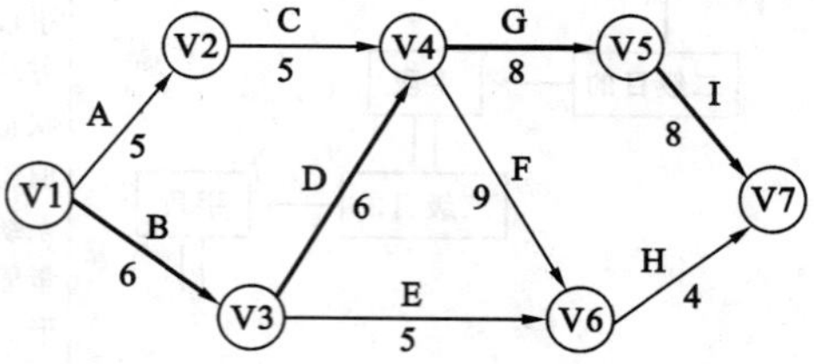</td><td>它又称“网络图”，是把推进计划所必需的各项工作，按其时间顺序和从属关系，用网络形式表示的一种“矢线图”。它是安排和编制最佳日程计划，有效地实施管理进度的一种科学管理方法</td></tr>
</table>

7.2.2　质量检验

质量检验就是对产品的一项或多项质量特性进行观察、测量、试验，并将结果与规定的质量要求进行比较，以判断每项质量特性合格与否的一种活动。检验就是评价产品或服务符合标准的程度，涉及的基本问题有检验数量和频度、检验点的确定和检验地点的确定。

(1) 检验数量和频度

产品检验数量的确定依据产品的不同而不同。对于量大成本低的产品,如回形针、木制铅笔等,因漏掉不合格品所造成的损失非常小,同时生产这些产品的过程通常相当可靠,以致废品很少,所以一般只需进行少量检验。相反,对量小价值高的产品,如飞机、大型舰船等,由于漏掉不合格品会造成重大损失,所以常常要求实行大范围的检查。

在实际质量控制中,检验数量根据实际费用和预期的不合格品所发生的费用来决定。显然,随着检验数量的增加,检验费用也随之增加,而漏检不合格品所发生的费用就减少。传统的观点是追求两者费用之和最小,而目前大多数学者的观点则是只要减少不合格品,就能降低成本。

检验的频度主要取决于生产过程处于非控制状态的比例或拟检验批量的大小。对一个稳定的生产过程,不需要重复进行检验;而对一个非稳定的或近期有质量问题的生产过程,就要加大检验频度。对小批量的生产过程,需要抽取大量样本;而对大批量生产过程,抽取的样本可相应地少些。

(2) 检验点的确定

因为每一项检验都会增加产品或服务的成本,所以检验点的确定至关重要。就制造业而言,典型的检验点有原材料或外购件、成品、附加操作前、不可逆工序之前、覆盖性工序之前等。例如,陶器制造的检验点应选择在烧制之前,因为一旦烧制结束,不合格品就只能被弃掉或作为次品降价处理。在服务行业,检验点是采购的原材料和物资的入库点、服务窗口和已完成的服务项目。表 7-7 说明了超级市场检验点的确定。

表 7-7 超级市场检验点的确定

检 验 点	检验项目或标准
出纳员	准确,礼貌,效率
提货	质量,数量
商品	新鲜,货物充足
走廊和仓库	安排不杂乱
库存控制	不缺货
储存架	供应充足,易腐货物的周转
展示架	外观
付款检出	等待时间
购物小车	运行良好,数量充足,偷窃/损坏
停车场	安全,采光好
工作人员	外表,工作效率

(3) 检验地点的确定

检验一般分为集中检验和现场检验,检验人员可以参考两者的特点,并根据具体要检验的产品来确定检验地点。在某些情况下，需要进行现场检验，例如，当检查船身的裂缝情况时，就要求检查人员到船上检查。而在另外一些情况下，则可在实验室里进行一些特殊试验，如药品试验、食物样品分析、金属强度测试、润滑剂的流动黏性测试等。表7-8分别列出了集中检验和现场检验的特点。

表 7-8 集中检验和现场检验的特点

集中检验	现场检验
● 设备精良，检验环境良好，低噪音、无震动、无粉尘 ● 可进行一些特殊项目的检验，由训练有素的检验人员进行检验 ● 按事先制订好的检验规程进行操作，结果更为准确 ● 等待检验结果的时间较长	● 可避免外来因素对检验结果的影响，如样品的损坏或样品在带到实验室的过程中发生的理化性质的变化 ● 可以很快地得到检验结果，以便迅速作出决策 ● 检验设备、试剂、操作规程或人员等有一定的限制

7.2.3 工序能力分析

(1) 工序能力

工序能力是指工序在一定时间，处于控制状态(稳定状态)下的实际加工能力，是工序的加工质量满足技术标准的能力。这里所说的工序，是指操作者、机器、原材料、工艺方法和环境五个基本质量因素综合作用的过程，也就是产品质量的产生过程。这种能力可用工序质量特性值的波动范围来衡量。工序能力的测定十分重要，这不仅对于加强质量管理，而且对于产品设计、工艺制订、计划安排、生产调度和经济核算等方面的作用都很大。就质量管理本身而言，工序能力的确定是质量管理的一项基础性工作。通过测定，可以掌握薄弱环节，从而开展革新与改造活动，以提高工序能力。

(2) 工序能力指数

工序能力指数是表示工序能力满足工序质量标准要求程度的量值，它用工序质量标准要求的范围(公差)与工序能力的比值表示，记为 C_P，其数学表达式为

$$C_P = \frac{T}{6\sigma} \tag{7.1}$$

式中 T——工序公差；

σ——总体标准差(实际中用样本标准差 s 来估计)。

由式(7.1)可见，工序能力指数 C_P 与工序能力 6σ 是不同的。工序能

力在一定条件下是一个相对稳定的数值，而工序能力指数则是一个相对的概念。C_P 的计算根据是否为双向公差要求以及质量特性值分布中心 μ 与标准规格中心（公差中心）M 是否重合而分为以下三种情况：

① 双向公差要求（μ 与 M 重合的情况）

工序能力指数计算公式为

$$C_P = \frac{T}{6\sigma} = \frac{T_U - T_L}{6s} \tag{7.2}$$

式中 T_U——公差上限；

T_L——公差下限。

② 双向公差要求（μ 与 M 不重合的情况）

工序能力指数计算公式为

$$C_{Pk} = C_P(1-k) \tag{7.3}$$

式中 k——修正系数。

$$k = \frac{|M-\mu|}{T/2} = \frac{|E|}{T/2} \tag{7.4}$$

式中 E——偏移量；

k——偏移系数。

③ 单向公差要求

某些工序只要求控制单向公差，如清洁度、噪音、杂质含量等，仅需控制公差上限；而在另一些情况下，只要求控制公差下限，如材料的强度、耐电压强度、零件的寿命等。

单向公差要求的 C_P 的计算公式由双向公差要求的 C_P 的计算公式推导而来，即

$$C_P = \frac{T}{6\sigma} = \frac{T_U - T_L}{6s} = \frac{T_U - \mu}{6s} + \frac{\mu - T_L}{6s} \tag{7.5}$$

因为正态分布是对称分布，所以

$$T_U - \mu = \mu - T_L \tag{7.6}$$

所以，只要求公差上限时，C_P 值为

$$C_{PU} = 2 \times \frac{T_U - \mu}{6\sigma} = \frac{T_U - \overline{x}}{3s} \tag{7.7}$$

若只要求公差下限，则 C_P 值为

$$C_{PL} = 2 \times \frac{\mu - T_L}{6\sigma} = \frac{\overline{x} - T_L}{3s} \tag{7.8}$$

④ 工序等级及工序能力评价

工序的质量水平按 C_P 值可划分为 5 个等级，按其等级的高低，在管理上可以作出相应的评价，如表 7-9 所示。

表 7-9　工序等级表

工序等级	工序能力指数范围	工序能力评价
特级	$C_P \geqslant 1.67$	过高
一级	$1.67 > C_P \geqslant 1.33$	充足
二级	$1.33 > C_P \geqslant 1.00$	正常
三级	$1.00 > C_P \geqslant 0.67$	不足
四级	$C_P < 0.67$	严重不足

根据工序等级,可以对现有和将要生产的产品有所了解,进而有重点地采取措施加以管理。当发现工序能力过高时,如工序等级为特级,则意味着粗活细做,或用一般工艺方法可以加工的产品却采用了特别精密的工艺进行加工,则势必影响工作效率,增加产品成本,应当考虑改用精度较低且效率高、成本低、技术要求低的设备和工艺。

应当说明的是,表 7-9 中给出的工序等级及相应的工序能力评价不是一个统一的模式。通常所谓的工序能力不足或过高都是对特定生产制造过程、特定产品的特定工序而言的,如化工、电子、机械等工业生产过程都具有自身的特点。同时需要说明的是,随着时代的发展及科技的进步,摩托罗拉公司率先采用了高质量、高可靠性的 6σ 质量标准,以标准与质量特性平均值加减 6σ 作为质量的上、下控制界限,此时的标准工序能力等于 2。因此,表7-9中所列的工序能力过高是相对的,从不断满足用户的需求及持续不断地改善质量水平这一点出发,组织应当不断地提高生产过程的工序能力。

7.3　全面质量管理

7.3.1　发展历程

现代质量管理产生于 19 世纪 70 年代,伴随着企业管理与实践的发展而发展起来,随着市场竞争的变化而不断完善。从现代质量管理的实践来看,按照解决质量问题的手段和方式,它的发展过程大致可以划分为三个历史阶段,如图 7-3 所示。

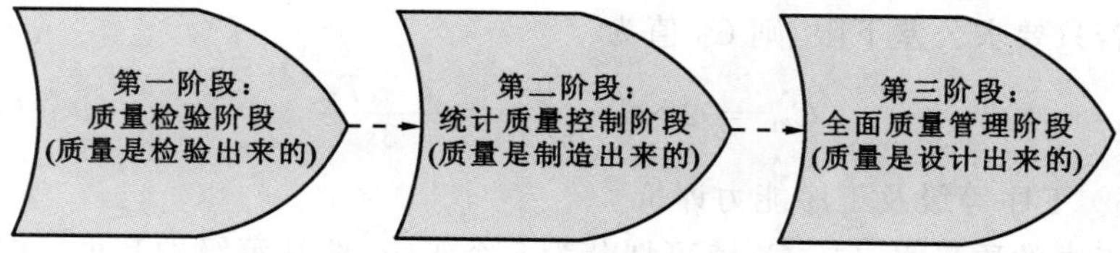

图 7-3　质量管理的发展阶段

(1) 质量检验阶段

20 世纪初，美国的一些企业就出现了流水作业等先进生产方式，从而提高了对质量检验的要求，随之在企业管理队伍中出现了专职检验人员，并组成了专职检验部门。质量检验对于手工业生产来说，无疑是一个很大的进步，因为它有利于提高生产率，有利于分工的发展，对提高产品质量有很大的促进作用。但随着社会科技、文化和生产力的发展，质量检验阶段所存在的许多不足便逐步显露出来：

① 事后检验。没有在制造过程中起到预防和控制作用，即使检验出废品，也已是“既成事实”，质量问题所造成的损失已难以挽回。

② 全数检验。在大批量的情况下经济上不合理，还容易出现错检、漏检，既增加了成本，又不能完全保证检验百分之百的准确。

③ 破坏性检验。即用破坏性检验来判断质量检验与产品生产之间是否发生了矛盾。

这些问题在第二次世界大战时期显得特别突出，从而推动了质量管理理论的进一步发展。

(2) 统计质量控制阶段

“事后检验”、“全数检验”、“破坏性检验”存在的不足引起了人们的关注，一些质量管理专家、数学家开始注意质量检验中的问题，并设法运用数理统计的原理来解决这些问题。

1917 年，美国贝尔电话研究所的休哈特(W. A. Shewhart)运用数理统计原理方法，为美国国防部准确地解决了第一次世界大战参战部队的军服尺寸规格问题，从而为如何经济和科学地制订产品质量标准提供了范例。1924 年，他提出了“事先控制，预防废品”的观念，并且应用数理统计原理发明了具有可操作性的“质量控制图”，用于弥补事后把关的不足。1931 年，他出版了《工业产品质量的经济控制》(Economic Control of Quality of Manufactured Product)一书，对统计质量控制作了系统的论述，是质量管理发展过程中具有划时代意义的经典著作之一。与此同时，贝尔电话研究所成立了一个检验工程小组，该小组研究成果之一就是提出了抽样检验的概念，该小组的两个成员道奇和罗米格联合创立了抽样检验表，用于解决全数检验和破坏性检验所带来的问题。但是，由于当时资本主义世界经济危机频发，各国的生产发展处于停滞状态，对产品质量和质量管理要求不那么迫切，因此，休哈特等人创立的这一套质量管理技术和方法并没有引起重视，更没有被推广应用。

第二次世界大战爆发后，由于对军用产品的需求激增，质量检验的不足显得特别突出，严重影响军需供应。为此，美国政府和国防部组织了一批数理统计学专家和高级工程师来研究和解决军需产品的质量问题,推动了数理统计方法的应用,并先后制定了三个战时质量控制标准:AWSZ 1.1—1941《质量控制指南》、AWSZ 1.2—1941《数据分析用的控制图法》、AWSZ 1.3—1942《工序控制图法》。这些标准的提出和应用,标志着质量控制在20世纪40年代真正进入了统计质量控制阶段。第二次世界大战以后,统计质量控制的方法开始得到推广,为企业带来了极大的利润。

统计质量控制阶段是质量管理发展过程中的一个重要阶段,其主要特点是:

① 在指导思想上,它已由以前的事后把关转变为事前预防;

② 在控制方法上,它已广泛深入地应用数理统计的思考方法和检验方法;

③ 在管理方式上,它已从专职检验人员把关转移给专业质量工程技术人员控制。

因此,统计质量控制与单纯的质量检验相比,不论是指导思想,还是控制方法,都是一个很大的进步。但是,在这个阶段,由于过分强调数理统计方法而忽视了组织管理工作,致使人们产生错觉,认为“质量管理就是数理统计方法”,从而对统计的质量管理产生了一种高深莫测、望而生畏的感觉,这种倾向严重妨碍了统计质量控制方法的普及与推广。

(3) 全面质量管理阶段

从20世纪60年代开始,进入全面质量管理(Total Quality Management,TQM)阶段。20世纪50年代以来,由于社会生产力迅速发展,科学技术日新月异,市场竞争十分激烈,出现了一些前所未有的新情况:

① 人们对产品质量的要求越来越高,除了对产品的一般性能的要求外,还增加了对产品的可靠性、安全性、经济性的要求。此时,单纯依靠统计质量控制已无法满足要求,必须从系统的观点,全面控制产品质量形成的各个环节、各个阶段。

② 逐渐形成了各种管理理论学派,X理论、Y理论、决策理论、系统理论、行为科学等学派相继问世,这些理论都要求重视人的作用。因此,必须从社会学、心理学的角度去研究社会环境与人的相互关系以及个人利益对提高工效和产品质量的影响,充分发挥人的作用、调动人的积极性。同时人们还认识到不重视人的作用,质量管理是搞不好的,因而在质量管理中,也相应地出现了“依靠工人”、“自我控制”、“无缺陷运动”和“QC小组活动”。

③ 由于“保护消费者利益”运动的兴起,广大消费者纷纷组织起来同垄断集团抗争,反对它们在市场上推销劣质产品,迫使政府制定保护消费者利益的法律,使企业不得不重视质量保证和质量责任。

由于上述情况的出现，企业注意到单靠统计质量管理难以满足社会和用户对产品质量的要求，广大质量管理工作者开始积极开展调查研究，希望建立一套更为有效的质量管理理论和方法。1961年，美国通用电气公司的费根堡姆出版了《全面质量管理》，书中指出"全面质量管理是为了能够在最经济的水平上并考虑充分满足用户要求的条件下进行市场研究、设计、生产和服务，将企业各部门的研制质量、维持质量和提高质量的活动构成一体的有效体系"。全面质量管理的提出符合生产发展和质量管理发展的客观要求，所以很快就被人们普遍接受，并在世界各地逐渐普及和推行。

全面质量管理的理论和实践的发展跨越到了21世纪，其理论已比较完善，在实践上也得到了丰富和发展，极大地推动了世界经济的发展，为人类进步和生活质量的提高作出了巨大贡献。

7.3.2 全面质量管理的核心概念

全面质量管理是一个组织以质量为中心，以全员参与为基础，目的在于通过让顾客满意和本组织所有成员及社会受益而达到持续成功的管理途径。全面质量管理有两个核心：一是永无止境地推进质量改进，也就是所说的持续改进；二是追求顾客满意度，不断地满足或超出顾客的期望。

表7-10说明了一家贯彻TQM的公司和一家坚持传统质量管理的公司之间的文化差异。

表7-10 贯彻TQM的公司和坚持传统质量管理的公司的比较

项　目	传统的质量管理	TQM
总使命	使投资得到最大的回报	达到或超过用户的期望
目标	强调短期效益	在长期效益和短期效益之间求得平衡
管理	不常公开，有时与目标不一致	公开，鼓励职员参与，与目标一致
管理者的作用	发布命令，强制推行	指导，消除障碍，建立信任用户
用户需求	并非至高无上，可能不清晰	至高无上，识别和理解的重要性
问题	责备、处罚	判别并解决
问题的解决	不系统，个人行为	系统，团队精神
改进	时断时续	持续不断
供应商	抵触	合作伙伴
工作	狭窄，过于专业化，个人努力	广泛，更全面，更着重发挥团队作用
定位	产品取向	流程取向

全面质量管理的特点就在"全面"上。所谓"全面"，有以下四个方面的含义：

(1) TQM是全面质量的管理

所谓全面质量就是指产品质量、过程质量和工作质量。全面质量管理的工作对象是全面质量,而不仅仅局限于产品质量。全面质量管理认为应从抓好产品质量的保证入手,用优质的工作质量来保证产品质量,这样就能有效地改善影响产品质量的因素,达到事半功倍的效果。

(2) TQM 是全员参加的质量管理

全面质量管理靠企业全体职工牢固的质量意识、责任感和积极性构成的"同心协力"。质量只有依靠企业各个部门的共同努力才能得到保证和提高,企业的决策者、职能人员、操作人员等全体人员都要关心质量、对质量负责。推行全员质量管理,就是要树立全员质量意识,并广泛开展质量小组(QC 小组)活动,使质量管理深入到每个员工的行动中,切实提高和保证产品质量。

(3) TQM 是全过程质量的管理

全过程是相对制造过程而言的,就是要求把质量管理活动贯穿于产品质量的产生、形成和实现全过程。全面落实以预防为主的方针,逐步形成一个包括市场调研、开发设计直至销售服务全过程所有环节的质量保证体系,把不合格品消灭在质量形成过程之中,做到防患于未然。

(4) TQM 是全社会推动的质量管理

全社会推动的质量管理指的是要使全面质量管理深入持久地开展下去,并取得好的效果,就不能把工作局限于企业内部,而需要全社会的重视,需要质量立法、认证、监督等工作,进行宏观上的引导与控制,即需要全社会的推动。全面质量管理的开展要求全社会的推动,这一点之所以重要是因为:一方面,一个完整的产品往往是由许多企业共同协作来完成的;另一方面,源于全社会宏观质量活动所创造的社会环境,可以激发企业提高产品质量的积极性和认识到它的必要性。

7.3.3 TQM 实施(PDCA)

(1) PDCA 循环

PDCA 循环是全面质量管理的基本工作方法,是由美国质量管理专家戴明博士最先总结出来的,故又称戴明环。PDCA 循环包括四个阶段、八个步骤,如图 7-4、图 7-5 所示。

① 计划阶段(P)。此阶段用来确定企业的质量目标、活动计划、管理项目和措施方案。计划阶段包括四个步骤:第一步分析现状,找出存在的质量问题;第二步找出产生问题的原因或影响因素;第三步找出影响质量的主要原因(影响因素);第四步针对主要原因制订解决问题的措施方案。措施方案要明确采取该措施的原因(Why),执行该措施预期达到的目的

(What),在哪里执行措施(Where),由谁来执行(Who),何时开始执行和何时完成(When),以及如何执行(How),通常简称为5W1H问题。

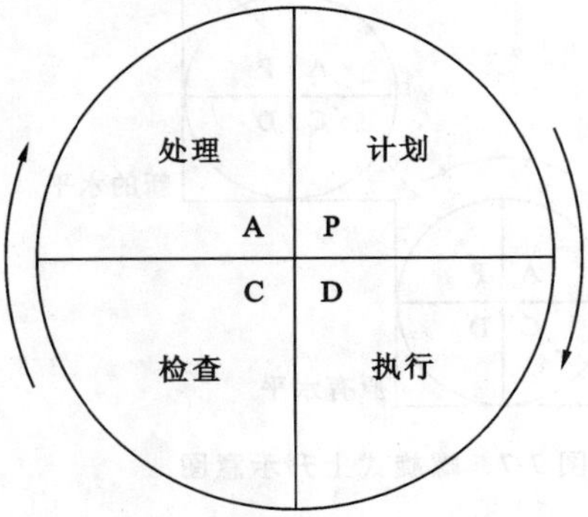

图 7-4 PDCA循环四阶段示意图

图 7-5 PDCA循环八步骤示意图

② 执行阶段(D)。此阶段根据预计目标和措施方案,组织计划的执行和实现。

③ 检查阶段(C)。此阶段检查计划执行情况,将结果与目标进行衡量,找出不足。

④ 处理阶段(A)。此阶段针对执行结果进行总结,并分析、处理问题。这一阶段包括两个步骤:第一,巩固提高,就是把计划执行成功的经验进行总结,并整理成为标准;第二,把本工作循环没有解决的问题或出现的新问题,提交下一工作循环去解决。

(2) PDCA循环的特点

① PDCA循环按顺序进行,靠组织力量推动,周而复始,不断循环。

② 大环套小环,相互推动。PDCA循环作为一种科学运转方法,适用于企业质量管理的各个方面和各个层次。整个企业的质量管理活动是一个大的PDCA循环,各个部门、科室、车间直至个人又是各自的PDCA循环,形成了大环套小环的综合循环体系。各级管理循环既是上一级PDCA循环的组成部分和具体保证,又是下一级PDCA循环的根据。通过大小PDCA循环互相推动的有效运作,使企业各方面质量管理活动有机地联系起来,彼此协作、互相促进,以保证企业总的质量目标的实现,如图7-6所示。

③ 螺旋式上升。PDCA循环的转动不是在原地转动,而是每转一圈都有新的计划和目标,犹如爬楼梯一样逐步上升,使质量水平不断提高。PDCA循环并不是简单的重复,每一次循环都会被赋予新的内容和目标,都是更高水平的循环,质量问题不断被解决,又不断有新的问题出现。PDCA

循环是一个不断提高的动态循环,如图 7-7 所示。

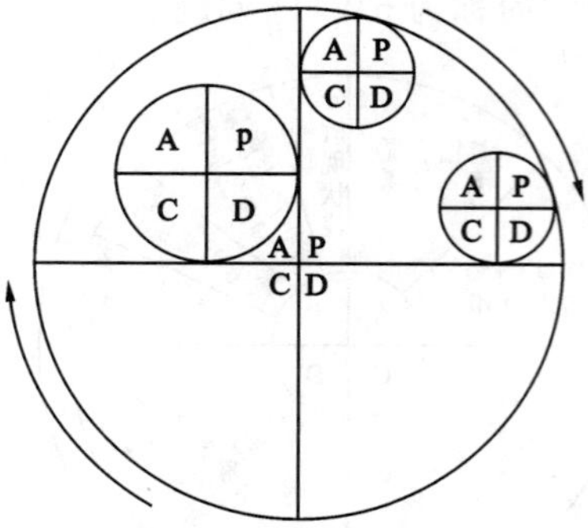

图 7-6 大环套小环示意图

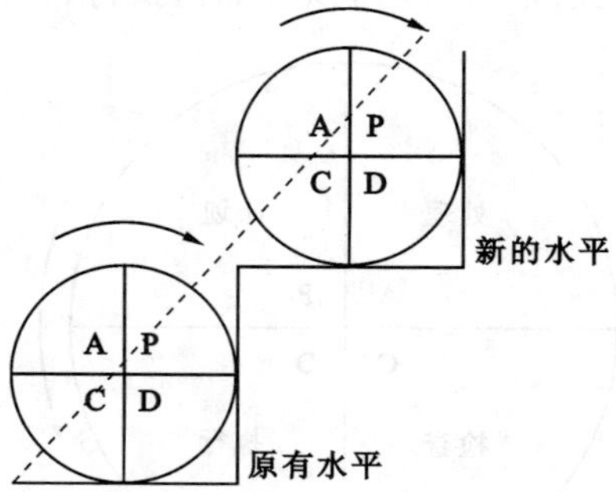

图 7-7 螺旋式上升示意图

PDCA 循环实际上是有效地进行任何一项工作的合乎逻辑的工作程序。在质量管理中,PDCA 循环得到了广泛的应用,并取得了很好的效果,故称 PDCA 循环是质量管理的基本方法。在解决问题的过程中,常常不是一次 PDCA 循环就能够完成的,需要将 PDCA 循环持续下去,直到彻底解决问题。每经过一次循环,质量管理就会达到一个更高的水平,不断坚持 PDCA 循环,就会使质量管理不断取得新成果。

7.4 质量认证与 ISO 9000

7.4.1 质量认证基本概念

质量认证也称合格评定,是国际上通行的管理产品质量的有效方法。质量认证按认证的对象分为产品质量认证和质量体系认证两类。产品质量认证是依据产品标准和相应的技术要求,经认证机构确认并通过颁发认证证书和认证标志,来证明某一产品符合相应标准和相应技术要求的活动。质量体系认证是依据所选定的质量保证模式标准和相应的技术文件要求,经认证机构确认并通过颁发认证证书和认证标记,来证明某一质量体系符合所选定的质量保证模式标准和相应技术要求的活动。两者的特点对比见表 7-11。

成功的企业经验表明,推行质量认证制度对于有效促使企业采用先进的技术标准、实现质量保证和安全保证、维护用户利益和消费者权益、提高产品在国内外市场的竞争能力,以及提高企业经济效益,都有重大意义。

表 7-11 产品质量认证与质量体系认证的特点对比

项目	产品质量认证	质量体系认证
认证对象	特定产品	供方的质量体系
评定依据(获准认证的基本条件)	① 产品质量符合指定的标准要求; ② 质量体系满足指定的质量保证标准要求及特定的产品补充要求; ③ 评定依据应经认证机构认可	① 质量体系符合申请的质量保证模式标准的要求和必要的补充要求; ② 保证模式由申请企业选定
认证证明方式	产品认证证书、认证标志	质量体系认证(注册)证书和认证标志
认证说明	认证标志能用于产品及包装上	认证证书和认证标记都不能用于产品或包装上
认证性质	自愿性认证和强制性管理相结合	一般属于自愿认证

7.4.2 ISO 9000

为提高质量水平、生产效率及运营管理的有效性,国际标准化组织(ISO)推行了在世界范围内使用的认证标准。经过多年的实践以及世界各国的认可,这些标准已经产生了重要的社会和经济效益。它们不但对设计者、制造者、供应者、服务提供者和顾客来说有着巨大的影响,而且还对社会产生了巨大的影响。其中一个著名的标准是 ISO 9000。

2000 年版的 ISO 9000 族标准在整体结构上较 1994 年版发生了较大的变化,在充分考虑用户需求的前提下,总结了质量管理的实践经验,吸收了管理学科发展的新观点、新思想,从整体上看,其较 1994 年版标准有了较大的提高。

ISO 9000 主要包括体系要求、管理要求、资源要求、要求的实现与管理措施要求等 5 个方面的内容。ISO 9000:2000、ISO 9001:2000、ISO 9004:2000 和 ISO 9011:2000 这四个标准是 ISO 9000:2000 族标准的核心部分,共同构成了一组密切相关的质量管理体系标准。在这四个核心标准中,ISO 9000:2000 标准尤为重要,其地位和重要性主要表现在:阐明了 ISO 9000:2000 族标准据以制定的管理理念和原则,即八项质量管理原则;阐明了 ISO 9000:2000 族标准对质量管理体系的基础要求;规范和确定了 ISO 9000:2000 族标准所使用的概念和术语。

2000 年版 ISO 9000 标准突出体现了质量管理的八大原则,并作为主线贯穿始终,如表 7-12 所示。

表 7-12 质量管理八大原则

八大原则	解释
以顾客为中心	组织依存于顾客,因此,组织应当理解顾客当前和未来的需求,满足顾客要求并争取超越顾客期望
领导作用	领导者确立组织统一的宗旨及方向,创造并保持能使员工充分参与实现组织目标的内部环境
全员参与	各级人员都是组织之本,只有他们的充分参与,才能使他们的才干为组织带来收益
过程方法	将活动和相关的资源作为过程进行管理,可以更高效地得到期望的结果
管理的系统方法	将相互关联的过程作为系统加以识别、理解和管理,有助于组织提高实现目标的有效性和效率
持续改进	持续改进总体业绩应当是组织的一个永恒目标
基于事实的决策方法	有效决策是建立在数据和信息分析基础上的
互利的供方关系	组织与供方是相互依存的,互利的关系可增强双方创造价值的能力

ISO 9000—2008 版本标准的主要变化有如下几点:

(1) 以过程模式为标准的结构,逻辑性更强。

(2) 持续改进过程是完善质量管理体系的重要手段。

(3) 更强调了最高管理者的作用,包括对质量管理体系进行持续改进的承诺,对法律和法规要求的考虑,对目标的可评价性的要求。

(4) 对标准的要求更加严格。

(5) 要求企业将对顾客满意度信息的监控作为评价质量管理体系业绩的手段。

(6) 减少了对文件化的要求。

(7) 术语的定义更加易于翻译。

(8) 提高了与环境管理体系的兼容性。

(9) 特别应用了质量管理原则。

(10) 考虑了所有利益相关方的需求和利益。

(11) 增加了将企业的自我评价作为质量改进的重要内容(ISO 9004)。

(资料来源:http://www.xkrz.com/a/ISO9000/ISO9000biaozhun/2010/0301/15.html)

7.5 波德里奇奖与卓越绩效体系

全世界有 60 多个国家和地区都设立了质量奖,其中美国马可姆·波德里奇国家质量奖、欧洲质量奖和日本戴明奖被称为全球著名的三大质量奖。下面详细介绍波德里奇奖。

7.5.1 波德里奇奖

20 世纪 80 年代，小到电子表、大到汽车等各类日本产品纷纷涌进美国，美国本土工业面临着巨大的冲击。面对这种情况，美国前商业部长马可姆·波德里奇先生召集了几十位经济专家、管理学家和企业家进行研究，以寻找出路。在充分调研的基础上，他们向美国国会提出了设立“美国国家质量奖”的建议。为了表彰波德里奇在促进质量管理的改进和提高上作出的杰出贡献，美国国会通过了国家质量改进法案，创立了以他的名字命名的国家质量管理奖。

该项质量奖的设立，有助于获奖企业的成功模式得到总结和推广，有助于美国企业迅速提高产品质量，提高生存、竞争的能力。自 1987 年美国的马可姆·波德里奇国家质量奖被写入美国公司法以来，它为提高美国企业的竞争力作出了重要的贡献。波德里奇国家质量奖是由美国总统授予的，它分为企业和组织两部分，其中企业包括制造业、服务业、小规模及大规模企业；组织包括教育及医疗卫生。波德里奇国家质量奖主要是奖励那些在质量和绩效方面取得卓著成绩的美国企业，并以此提高质量和绩效卓越作为竞争要素的重要性，及提高公众对质量和绩效卓越的认知。

波德里奇国家质量奖的标准被上百万个美国组织采用，实现了竞争力和绩效的提升。在当今的市场环境中，该标准帮助组织提高应变和快速反应能力，关注核心竞争力，以应对外部挑战。不论公司大小，是服务业还是制造业，该标准提供了一个追求卓越绩效的模式，帮助组织对未来环境进行策划，并对组织的主要状况进行全面的绩效评价，找出改进空间，从而协调资源、持续发展、提高有效性和效率，最终实现组织的战略目标。

波德里奇国家质量奖卓越绩效的评奖标准是任何组织都可以采用的，评奖标准由七个部分组成，如图 7-8 所示。

(1) 领导(Leadership)。检查高级管理层如何领导组织，及该组织如何定位自己对社会的责任，使组织首先成为一个好公民。

(2) 战略策划(Strategic Planning)。检查组织如何确立其战略方向，如何决策关键行动计划。

(3) 客户和市场关注(Customer and Market Focus)。检查组织如何定义客户和市场的期望和需求，如何建立与客户的关系，如何获得、满足和维持客户。

(4) 测量、分析及知识管理(Measurement，Analysis，and Knowledge

Management)。检查组织如何管理、利用、分析和改进数据和信息，以致力于支持关键的组织和组织绩效的管理体系。

(5) 人力资源关注(Human Resource Focus)。检查组织如何促进其成员充分开拓其潜能，并激励他们调整到与组织目标相一致的轨道上。

(6) 流程管理(Process Management)。检查组织的各关键业务领域的绩效和改进，具体包括：客户满意度、财务和市场表现、人力资源、供应商和合作伙伴表现、生产运作表现、公共和社会责任，以及检查组织如何处理与竞争对手的关系。

(7) 经营成果(Results)。检查组织的各关键业务领域的绩效和改进，具体包括：客户满意度、财务和市场表现、人力资源、供应商和合作伙伴表现、生产运作表现以及公共和社会责任。

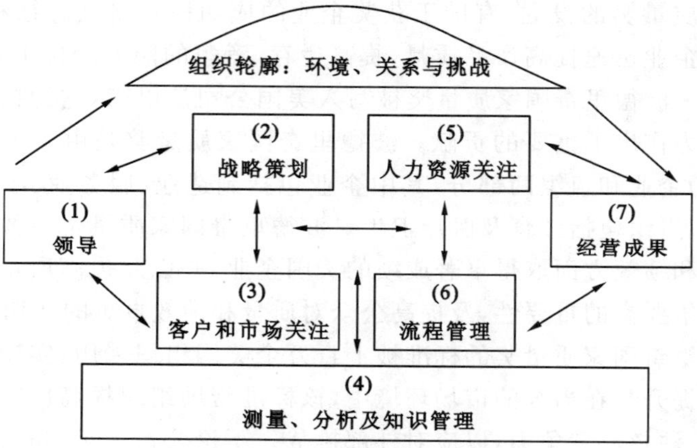

图 7-8 波德里奇奖评奖标准

7.5.2 卓越绩效体系

我国参照美国波德里奇国家质量奖的评价准则，结合我国质量管理的实际情况，于 2004 年 8 月发布了《卓越绩效评价准则》和《卓越绩效评价准则实施指南》，规定了组织卓越绩效的评价标准，为组织追求卓越绩效提供了自我评价的准则。《卓越绩效评价准则》的正式发布，标志着我国质量管理工作经过 TQC、ISO 9000，进入了一个要进一步与国际接轨，提升国际竞争力的新阶段。

卓越绩效是指通过综合的组织绩效管理方法，使组织和个人得到进步和发展，提高组织的整体绩效和能力，为顾客和其他相关方创造价值并使组织持续获得成功。追求卓越绩效是 21 世纪质量管理的重要特征。一个科技迅猛发展的时代，一个信息化浪潮冲击的时代，一个国际竞争空前激烈的时代，一个人们不断追求高品质生活方式的时代，必然是一个不断改进、追求卓越、优胜劣汰的时代。

在《卓越绩效评价准则实施指南》的附录 A 中提出了卓越绩效评价准则的框架图，如图 7-9 所示，形象而清楚地表达了卓越绩效评价准则七个模块之间的逻辑关系。卓越绩效评价准则共包括七大类目：领导，战略，顾客与市场，资源，过程管理，测量、分析与改进，经营结果。卓越绩效模式旨在通过卓越的过程获取卓越的结果，即针对评价准则的要求，确定并应用组织采用的方法，定期评价、改进、创新和分享，使之达到一致、整合，从而不断提升组织的整体结果，赶超竞争对手和标杆，获得世界级的绩效。

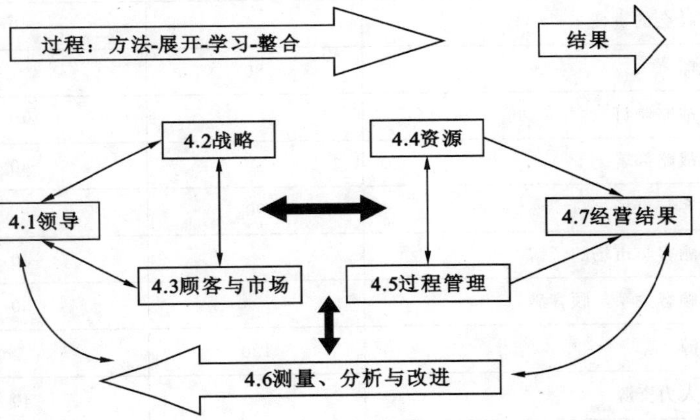

图 7-9 卓越绩效评价准则框架图

其中有关过程的类目包括 4.1、4.2、4.3、4.4、4.5、4.6，结果类目为 4.7。过程旨在结果，结果通过过程获得，并为过程的改进和创新提供导向。领导决定和掌控着组织前进的方向。领导、战略、顾客与市场构成“领导作用”三角，是驱动性的；资源、过程管理、经营结果构成“资源、过程和结果”三角，是从动性的；而测量、分析与改进犹如连接两个三角的链条，转动着改进和创新的 PDCA 之轮。

卓越绩效标准的发布，迎合了时代的召唤，引导企业追求卓越的需要。卓越绩效标准的实施，将会进一步提高企业的整体利益，改善组织的业绩，提高产品质量和服务水平，增强组织的核心竞争力，推动我国的质量振兴，最终提高国民经济的整体实力。同时，卓越绩效标准旨在为企业提供一个卓越管理的模式，推动企业从质量管理体系过程的符合性跨向追求过程和结果的卓越性。设立国家质量奖的目的不在于评奖，而在于鼓励更多的企业提高质量，追求卓越。通过表彰那些质量管理工作卓有成效的企业，树立卓越绩效典范,引领广大企业学习先进的经验和方法,通过自我评价不断改进,提高竞争能力。卓越绩效标准是企业进行自我评价的最好规范,可促使企业通过不断评价进行整改,逐步达到完美境界。另外,我国卓越绩效标准的发布,有助于促进企业相互交流和共享最佳经营管理经验,做到学有榜样、赶有标杆,在学习和追求卓越的过程中共同提高、共同发展。卓越绩效评价准则评分表如表 7-13 所示。

表 7-13 卓越绩效评价准则评分表

评分项名称	类目分值	评分项分值
4.1 领导	100	
4.1.1 组织的领导		60
4.1.2 社会的责任		40
4.2 战略	80	
4.2.1 战略制订		40
4.2.2 战略部署		40
4.3 顾客与市场	90	
4.3.1 顾客与市场的了解		40
4.3.2 顾客关系与顾客满意		50
4.4 资源	120	
4.4.1 人力资源		40
4.4.2 财务资源		10
4.4.3 基础设施		20
4.4.4 信息		20
4.4.5 技术		20
4.4.6 相关方关系		10
4.5 过程管理	110	
4.5.1 价值创造过程		70
4.5.2 支持过程		40
4.6 测量、分析与改进	100	
4.6.1 组织绩效的测量与分析		40
4.6.2 信息和知识的管理		30
4.6.3 改进		30

续表 7-13

评分项名称	类目分值	评分项分值
4.7 经营结果	400	
4.7.1 顾客与市场的结果		120
4.7.2 财务结果		80
4.7.3 资源结果		80
4.7.4 过程有效性结果		70
4.7.5 组织的治理和社会责任结果		50

7.6 六西格玛管理

六西格玛(6σ:Six Sigma)这一概念是在1987年由美国摩托罗拉公司通信业务部门经理乔治·费希尔首先提出的。当时的摩托罗拉公司虽有一些质量方针,但没有统一的质量策略,同美国和欧洲很多其他公司一样,其业务正被来自日本的竞争对手一步一步地蚕食。为了提高产品质量的竞争力,六西格玛这一创新的改进概念在摩托罗拉全公司得到大力推广。到了20世纪90年代中后期,通用电气公司的总裁杰克·韦尔奇在全公司实施六西格玛管理法,并取得了辉煌业绩,使得这一管理模式名声大振。

7.6.1 六西格玛管理的基本思想

6σ管理是用来消除产品和过程缺陷的思想和方法,其优点在于管理者能用过程的波动来描述过程的绩效,并能用统计的度量来比较不同的过程,这一度量就是每百万机会缺陷数(Defects Per Million Opportunities,DPMO)。6σ追求的是最完美的质量水准:不合格率不超过百万分之三点四,即3.4DPMO。

世界级公司的经验表明,6σ是一种回报丰厚的投资方式,依照6σ配置资源,质量水准每提高σ,产量提高12%~18%,资产增加10%~36%,利润提高20%左右。

6σ管理"以顾客为中心,超越顾客期望"的理念使顾客满意度大为提高,提升了客户关系价值,6σ使商家与顾客利益达到高度统一。

7.6.2 六西格玛项目的实施

(1) 6σ 项目实施的 DMAIC 模式

通用电气公司在总结 6σ 实施经验的基础上,系统地提出了实施 6σ 项目的 DMAIC 模式,即定义(Define)、测量(Measure)、分析(Analyze)、改进(Improve)与控制(Control)。DMAIC 基于对业务流程的深刻理解,被认为是实施 6σ 项目更具操作性的模式,如图 7-10 和表 7-14 所示。

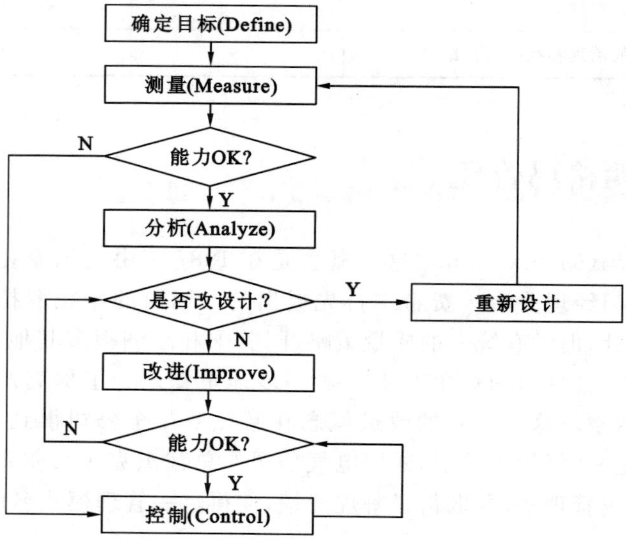

图 7-10 DMAIC 模式流程

表 7-14 六西格玛对应 DMAIC 的工具方法表

阶 段	活动要点	常用工具和技术	
D 阶段	项目启动 确定 CTQ	● 头脑风暴法 ● 亲和图 ● 树图 ● 流程图	● 排列图 ● QFD ● FMEA ● CT 分解
M 阶段	测量,确定 项目基线	● 运行图 ● 分层法 ● 散布图 ● 直方图 ● 测量系统分析	● 过程能力分析 ● FMEA ● 水平对比法 ● 抽样计划
A 阶段	确定关键 影响因素	● 因果图 ● 散布图 ● 直线图 ● 多变星图 ● 5 个"为什么"	● 抽样计划 ● 假设检验 ● 回归分析 ● 方差分析

续表 7-14

阶段	活动要点	常用工具和技术	
I阶段	设计并验证改进方案	● 试验设计 ● 田口方法 ● 响应面法	● FMEA ● 过程仿真 ● 过程能力分析
C阶段	保持成果	● 控制计划 ● 标准操作 SOP ● 防错方法	● 目视管理 ● SPC 控制图

(2) 6σ 项目团队

通常，组织的 6σ 管理是由执行领导、倡导者、黑带大师、黑带、绿带和项目团队来实施的。其中的关键角色与职责如下：

执行领导(Executive 或 Sponsor)是 6σ 管理的最高领导者，在 6σ 管理中具有以下职责：建立组织的 6σ 管理愿景；确定组织的战略目标和组织业绩的度量系统；确定组织的经营重点；在组织中建立促进应用 6σ 管理方法与工具的环境。

倡导者(Champion)是实施 6σ 管理的关键角色，具有以下职责：负责 6σ 管理在组织中的部署；构建 6σ 管理基础，例如：部署人员培训、制订 6σ 项目选择标准并批准项目、建立报告系统、提供实施资源等；向执行领导报告 6σ 管理的进展；负责 6σ 管理实施中的沟通与协调。

黑带大师(Master Black Belt，MBB)又称为大黑带，一般来说，是 6σ 管理的专家。他们为倡导者提供 6σ 管理咨询，为黑带提供项目指导与技术支持，并负有以下职责：对 6σ 管理理念和技术方法具有较深的了解与体验，并将其传递到组织中来；培训黑带和绿带，确保他们掌握适用的工具和方法；为黑带和绿带的 6σ 项目提供指导；协调和指导跨职能的 6σ 项目；协助倡导者和管理层选择和管理 6σ 项目。

黑带(Black Belt，BB)是 6σ 管理中的主要实施者。在一些组织中，他们是专职的，并具有一定的技术与管理工作背景，在任职期间需完成一定数量的 6σ 项目并为组织带来相应经济效益。他们负有以下职责：领导 6σ 项目团队，实施并完成 6σ 项目；向团队成员提供适用的工具与方法的培训；识别过程改进机会并选择最有效的工具和技术实现改进；向团队传达 6σ 管理理念，建立对 6σ 管理的共识；向倡导者和管理层报告 6σ 项目的进展；将通过项目实施获得的知识传递给组织和其他黑带；为绿带提供项目指导。

绿带(Green Belt，GB)是组织中经过 6σ 管理方法与工具培训的、结合自己的本职工作完成 6σ 项目的人员。他们一般是黑带领导的项目团队的成员，或结合自己的工作开展涉及范围较小的 6σ 项目。

企业推行六西格玛管理有很多方法。最常见的是一套包括五个步骤的改善程序,即定义、度量、分析、改进与控制。通过这些步骤,企业可以大幅地降低产品成本,增加赢利,如表 7-15 所示。

表 7-15 DMAIC 描述

D	Define——识别和确定需要改进的目标。最高层的目标就是确定企业的策略目标(如投资回报率,市场占有率),中层运营目标可能是提高制造部门的生产量,项目层的目标可能是减少次品和提高效率。利用采集数据的方法确定潜在的改进机会
M	Measure——测量和权衡现存的系统。为达到既定目标,建立灵活有效的衡量标准,通过分析标准的探测数据,帮助监测整个流程的实施
A	Analyze——利用统计学工具对整个系统进行分析,并确定现存系统和流程表现与既定目标之间的差距和解决的方法
I	Improve——改进整个系统流程。运用项目管理和其他策划管理工具,有建设性地寻找更好、更省、更快的方法进行改进。并利用统计学方法衡量改进的效果
C	Control——监控新的系统流程。用修正、补偿和激励的方法使各种规则、程序、MRP、预算制度、运营指令和其他管理机制达到规范化。像 ISO 9000 那样使所有文件格式规范化,以使整个流程充分发挥功效

7.7 案例讨论:基于 6σ 的湖南九鼎科技服务流程再设计

湖南九鼎科技(集团)有限公司是一个总资产达数亿元,拥有 20 多家分公司,员工超过 2000 人,年销售饲料近百万吨,并进一步打造饲料、动保、养殖、屠宰、肉食产业链,已经进入全国饲料企业五十强的中大型农牧企业集团。目前,集团饲料产品已销往全国三十多个省、市,饲料生产、销售能力居江南饲料行业首位。2009 年,公司被湖南省科技厅等四厅局认定为高新技术企业,并荣获"湖南省农业产业化龙头企业"称号;2010 年 10 月,九鼎饲料商标被国家工商总局认定为中国驰名商标。

九鼎公司营业服务部是公司对内与对外的窗口,对外需面对外部终端客户与作为内部客户的营销部;对内需协调生产,安排配送,确保所需货物能按时、按质、按量交至客户端。营业服务部所从事的工作较为复杂,跨部门的工作尤为显著。随着公司业务增加,该部门的工作日益繁重,稍有不慎,便有可能导致客户抱怨,影响公司订单。鉴于此,急需针对其服务进行改良,旨在提升营业部服务质量,通过服务质量的提高使客户满意,最终使公司获得经济效益。

营业服务部服务的改良按照六西格玛的 DMAIC 方式进行,由于尚不足以成为黑带项目,故将其定义为六西格玛的一般项目。

(1) 定义阶段(Define)

通过观察、调研及访谈深入了解营业服务部内部的运作及其所面临的一系列问题,明确了改进的目标,即提高营业服务质量;由于营业服务效率会影响服务效果,最终会影响服务质量,所以,改善的焦点是通过提升服务效率来提高服务质量。同时利用“KJ 法”找出影响服务效率的关键因素,具体为以下四个方面:零担费用高、速度慢,沟通不畅,服务意识不够强,流程设计不完善,如图 7-11 所示。

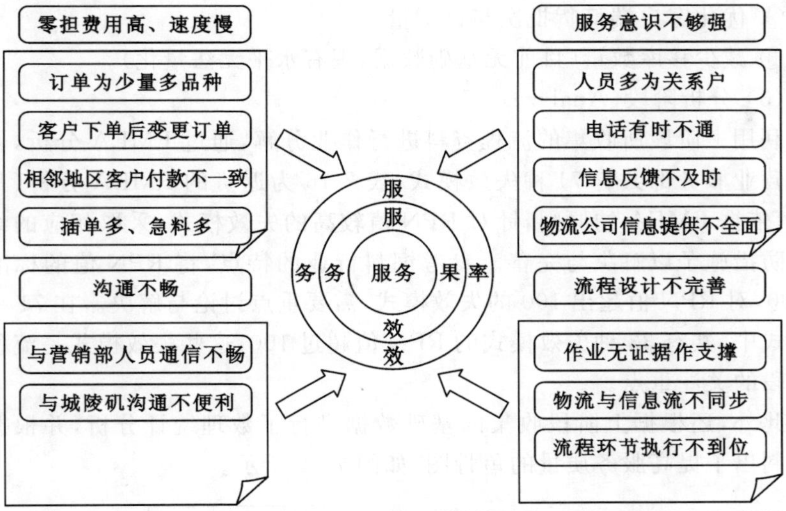

图 7-11 影响服务效率的关键因素

在此基础上,确定了评价服务效率的指标体系:

① 服务:客户或业务员投诉的次数。

② 客户让渡价值:客户支付运费金额。

③ 质量:客户端反映少、缺产品的次数;客户下单后更改订单的次数;零担发货次数与金额。

④ 交期/速度:同一客户每月下单次数;客户下单后厂内平均时间;整车与零车平均在途时间;配送网络的速度。

同时,通过对上述四个关键因素的分析,不难发现营业服务部的作业流程是进行其他方面改善的基础,因而改善的重点为服务流程设计。

(2) 测量阶段(Measure)

目前,营业服务部现有的服务流程主要包括内勤、储运、仓库作业、返货、投诉等。为权衡现有的系统,还对服务效率评价基础数据、销量数据、现有物流配送网络相关资料进行了收集,并确定了相应的改善目标,包括主要目标和附带目标。

主要目标:

① 建立营业服务部标准化作业流程;

② 完善营业服务部各工作表单,以引导管理;

③ 提升服务,将客户投诉次数减少 50%;

④ 客户端反映少、缺货产品次数为 0。

附带目标:

① 移库效率提升 50%以上;

② 优化客户端订货批次与订货量;

③ 减少移库数量(目前无基础数据,现有水平无法量化)。

(3) 分析阶段(Analyze)

利用上阶段所收集的流程资料进行作业分解,通过 FMEA 分析,目前公司营业服务部共有 71 种失效模式,表 7-16 为返货的 FMEA 分析(其他略)。依据 FMEA 的原则,针对 RPN 值较高的失效模式,采取相应的纠正与预防措施予以解决与完善。参考饲料行业的特点,将 RPN 值的标准定为 100,对 RPN 值超出 100 的失效模式,需要重点讨论与解决。在 71 种失效模式中,共有 33 种失效模式的 RPN 值超过 100,这些失效模式是流程改进阶段的关注重点。

此外,还根据上阶段收集的基础数据进行了数理统计分析,并根据结果绘制出了提高服务质量的鱼骨图,如图 7-12 所示。

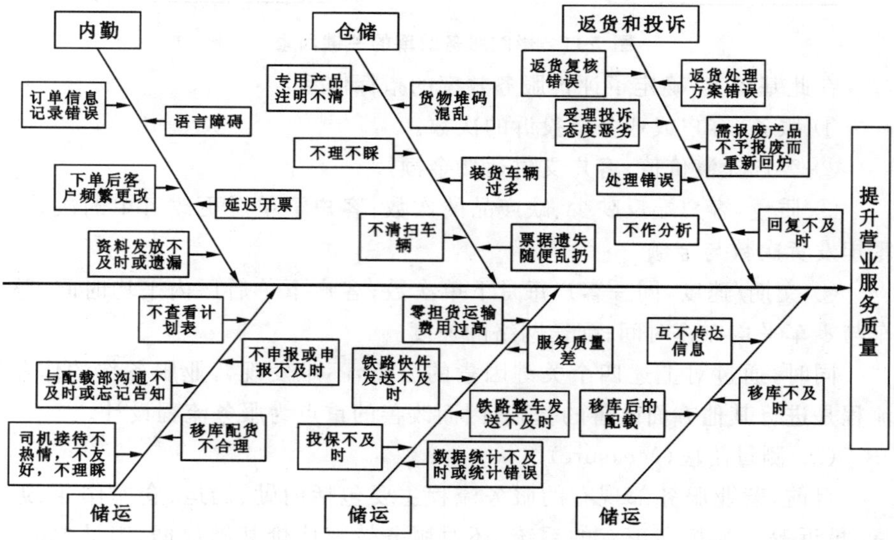

图 7-12　鱼骨图

表 7-16 返货的 FMEA 分析

序号	过程功能要求	潜在失效模式	潜在失效后果	严重度 S	级别	潜在失效原因机理	频度 O	现行过程控制	探测度 D	RPN	备注
①	申请返货	未经同意返货	不能正常生产运作，影响公司信誉	6		对返货的流程处理不规范	5	客户提出申请各IBU确定	2	60	返货审批表
②	返货入库	提货不及时	影响对返货的处理	6		没有及时办理提货手续	4	凭托运部通知当天提取货物	3	72	
		不能及时入库		6		保管人员的工作疏忽或返货通知单不到位	4	返货通知单与货物同时到达保管处	3	72	
③	登记、复核	登记不及时	影响对返货的处理	5		保管人员工作责任心不强	3	返货进入仓库立马给予登记	3	45	
		复核错误	造成对客户返货的数量错误	7		核对不仔细	4	实际返货与计划返货进行核对	4	112	
④	进行质量核定	质量鉴定结果错误	不能找出问题的最终所在，不能告知客户返货的原因	8		技术水平低、工作失职	3	加强职业水平的培训和增强工作责任心	4	96	
⑤	技术处理方案	处理方案错误	影响产品质量，最终影响公司声誉，对用户造成伤害	9		工作失职和技术水平的原因	5	根据实际返货的各项指标对照企业标准进行决定	4	180	
⑥	处理	生产加工处理不及时	造成产品本身的浪费，增加费用成本	4		没有根据返货通知单的要求在规定时间内重新回炉处理	3	依据审批后的返货通知单执行	2	24	
		需报废产品不予报废而重新回炉	严重影响产品质量	9		工作严重失职	7	在返货通知单上所规定的时间之内执行	4	252	
⑦	财务账务处理	处理不及时	造成客户抱怨	6		工作责任心不强	3	当天依据返货通知单所规定的时间对客户往来账进行冲减	2	36	

(4) 改进阶段(Improve)

拟定对策时，主要针对营业服务部流程再设计问题进行，按照以下几种思路：

① 针对 FMEA 所分析出来的高 RPN 值的潜在失效模式，逐一拟定对策，以降低或者克服发生失效的可能性。现以返货与投诉为例，如表 7-17 所示。

表 7-17　FMEA(返货与投诉)

序号	潜在失效模式	现行过程控制	建议措施	责任人	备注
①	返货复核错误	将实际返货与计划返货进行核对	修订返货申请表，增加保管复核签名栏	保管	
②	返货处理方案错误	根据实际返货的各项指标对照企业标准进行决定	依技术部内部作业流程	技术部	
③	需报废产品不予报废而重新回炉	在返货通知单上所规定的时间之内执行	返货产品需报废时，生产部须通知质检、技术人员在场	生产部	
④	处理错误	提高工作水平和加强工作责任心	在投诉中心接到投诉表时，依据投诉内容判定责任单位，并将投诉处理表转交至责任单位处理	投诉中心(市场营销中心)	
⑤	回复不及时	在问题处理后的第二天必须进行跟踪	由投诉中心对投诉处理情况进行跟踪，确保能及时回复客户	投诉中心(市场营销中心)	
⑥	不作分析	每月对投诉内容进行汇总、分析	由投诉中心每月月末对当月投诉情况进行分类、汇总，识别出客户端最容易发出的投诉类型，以更好地做好预防	投诉中心(市场营销中心)	

② 进行流程再设计，增加或者修改现有流程，新增加的流程包括临时增减计划作业流程、外部客户投诉处理流程和移库流程。

③ 修订相关表单，以更好地引导管理。

(5) 控制阶段(Control)

营业服务部流程改造经过一个月左右的实施，通过与公司财务、市场营销中心、储运等跨部门的沟通与协调，完成了以下工作：

① 重新建立了一套系统完善的营业服务部作业流程，包括《内勤作业规范》、《储运作业规范》、《仓储作业规范》、《返货作业规范》、《客户投诉处理作业规范》、《移库作业规范》；

② 重新完善了各类表单，以更好地引导管理与避免流程漏洞的产生；

③ 通过定量分析销售数据，取消了0.25吨以下的预混料移库，减少了移库数量，提高了移库效率；

④ 通过定量分析，已建议营销中心针对前10%的关键客户采用传真下单的方式，以确保下单的准确性；

⑤ 通过完善移库作业流程，以避免客户端出现少产品、缺产品的状况；

⑥ 完善了客户增减计划的作业流程，使客户下单后需要增减计划时有法可依。

分析与讨论：

如何评价九鼎科技公司基于6σ的营业服务部服务质量的改善？

本章小结

质量是生产与运作管理的基本问题之一，也是企业竞争力的主要来源。在这一章里，系统介绍了质量管理的基本概念及其观念的发展，并详细讨论了质量成本问题。接着为读者总结出了质量管理基础工具（分为七种传统工具与七种新工具）以及全面质量管理法。然后介绍了质量大师的质量观、质量认证与ISO 9000、波德里奇奖及卓越绩效体系、六西格玛管理的内容。

本章思考题

(1)试比较几位质量大师的质量观，并对此进行分析。

(2)波德里奇奖的评奖标准是什么？

(3)你所在单位是否运用过PDCA循环？通常一个循环的时间周期有多长？请举例说明。

(4)请简述全面质量管理理论的发展历程。

(5)ISO 9000—2008版新增了哪些内容？与之前的版本相比，有何改进？

(6)对我国全国质量奖评奖情况和卓越绩效评价指标体系进行对比分析。

(7)你工作的公司是否推行过六西格玛质量管理方法？如有，请简述其步骤。

(8)你认为传统“QC七种工具”中哪几种最有用？新“QC七种工具”呢？

(9)美国波德里奇国家质量奖与ISO 9000的区别是什么？

8 精益生产

开篇案例——现场确认环节里的复印问题

小李是某公司的员工，由于公司的竞聘上岗政策，公司员工大都利用平时空余时间抓紧充电。小李决定报读在职工程硕士，达到学历、能力双提升的目的，同时也可以充分利用周末的空余时间。

经过前期准备、网上报名等阶段，到了现场交费确认的环节。小李带着身份证和相关资料早早地来到确认现场，前面已经有十几个人在排队等候了。等到小李办理的时候，工作人员让小李提供身份证复印件。"你们没有复印机吗?""我们没有复印机，需要你自己复印。""我怎么复印呢？我都等这么久了，你们也没说呀!""出门，左拐，就有复印的地方。"因为对地形不熟悉，小李好不容易才找到复印店。复印回来后，小李又需要重新排队，这时，前面又排了好多人，小李只能再次等待。等最后确认好，已经快到下班时间了。

本来很简单的现场交费确认环节，却因为复印身份证的事情浪费了很多时间。如果确认点能在排队的地方设置一个复印机，那样就能明显提高工作效率，同时也会让来确认的人感到很方便快捷。

通过节省客户(来现场确认的人)寻找复印机的时间，减少不增加价值的活动来优化价值流，提高工作效率和客户满意度。通过优化消费过程来达到公司与顾客共创价值与财富的目的，达到精益的消费。

当市场由卖方市场转变为买方市场时，生产方式也从单一品种大批量生产演变为多品种小批量生产，精益生产方式正是在这种转变中产生的。精益生产起源于丰田汽车公司，其特点是消除一切浪费，追求不断改善，以最低成本、最优品质对市场需求作出快速响应。精益生产方式追求生产的均衡化、作业人数的弹性化、物流供应的及时化等。

8.1 精益生产的提出

1984 年秋天，美国麻省理工学院(MIT)的鲁斯(Daniel Roos)、琼斯(Daniel T. Jones)、沃麦克(James P. Womack)等出版的著作《汽车的未来》，主要讨论了世界汽车工业面临的问题。当时有一种现象引起了他们的注意，那就是北美与欧洲的汽车工业所依赖的技术与当年亨利·福特所用的大量生产方式相差无几，而这种技术全然没有能力与日本公司开拓的一整套甚至还没有命名的新思想和新方法去竞争。

在日本公司获得市场份额的同时，它们受到了越来越多的政治上的阻力。西方国家的汽车公司似乎无法向它们的日本竞争对手学习，却把它们的精力耗费在高筑贸易壁垒与建立其他竞争障碍上。鲁斯等人认为这只能延误西方国家的汽车公司面对现实的时机，并担心在下一轮经济衰退到来时，北美与欧洲对来自日本的威胁依然故步自封，摒弃了利用日本的新技术可以获得繁荣的机会，而去做些更有价值的工作。为了防范这一事态发生的最有建设性的步骤是着手把日本新技术与西方的大量生产方式相比较，并进行详细的研究。于是，在多方的支持下，他们开展了一项题为"国际汽车计划(IMVP)"的研究。

1985 年 IMVP 获得了来自 36 个组织资助的 500 万美元，在鲁斯教授的领导下，组织了 53 名专家学者用了 5 年时间(1984—1989 年)，对 14 个国家的近 90 个汽车装配厂进行了实地考察。他们查阅了几百份公开的报告和资料，并对西方的大量生产方式与日本的丰田生产方式进行对比分析，最后于 1990 年出版《改变世界的机器》一书，第一次把以丰田生产方式为代表的日本公司所使用的一整套新思想和新方法命名为 Lean Production，即精益生产方式。

8.1.1 精益生产的起源

20 世纪初，从美国福特汽车公司创立第一条汽车流水生产线以来，大规模流水生产以其高效率、低成本的显著优势成为现代工业生产的主导生产方式。第二次世界大战以后，日本国内的需求量小，但需要的品种多，经济的萧条使其不可能花大量的外汇去购买美国的技术和装备，劳工法的保护使日本老板不能随时解雇工人，这些情况使日本不可能采用大量生产方式。在这种情况下，丰田英二和大野耐一进行了一系列的探索和实验，根据日本的国情，最终形成了丰田生产方式(Toyota Production System, TPS)，鲁斯称之为精益生产方式，即作为多品种、小批量混合生产条件下的高质量、低消耗进行生产的方式。

精益生产的核心是消灭包括库存在内的一切“浪费”，并围绕此目标研究出一系列具体方法，逐渐形一套独具特色的生产经营管理体系。

在精益生产方式出现以前，存在过手工生产方式及大批量生产方式。19世纪末，法国巴黎 Panhard-Levassor 机床公司开始制造汽车，它采用的是一种典型的手工生产方式。手工生产厂家使用高度熟练的工人、简单但又通用的工具来制造顾客所需要的产品，每次生产一件。如今，定做的家具、装饰艺术品与极少量吸引人的运动型或豪华轿车仍使用这种方式生产。虽然不少人喜欢手工生产的产品，但由于它生产效率低、价格高而使大多数人望而却步。于是，20 世纪产生了大量生产方式，代替了手工单件生产方式。

1913 年，亨利·福特实现了以流水生产方式进行汽车装配的生产方式的创新，使 T 型车的装配时间缩短到原来的 10%。从此，以此为代表的大量生产方式逐步取代了以欧洲企业为代表的手工生产方式。采用大量生产方式生产的厂家用精通某一专业领域的专业人员设计产品，用非熟练与半熟练的工人，采用昂贵的专用设备生产。这样可生产出大批量的标准产品。由于机械设备的成本非常高，故生产绝不允许中断。为了保证不间断地生产，大量生产厂家增加了许多缓冲环节，如额外的协作厂、额外的工人与额外的场地。由于产品换产调整所需费用较高，因此，大量生产厂家总是尽可能延长标准设计产品生产的时间。其结果是消费者得到了较廉价的产品，但在产品品种变化上却作出了牺牲，而且大多数工人对工作方式感到厌烦，提不起兴趣。

二战后，丰田公司从倒闭的危机中渐渐复苏，为了能够与欧美的汽车公司并驾齐驱，大野耐一在丰田英二的鼓励下，大胆地提出了“必要的产品只在必要的时间以最低的成本完成必要的数量”的经营理念，这就是丰田生产方式的根本理念。以日本公司为代表的精益生产方式又逐步取代了大量生产方式。

精益生产方式综合了手工单件生产方式与大量生产方式的优点，既避免了前者的高成本，又避免了后者的僵化。为此，精益生产者在其组织的各个层次上都雇佣了多面手，并且应用了通用性强、自动化程度高的机器来生产品种可以有各种各样变化的大宗产品。

精益生产方式是“精益”的，因为与大量生产方式相比，其投入大为减少。工厂中的劳动力、生产占用的场地和工装投资都减半，用一半的时间就能开发出新的产品，其所用的工程设计工时也只有一半。同时，现场所需存货还可以远少于一半，废品量极少，且能生产出品种更多且不断变化的产品。表 8-1 对三种生产方式作了简明对比。

表 8-1 三种生产方式的比较

项 目	手工生产方式	大量生产方式	精益生产方式
产品特点	完全按顾客要求	标准化,品种单一	品种多样,系列化
加工设备和工艺装备	通用、灵活、便宜	专用、高效、昂贵	高柔性、高效率
库存水平	高	高	低
分工与作业内容	粗略、丰富多样	细致、简单、重复	较粗、多技能、丰富
制造成本	高	低	更低
产品质量	低	高	更高
市场需求	极少量需求	物资匮乏、供不应求	买方市场

8.1.2 精益生产的结构体系

图 8-1 描述了以丰田生产方式为代表的精益生产结构体系。从图 8-1

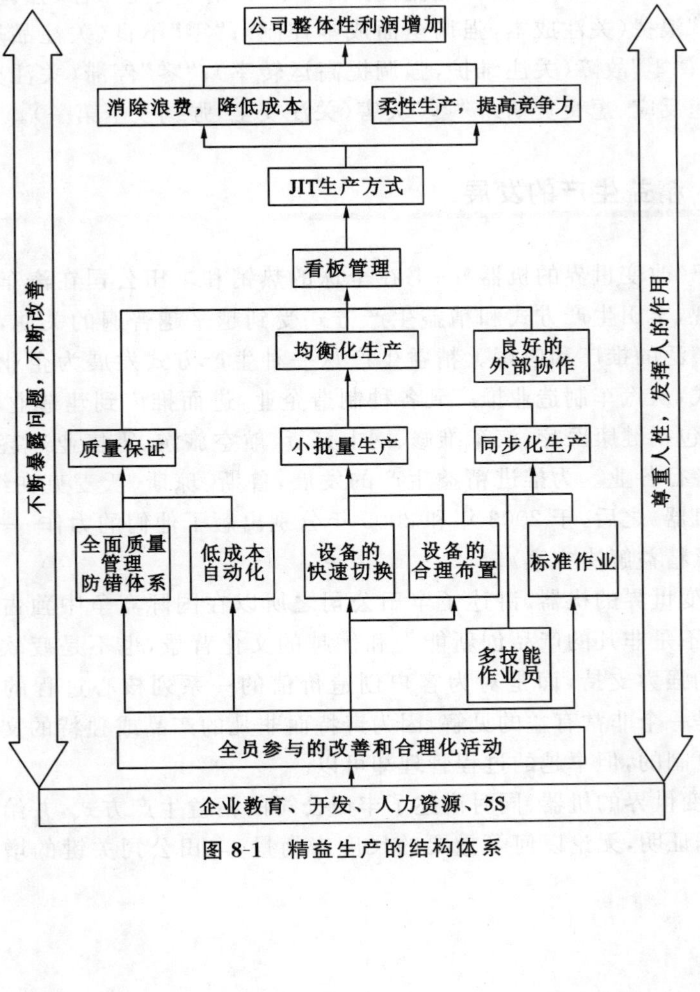

图 8-1 精益生产的结构体系

中可知,精益生产方式通过 5S 活动来提升现场管理水平;通过持续改进、方法研究、看板管理等使企业实现准时化生产;6σ 质量管理原则贯穿产品开发与生产的全过程;强调发挥团队的主观能动性;通过持续改进实现公司整体性利润的增加。

8.1.3 精益生产的目标

在市场瞬息万变的今天,精益生产采用灵活的生产组织形式,根据市场需求的变化及时、快速地调整生产,依靠严密细致的管理"彻底排除浪费",防止过量生产,以实现企业的利润目标。精益生产的最终目标是提升企业的竞争力,达到顾客的满意度,获得显著的经济效益。

精益生产通过零库存、高柔性、无缺陷来保证产品质量,快速应对顾客需求的变化。精益生产追求 7 个"零"的终极目标,具体为:"零"转产工时浪费(关注产品,强调多品种混流生产);"零"库存(关注库存,强调消减库存);"零"浪费(关注成本,强调全面成本控制);"零"不良(关注品质,强调高品质);"零"故障(关注维护,强调提高运转率);"零"停滞(关注交货期,强调快速反应、短交货期);"零"灾害(关注安全,强调安全第一)。

8.1.4 精益生产的发展

由于《改变世界的机器》一书在全球的热销和丰田公司在汽车领域卓越的表现,丰田生产方式和精益生产方式受到越来越普遍的关注,也因此获得了广泛的推广和应用。精益生产从一种生产方式发展为企业的一种经营方式,从汽车制造业推广到各种制造企业,进而推广到建造业、IT 业、服务业(包括健康医疗、汽车维修、网上订货、航空旅游、零售业),甚至政府行政等各行各业。为推进精益生产的发展,鲁斯、琼斯、沃麦克在继《改变世界的机器》之后,于 2003 年和 2005 年分别出版了他们的力作——《精益思想》和《精益解决方案》。

《改变世界的机器》讲述了丰田公司之所以在国际竞争中独占鳌头的原因,既不是非凡的产品创新能力和优越的文化背景,也不是疲软的货币和政府的强力支持,而是对为客户创造价值的一系列核心过程的极大关注。这是一个非常有益的见解,因为奇特而非凡的产品或独特的文化优势是不能复制的,但卓越的过程管理却可以。

《改变世界的机器》同时讲述了丰田公司的精益生产方式,并给出了充足的证据证明,无论以何等重要的尺度来衡量,丰田公司关键的增值活动不仅优于外国汽车公司，而且优于日本其他的公司。丰田公司的产品开发、供应商管理、客户支持和制造过程等的集合，正在成为改变世界的“机器”。这一结论很自然地引出了一个问题：任何国家、任何行业的各个企业，如何才能获得优良的过程业绩？《精益思想》一书对此作出了问答。

在《精益思想》中，作者提出了指导企业开展精益生产的五项原则：

(1) 提供客户真正需要的价值。要克服一种冲动，即不要只从现存的组织、资产和认识出发，去说服客户相信他们所需要的就是企业易于提供的。

(2) 对每一种产品定义价值流。即定义一项产品或服务从概念到投产（通过开发过程）、从订单到交付客户手中（通过履约过程）所需的活动（过程）的顺序。质疑这些过程中的每个步骤，查看这些步骤是否真的能为客户创造价值，并去除不能创造价值的步骤。

(3) 将保留下来的步骤按连续流动的形式加以排列。即要消除各步骤之间的等待和库存，以大幅度缩短开发时间和反应时间。

(4) 让客户拉动企业创造价值。这与一些企业所用的推动方法完全相反，推动方法需要的反应时间过长，且试图使客户相信他们所需要的东西就是企业已经设计或生产的东西。

(5) 一旦价值、价值流、流动、拉动等得以响应，就要再回到追求尽善尽美的无止境的循环起点，从头开始。所谓尽善尽美，是以零浪费提供完美价值的理想状态。

精益生产的五项原则已成为企业推行精益生产最重要的原理而被广泛应用。

《精益解决方案》是沃麦克、琼斯两位精益大师的又一经典著作，继《精益思想》将精益的理念从汽车制造业延伸到其他制造行业后，又进一步地将其应用到服务业，包括健康医疗、汽车修理、网上订货、航空旅游及零售业等，希望通过从精益生产走向精益供应，从大量消费走向精益消费，实现消费者生活更好、员工更满意、供应者更挣钱的多赢局面。

在日常生活中往往会发现很多消费困境：商店里的商品琳琅满目，但就是找不到自己想要的东西；在银行办理业务时需要冗长的等待。消费者所面临的两难境地导致了对价值问题的重新思考，即消费者到底需要什么，如何提供使消费者获得所需商品和服务的更好方式。在这里，关键是要把消费看作一个“过程”，这一过程即为精益消费。消费不是一个孤立的、只是为了购买某件产品的决策瞬间，而是一个持续的、把许多产品和服务联系在一起解决各种问题的过程。对于厂商来说，开发精益消费流程需要合理配置相关业务活动，特别是那些跨越不同公司的业务活动，以便在不浪费企业和消费者时间、精力以及资源的情况下，满足消费者的需要。

精益消费必须有一个相对应的过程,企业既要在所需时间和地点提供消费者真正需要的商品和服务,又不给消费者增加负担,这个过程即为精益供应,它包含了生产者向客户交付所要价值的过程中的所有步骤。通过对供应和消费流程进行精简和密切配合,以最高的效率和最少的麻烦,为消费者提供其期望从商品和服务中得到的全部价值。精益生产的完整目标不仅是制造优良的产品,还包括令人满意的消费,不只是注重产品的生产过程,更要注重产品的消费过程。

对此,沃麦克和琼斯于《精益解决方案》一书中从消费者的角度提出了六项精益消费原则:

(1) 能够完全解决我的问题。

(2) 不会浪费我的时间(把我的消费总成本降至最低,消费总成本包括支付商品的费用再加上我花费的时间和遇到的麻烦)。

(3) 为我准备好我想要的东西。

(4) 在我需要的地方提供价值。

(5) 在我需要的时候提供价值。

(6) 在解决问题时减少我的决策选择。

从客户的角度出发,去体验企业的产品和服务,将精益生产与精益消费密切结合,以较低的总成本提供消费者真正需要的价值,节约消费者的时间,则消费者能生活得更好,员工能更满意,供应者能更赚钱。即供应者、员工和消费者共创价值与财富的精益解决方案,通过对客户消费的整个流程和企业提供产品和服务的流程进行精益分析,从而找到不断改进的优化空间。

8.2 丰田生产方式

1973 年秋石油危机爆发,经济低速增长,丰田生产方式引起了全球关注。丰田生产方式由日本丰田汽车公司的副社长大野耐一创建,是"为实现企业对员工、社会和产品负责的目的,以杜绝浪费的思想为目标,在连续改善的基础上,采用准时化与自动化方式与方法,追求制造产品合理性的一种生产方式"。在生产的各个层面上,采用能完成多种作业的工人和通用性强、自动化程度高的机器,以质量的持续改进为基础,通过实施准时化生产(Just In Time,JIT)和多品种混流生产,不断减少库存,消除浪费,降低成本。丰田生产方式通过杜绝浪费来提高生产效率,其核心思想是"杜绝浪费",而贯穿其中的两大支柱是"准时化"与"自动化"。

精益生产是丰田生产方式的精髓。大野耐一曾精辟地将丰田生产方式归纳为:"必要的产品只在必要的时间以最低的成本完成必要的数量",

最低的成本以一定的生产数量为前提，是在这个生产数量下追求成本的最低。至于在具体生产过程中运用的"零库存"理念、合理化思想、看板方式、准时制、全面质量管理等，均是对这一思想的演绎。

8.2.1 丰田生产方式的核心概念

（1）消除浪费。凡是超出增加产品价值所必需的绝对数量最少的物料、机器和人力资源、场地、时间等各种资源的部分，都是浪费。它包含两层含义：一是不增加价值的活动，是浪费；二是尽管是增加价值的活动，但所用的资源超过了"绝对最少"的界限，也是浪费。工厂中有八种未创造价值的浪费：生产过剩、在现场等候的时间、不必要的运输、过度处理或不正确的处理、存货过剩、不必要的移动搬运、瑕疵和未被使用的员工创造力。其中，生产过剩是最根本的浪费，其导致了大部分其他的浪费。通过对价值和价值流程的分析，丰田生产方式强调要消除浪费。

（2）改善。丰田公司追求持续改善。对生产和管理中的问题，遵守由易到难的原则，采用不断改善、巩固、提高的方法来获得显著的效果。持续改善是渐进的、递增的改善，以去除并杜绝只增加成本却未能创造价值的所有浪费。改善有很多形式，包括作业改善、设备改善、工序改善等。就改善的顺序而言，应该首先进行作业改善，通过改善作业方式或工作方法，使生产效率更高，这个最为重要。然后，根据作业改善的结果进行设备改善，考虑能否调整设备的某些地方，使之与工人们的作业更加匹配。最后，根据前面两项改善结果，考虑能否将工序部分也作出一些调整，即通过调整各项工序之间的顺序来提高整体的工作效率，如调整工序，在进行某项工序的时候顺便进行其他工序等。持续改善通过 PDCA 循环来获得积累提升的效果。

（3）准时生产。它是丰田生产方式的两大支柱之一，指的是准时生产系统。在这个系统里，物料的移动和服务的提供都是按准确的时间来安排的，以使它们在需要的时间被提供到需要的地方，因此称之为"准时"。最初，JIT 指的是生产系统中的物料、零部件和半成品。随后，JIT 的含义被不断延伸，该术语开始与精益生产联系起来。

（4）拉式系统。从市场需求出发，由市场需求信息牵动产品装配，再由产品装配牵动零件加工。每道工序、每个车间和每个生产阶段都按照当时的需要向前一道工序、上游车间和前一个生产阶段提出要求、发出指令，前一道工序、上游车间和前一个生产阶段完全按这些指令进行生产。物流和信息流结合在一起。这种方式即为拉式方式，实行拉式方式的系统称为拉式系统。

(5) 看板。看板又称作传票卡,是一种作为生产、搬运指令的工具。它可以是一种卡片,也可以是一种信号、一种告示牌,总之,是一种可视系统。看板分为两种,即传送看板和生产看板。传送看板用于指挥零件在前、后两道工序之间移动;生产看板用于指挥工作地产品的生产,它规定了所生产的零件及其数量。看板在企业追求"零库存"方面起到了很重要的作用。

(6) 自働化。自动化是丰田生产方式的另一大支柱,为"带人字旁的自动化",即赋予设备以人的智能。当设备出现异常时,就立即自动停止工作,让人将其恢复到原来的正常状态的功能。设备上的自动停车装置有"固定位置停止方式"、"防止错误操作系统"等各种各样的控制系统,以确保优良的产品品质。精益生产依赖高质量的产品。质量是构成精益生产体系所必需的,没有高质量的产品,精益生产是不可能存在的。

(7) 团队观念。团队合作的对象不仅包括员工,还包括供货商和事业伙伴。在员工方面,丰田注重员工教育,帮助他们成长,鼓励员工提建议,培养员工成为多技能工。采用跨部门团队合作方式,以提高品质与生产效率,解决技术问题以改进流程。在供货商方面,丰田尊重供货商和事业伙伴,把它们视为自己事业的延伸,并激励它们,对它们制订具有挑战性的目标,并帮助它们实现这些目标,促使它们成长与发展。

8.2.2 准时生产

JIT 的"准时"是指在通过流水作业装配一辆汽车的过程中,所需要的零部件在需要的时刻,以需要的数量,不多不少地送到生产线旁。从概念上"准时"是指,在从供应商到企业生产的全过程中,所有物料都严格按需方的需要离开和到达指定的地点,没有任何等待加工的工件,也没有等待加工任务的工人和设备。要做到准时生产,必须追求零库存、零缺陷、零调整准备时间和零浪费。这样来一能缩短对顾客需求的响应时间,二能不断消除浪费,提高企业的竞争力。

JIT 实施的前提是稳定的市场环境,即需求在一定时间内是比较稳定的。JIT 通常应用于重复性生产,一个接一个地生产相同或类似的产品;也可用于任何业务中具有重复性的部分。JIT 并不要求进行大规模生产,而是通过多品种小批量运作实现大规模生产。JIT 系统通过设计与计划技术、现场生产控制技术来实现。

(1) JIT 系统设计与计划技术

JIT系统设计与计划技术如图8-2所示。

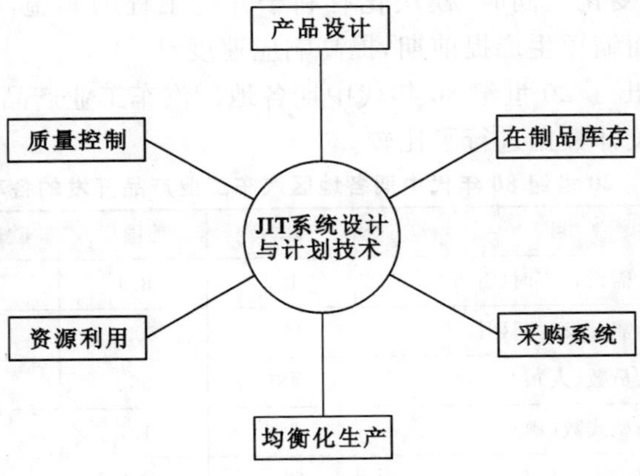

图8-2 JIT系统设计与计划技术

① 产品设计

随着企业竞争环境的变化，客户所要求的产品种类越来越广泛，为了更快速地满足客户的多样化需求，在产品设计阶段，应尽量采用标准件、通用件和并行工程的方法，进行一种基于多种变型的产品设计或者是模块化设计，通过提高生产的速度来快速响应顾客的需求。

并行工程(Concurrent Engineering)能缩短产品的提前期，更好地满足客户需求。在产品设计开发阶段，将概念设计、结构设计、工艺设计与最终需求等结合起来，保证以最快的速度按要求的质量完成。以设计部门为中心，各部门参与整个过程并从各自角度提出问题，以便设计部门在设计中充分考虑生产、检查、使用等方面可能存在的问题，及时修正设计，缩短设计过程中的损耗。将传统的设计与试生产阶段合并为设计准备阶段，缩短设计开发周期。

需求多样化使变型产品数急剧增加。变型产品往往是几种标准模块的不同组合。以生产滑板为例，滑轮有5种选择，轴有2种选择，轮座有4种选择，颜色有10种选择，则共有$5\times2\times4\times10=400$种变型产品。

以变型产品为最终产品项编制产品出产计划，则产品出产计划将大大复杂化，且含有很多重复内容。为了处理大量的变型产品，可采用模块代替变型产品，以模块为对象编制生产计划，将大大减少产品结构文件的数量。同时，过分强调标准化会阻碍多样化产品的开发，这种缺点可以通过模块化抵消一部分。模块化设计也称为单元设计，由若干个模块(单元)组成一个产品，每个模块(单元)实现产品的一部分机能(功能)，所有模块(单元、组件)组合后即可实现产品的全部机能(功能)。将模块做适当组合，可以在短得多的时间内提供顾客所需的特定产品,增加产品的可替代性,快速应对市场的变化。同时,模块化有利于并行工程的实施,一些工序可以并行处理,从而缩短生产提前期,提高响应速度。

表 8-2 给出了 20 世纪 80 年代中期各地区汽车工业产品开发的各项指标,并对产品设计数据进行了比较。

表 8-2　20 世纪 80 年代中期各地区汽车工业产品开发的各项指标

项　　目	日本厂	美国厂	欧洲大规模生产厂
每种新车平均所需设计工时(百万)	1.7	3.1	2.9
每种新车平均所需开发时间(月)	46.2	60.4	57.3
项目计划小组人员数(人)	485	903	904
每种新车的车身型式数(辆)	2.3	1.7	2.7
平均通用件比率	18%	38%	28%
协作厂设计工作量比率	51%	14%	37%
模具开发时间(月)	13.8	25	28
样车制造先导时间(月)	6.2	12.4	10.9
投产至第一辆销售时间(月)	1	4	2
新车型投产后回复到正常生产率时间(月)	4	5	12
新车型投产后恢复到正常品质时间(月)	1.4	11	12

② 在制品库存

在准时制生产里,随时可以得到所需的物品,所以没有必要专门设置成品库存。丰田生产方式强调降低库存,主要是指在制品库存。在制品库存不仅会占用大量资金,引起修建仓库等一系列不增加价值的活动,造成浪费,而且还会将很多管理不善的问题掩盖起来,使问题不能暴露,更得不到及时的解决。JIT 通过追求零库存,提供了一个不断改进的途径,即降低库存-暴露问题-解决问题-降低库存……这是一个无限循环的过程。采用小批量生产方式,工序间的流转加快,上道工序产生的次品很快就会在下道工序暴露出来,降低了批量报废的可能性,即批量小,生产节拍快,在制品库存的缓冲时间非常少。尽量减少调整时间,将内部工装调整转变为外部工装调整,也是降低在制品库存的方法。

③ 采购系统

推行精益生产方式,除了消除在制品库存和成品库存外,还要消除原材料和外购件的库存。消除原材料和外购件库存,比消除工序间在制品库存还要困难,因为它不是只通过企业内部努力就能实现的,还要取决于供应商。外购原材料、零部件占用大量资金,如果不消除这种库存浪费,推行精益生产方式的效果就要大打折扣。因此,必须消除采购过程中的浪费。

采购中有大量活动是不增加产品价值的,如订货、改订、收货、开票、装卸、运输、品质检查、入库、点数等。准时制采购的目的就是要消除"不产生价值"的浪费,消除原材料与外购零部件的库存。通过准时制采购,可以消除接收活动和货到检查活动等不必要的工作;消除厂内存货,满足质量标准的物料能够在需要时随时送到;减少转运存货,供应商将厂设在购买方附近,以便快捷运输;减少供应商数目,提高供应商的供货质量和信任度。

准时制采购需要小批量的频繁送货,对供应商的供货质量要求也特别高。同供应商保持长期合作关系,积极帮助供应商满足品质要求,有利于实现整个价值链上的精益生产。丰田公司鼓励其供应商采用丰田的即时生产方式,使其能以即时生产方式制造并供应高品质的零部件。

④ 均衡化生产

均衡化生产是指维持、平稳、均匀的生产项目的数量与组合,使每天的生产没有明显波动与变异。只有实现均衡化生产,维持平稳的生产进度,才能大大减少以至消除原材料、外购件、在制品与成品的库存,实现适时适量生产。生产均衡化是"一个流"与拉式生产制度的基础,通过这种平稳的生产进度来减少顾客订单需求波动性的影响。

需求的波动性有时会导致某些工序的工作量超出人员或机器设备的负荷,有时又会出现工作量不足的情况。要达到均衡化生产,可以通过稳定的工作组合来实现。在生产中,尽量采用月计划、周计划、日计划,同时根据需求的变化及时调整计划。例如,某厂5月份平均的产品需求约为5个产品A、5个产品B,可以拟定生产顺序为ABABAB,即为平均、混合式的生产模式,这样就把顾客的需求平均化为一个可预期的顺序,使不同产品及其产量均衡化。实现均衡化生产需以短的产品切换时间为基础,如快速换模(Single Minute Exchange of Die,SMED)技术,使设备的变换调整时间缩短至在3分钟以内。

为了使市场的多样化需求与均衡化生产协调起来,可采用使专用设备具有通用性的方式来实现。

⑤ 资源利用

资源利用主要是指对设备资源和人力资源的利用问题。

在设备资源的利用方面,如果机器的调整准备时间不能压缩,则采用混流生产方式会使调整准备占用的时间大大增加,导致交货延迟。SMED法使设备能实现快速转换调整,使生产系统具有柔性,故能保证生产的均衡化。提高生产系统的柔性关键在于提高机器设备的柔性,提高机器设备的柔性关键在于缩短机器设备从生产一种产品到生产另一种产品所需的调整准备时间。提高机器设备的柔性既可以通过购置具有柔性的加工设备,具有柔性的生产线(Flexible Machining System,FMS)等来实现,也可以通过改造现有设备和工艺装备来提高生产系统的柔性。实施 JIT 期间,通常要重新布置工作区域的布局。如建立小型加工单元以实现小批量生产,保持与需求同步。

在人力资源方面,需求的多变性要求生产线间进行人员的调配,各生产线必须以必要的、最小限度的作业人员来适应需求的变化。为了适应需求的变化,就要使作业现场的作业人员人数具有灵活性,即“少人化”,一开始就用少量的人力去作业。所谓“少人化”,即在生产上的需求发生变化时变更作业现场的作业人员人数,来实现随生产量变化而变化的弹性作业人数。在丰田公司,“少人化”通过人的资源调整和再配置,具有与生产效率同样的意义。在丰田公司,“U”形设备布置可以实现“少人化”。所谓“U”形布置,其本质在于生产线的入口和出口在同一个位置,并且在一个作业单元内由一个人完成全部的工序。精益生产方式按后道工序所需数量进行生产的思想,通过这种配置十分容易实现。“U”形布置和“一个流”对作业人员的要求很高,作业人员必须熟悉工作单元内各工序的作业,所以“U”形设备布置的实现应以训练有素、具有多种技艺的作业人员为前提,即以“多能工”为前提。

⑥ 质量控制

传统的质量控制是通过事后检查的方式来实现的,但是错检和漏检时有发生,即使经检查认定的合格品,也不能保证百分之百的合格,并且通过抽样检查认定的合格品中通常都包含一定数量的不合格品。这不仅会产生废品浪费,也会发生检查等不增加价值的活动。对于传统的生产方式,一道工序往往持续数周,等下道工序发现有质量问题时,已经生产了一大批有质量问题的零件。同时,该工序的工作人员也记不起究竟是哪个环节的操作出了问题,也难以找出造成产品质量问题的根本原因。

准时制生产追求零缺陷、零浪费,强调缩减在制品库存,一道工序出问题会导致后续系列工序的停产。质量是实施 JIT 的保证,在理想的 JIT 中不允许出现次品,否则就会打乱准时制生产体系。精益生产在质量控制方面强调事前预防不合格品的产生,从操作者、机器、工具、材料和生产过程等方面保证不出现不合格品,强调全面质量管理,消除可能引起不合格品的根源。源头上的质量控制意味着一次就必须把工作做好,一旦出现错误,就立即停止该工序或装配线上的工作。实行精益生产,需要一件才生产一件,当出现产品质量问题时,能立即发现并采取纠正措施。下道工序是上道工序的检验者,通过 100%检查来彻底保证产品质量,并且消除了工序间的专职检查这一不增加价值的活动。

精益生产强调质量是生产出来的，而不是检验出来的。

(2) JIT系统现场生产控制技术

① 推式与拉式生产方式

对于加工装配式生产，产品由许多零件构成，每个零件要经过多道工序加工。在日常生产过程中，有两种方式可以实现。

一种是由计划部门根据市场需求，按产品构成清单对所需的零部件规格和数量进行分析，得出每种零部件的需要量和各生产阶段的生产提前期，确定每种零部件的投入出产计划，按计划发出生产和订货的指令。每一生产车间都按计划生产零部件，将加工完的零部件送到下一道工序，却不管下一道工序是否需要。顾客需求的随时改变导致依照计划生产的方式出现生产过剩的情况。在此种方式下，物流和信息流是分离的。这种方式称为推式方式，实行推式方式的生产系统称为推式系统，如图8-3(a)所示。

另一种方式是从市场需求出发，由市场需求信息决定产品组装，再由产品组装拉动零件加工。每道工序、每个车间都按照当时的需要向前一道工序、上游车间和前一个生产阶段提出要求，发出工作指令，前一道工序、上游车间和前一个生产阶段完全按这些指令进行生产。在这种方式中，物流和信息流是结合在一起的。生产计划部门只制订最终产品计划(称为主生产计划)，其他车间及工序则根据主生产计划，按下游工序、车间的需求来制订生产计划。这种方式称为拉式方式，意指“即时生产”的理想状态，通过生产同步化、均衡化以及“看板”工具，达到“适时适量地在适当地点生产出需要的产品”的目的。实行拉式方式的系统称为拉式系统，如图8-3(b)所示。

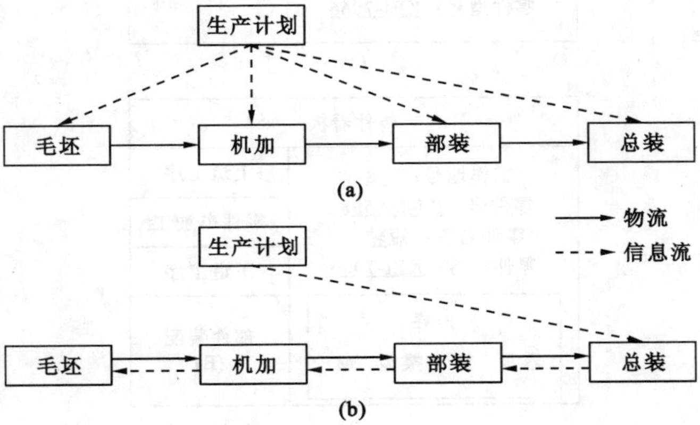

图8-3 推式系统和拉式系统

(a) 推式系统；(b) 拉式系统

对于推式系统，进行生产控制的目的就是保证按生产计划的要求完成生产。但实际上生产过程中会受很多因素的干扰，达不到预期的目的。精益生产方式的生产系统采用拉式生产系统，其生产指令除主生产计划以外，对其他车间、仓库及供应商等均采用看板形式进行作业指令传递。采用拉式系统可以真正实现按需生产，前道工序必须遵照后道工序的需要与指示来操作，在适当的时间，按适当的品种与数量生产。

② 丰田看板样式

看板又称为“传票卡”、“指令卡”、“信号卡”等，是传递生产信息的工具，在保证适时、适量、适物生产中起着至关重要的连接作用。看板最常用的形式是装在长方形塑胶套中的一枚纸卡，也可以是其他一些形式的物体，如容器系统、看板方格、彩色高尔夫球等。

看板分为生产看板、传件看板和临时看板三种。

生产看板用于指挥工作地的生产，它规定了所生产的零件及其数量。它只在工作地和它的出口存放处之间往返，控制工序内的物流和信息流。典型的生产看板如图 8-4(a)所示。

传件看板用于指挥零件在前、后两道工序之间移动。其只在上道工序的出口存放处和下道工序的入口存放处之间往返，控制工序间的物流与信息流。典型的传件看板如图 8-4(b)所示。

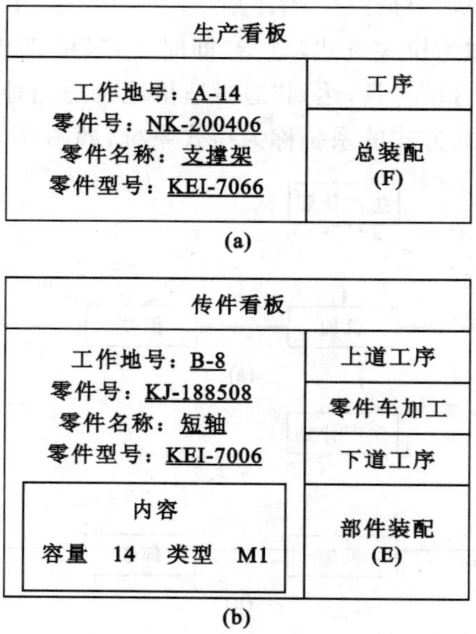

图 8-4 生产看板和传件看板示意图

(a) 生产看板；(b) 传件看板

临时看板是指进行设备维护、设备修理、临时任务时所使用的看板。

随着信息技术的发展，看板方式呈现出逐渐被电脑取代的趋势，出现了电子看板管理。即每一道工序之间都进行联网，指令的下达、工序之间的信息沟通都通过电脑来完成。

③ 看板系统工作过程

看板控制系统是实现准时化生产的重要技术手段。整个生产过程是以需求为牵引力的拉动过程，实现按需生产，真正实现准时化生产。

看板系统的工作过程主要指传件看板和生产看板的工作过程。传件看板用于指挥零件在前、后两道工序之间移动。当放置零件的容器从前道工序的出口存放处运到后道工序的入口存放处时，传件看板就附在容器上。当后道工序开始使用其入口存放处容器中的零件时，就需要将该容器上的传件看板取下放入看板盒中。当后道工序需要补充零件时，传件看板就被送到前道工序的出口存放处相应的容器上，同时将该容器上的生产看板取下放入生产看板盒中。生产看板用于指挥工序的生产。当后道工序送来的传送看板与前道工序的出口存放处容器上的生产看板一致时，工人就将容器上的生产看板取下放入生产看板盒中，然后将传件看板系在容器上，并将容器送到后道工序的入口存放处。前道工序的工人按顺序从生产看板盒中取出生产看板，并按照生产看板的具体要求，从其入口存放处取出需要使用的物料，加工完毕后，将零件装入容器，并将生产看板系在容器上，然后将容器送到工序的出口存放处，供后道工序来取货。如图 8-5 所示。

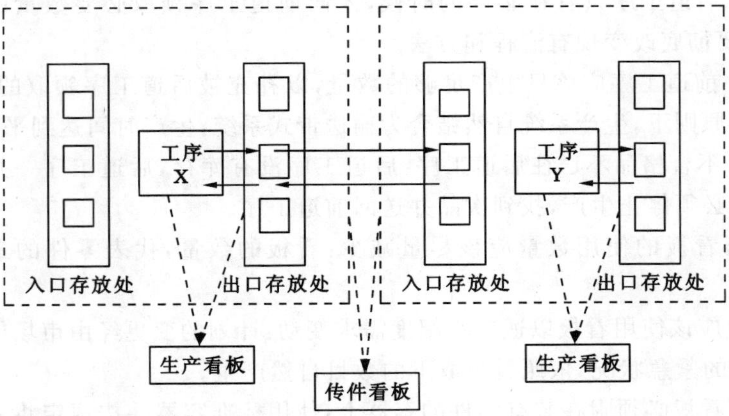

图 8-5　生产看板与传件看板的工作过程

④ 看板运行张数

实行看板管理需要确定发出的看板数量。看板数量计算的基本方法如下：

传件看板数　　$N_t=(D/p)\times T_w(1+A_w)$

生产看板数　　$N_p=(D/p)\times T_p(1+A_p)$

看板总数　　$N=N_p+N_t$

式中　D——某零件的日需求量；

p——标准容器中放置某零件的数量；

T_p——所需的加工时间,即生产看板的循环时间；

T_w——零件的等待时间,即传件看板的循环时间；

A_p——加工时间的容差；

A_w——等待时间的容差。

其中,A_p 和 A_w 应尽可能接近于零。

看板数量直接决定着系统中在制品库存的数量。看板数量的减少意味着工序间在制品数量的减少。若某一工序出现故障,生产出不合格品,后道工序得不到满足,就会造成全线停工,由此可使问题立即暴露出来,从而立即采取措施来解决问题。减少看板数量是一个不断循环、不断改善的过程,通过不断的循环和改善来达到逐渐减少库存的目的。

⑤ 看板管理的主要工作规则

看板作为一种管理工具,只有在工序一体化、生产均衡化、生产同步化的前提下,才有可能发挥作用。看板管理方式的引进需要改变现有的生产管理方式。

使用看板时需要注意如下六个规则：

a. 后道工序只有在必要的时候,才向前道工序领取必要数量的零部件:需要彻底改变现有流程和方法。

b. 前道工序应该只生产足够的数量,以补充被后道工序领取的零件:在上述原则下,生产系统自然结合为输送带式系统,生产时间达到平衡。

c. 不合格品不送往后道工序:后道工序没有库存,后道工序一旦发现次品就必须停止生产,找到次品并送回前道工序。

d. 看板的使用数量应该尽量减少:看板的数量,代表零件的最大库存量。

e. 应该使用看板以适应小幅度需求变动:计划的变更经由市场的需求和生产的紧急状况,依照看板取下的数目自然产生。

f. 看板必须附在装有零件的容器上:使用标准容器并按规定将零件装入容器。

按照这些规则,每道工序都可以为下道工序准时提供所需的零件,每个工作地都可以在需要的时候从其上道工序得到所需的零件,避免零件囤积的浪费。

8.2.3 自动化

“自动化”是与“准时生产”相并列的丰田生产方式的两大支柱之一。自働化并不单纯指机械的自动化，是“带人字旁的自动化”，指在机器上安装各种加工状态检测装置和自动停机装置，给机器赋予智能，使之具有像人一样的判断能力。

丰田公司的“包括人的因素的自动机器”就是指“带自动停止装置的机器”。丰田公司的任何一个工厂里几乎所有的机器设备（包括新的和旧的）都装有自动停止装置。例如，“固定位置停止方式”、“安灯制度”、“质量保险装置”之类的安全装置。总而言之，就是赋予机器人智慧，最重要的是让工人们明白什么情况下需要停止，以及停止后应该怎样查找原因，考虑对策。

自働化的第一步是如何停止，即如何在检测出次品的同时让机器停下来。当机器正常运转的时候用不到人，只是在机器发生异常情况、停止运转的时候才需要人去处理。丰田公司的组装生产线就实现了“自働化”，虽然机器本身无法自动检测，但是一线工人在这方面的意识很强。一旦他们发现异常，就会立刻按下按钮，因为他们知道次品会给公司带来很大的损失。最后的关键还是落在设法避免停止的问题上，这样一来也促进了品质的不断改善。同时，一个工人可以管理好几台机器，随着人员的逐渐减少，生产效率有了飞跃的提高。

安全和品质可以说是生产的根本。次品的出现会导致浪费，因此，要在全公司范围内保证产品高质量就必须杜绝浪费，这点可通过自働化的控制手段来实现，使设备或生产线能够自动检测不合格产品，生产第一线的设备操作工人发现产品或设备的问题时，有权自行停止生产。

8.2.4 丰田文化

丰田模式和丰田生产方式（丰田的制造方法）是丰田公司的 DNA 双螺旋，丰田模式包含丰田文化的基本原则，使得丰田生产方式得以有效运作。丰田公司的 DNA 包括现地现物、识别浪费情形、在决策过程中反复思考、着重丰田公司的长期生存等。而复制丰田公司 DNA 的核心关键在于丰田文化，仅仅应用看板管理、自动化等相关工具是不够的。

工具的下面是丰田文化，丰田采取“教科书”方法来发展其文化。埃德

加·沙因提出了一个与丰田模式相吻合的"文化"定义①:

某特定团体在学习如何处理外部适应与内部整合问题时所发明、发现或发展出来的基本假设,这些基本假设运作得很顺当,使此团体成员认为这些假设确实正确,因此,他们向新的团体成员传授这些假设,作为处理该类问题的感知、思考和感觉模式。

通过该定义可知,丰田文化的感知、思考和感觉模式已经深入到了丰田的每一位员工心中。丰田公司以丰田模式教导新的团体成员,使员工在日常工作中学习丰田文化。企业文化是为了共同目标而工作的员工之间的共同的信仰、价值观以及假设,如持续改善和尊重员工的价值观。员工是丰田模式的核心和灵魂,培养人才、造就忠诚员工和高技能员工的丰田文化,使丰田公司能培养出不断致力于持续改善的杰出员工。

在不同的文化背景下,相同的工具或者方法可能会带来不同的效果,精益生产方式的顺利推行并不是仅仅通过信息系统和各种工具就能实现的,人在推行的过程中起着很重要的作用,而人的理念、价值观来源于其文化。丰田文化深深扎根于日本文化,日本文化是以长期理念和集体主义为基础的,那么日本之外的公司该如何学习应用丰田生产方式呢?精确地复制丰田模式和日本传统文化是不实际的,企业所处环境的不同也会使复制过来的文化与具体的系统出现不相适应的情况。每个企业所外环境都不同,必须塑造自己的企业文化。在企业现有文化优点的基础上引入相互信任、持续改善和尊重员工等一般原则,然后建立自己的生产方式,以使精益工具更适应企业的具体情况,建立持续改善、尊重员工的企业文化。

丰田模式的未来

丰田模式的独到之处在于,它为一切都制订了评估标准,甚至包括车门开启关闭的声音大小,这也成为工人对刚下流水线的新车进行最后一道检查时必不可少的环节。无论我们用何种指标来衡量,丰田汽车公司都堪称全球最成功的企业之一。2007 年恰逢丰田公司创立 70 周年华诞,哈佛《商业评论》对时年 65 岁的丰田公司社长渡边捷昭和其他几位副社长进行了采访,共同探讨了丰田面临的压力及其应对策略。

丰田的压力来自三个方面:第一,为了满足市场需求,丰田汽车在过去 6 年中将产能增加了 300 万辆;第二,丰田的扩张雄心大增;第三,生产流程和产品方面的技术革新速度也达到了历史最高水平。丰田希望研发出"梦

① 参见 Edgar Schein. "Coming to a New Awareness of Organizational Culture" in James B. Lau and Abraham B. Shani, Behavior in Organizations (Homewood, IL: I rwin, 1988), 375-390.

幻汽车”,以实现安全性和环保方面的革命性突破。丰田公司社长渡边捷昭和其他几位副社长在接受采访时提到,丰田的未来有赖于它妥善平衡各方面的因素。作为一家日本公司和作为一家跨国公司之间的平衡,以丰田市为代表的创新企业文化与以洛杉矶市为代表的创新设计文化(丰田的多款车型都是在那里设计的)之间的平衡,担心成长过快的老一辈丰田人的谨慎与意气风发的新一代丰田人的自信之间的平衡。

渡边认为,成为行业第一并不在于丰田每年能生产或销售多少辆车,也不在于每年的销售收入或利润比其他汽车制造商高多少。对他来说,行业第一意味着丰田要在全世界范围内做到持续的质量最优。渡边认为质量是最有价值和最重要的事情,这也是其管理风格的根本。丰田绝不会在数量或收入上争第一,只要丰田不断提高产品质量,规模自然就会随之扩大。

丰田既有面向全球的车型,又有针对各地市场情况的车型,公司的目标是推出适应各地市场情况的全线产品。在日本,丰田公司必须生产能开拓新市场的新产品,并重整销售渠道,从而保持市场份额。在北美,丰田最近通过重新设计的 Tundra 打入了大型皮卡市场,另外借助 Scion 等品牌,争取 Y 世代的客户群。在欧洲,丰田将通过柴油引擎和混合动力车来扩张和巩固市场地位。巴西、俄罗斯、印度和中国对于丰田来说是全新的市场,丰田专门成立了一个小组,研究如何在降低成本的同时达到质量要求,而不用担心是否需要为了新兴市场而降低质量。

丰田模式一直是丰田全球员工共同遵守的标准。丰田模式有两大要点:一是持续改进,二是尊重他人。尊重是与人相处的基础,这里的“人”,既包括客户,也包括员工和供应商。“客户优先”是公司的核心原则之一,而客户这一概念也并不局限于最终用户,在流水线上,下一个工作站的员工就是前一个工作站员工的客户。如果每个员工都能遵从这一原则,就会时时反省自己,以求尽善尽美地完成工作,不把麻烦留给客户。说到底,丰田模式的精髓就是不满足于现状。

渡边认为丰田需要不断关注三个方面:其一是提高质量,其二是降低成本,而为了达到这两个目标,公司还要不断开发人力资源,也即是需要关注的第三个方面。正如丰田的副社长木下光男所说,丰田需要一支既精通新技术又适应公司全球市场扩张需求的队伍。丰田的员工培训是在工作岗位上而不是在教室里进行的,因此,确实需要花费相当长的时间来完成。只有当员工真正在丰田开始工作,他们才会从老员工那里了解到公司的价值观和完成工作所需的技术。

丰田公司始终强调通过 Kaizen(改善)来实现目标的重要性。然而在当今社会,有时也需要通过激进的 Kakushin(革新)来实现目标。如果变革进程过慢,丰田就会借助激进式变革。人们可以一边进行渐进式改进,一边推进革命性改造,两者并不矛盾。事实上,为了取得渐进式的改进,许多人都会提出革命性的构想。两种变革的关注点不同:Kaizen 强调变革的连贯性,Kakushin 强调变革的突变性。

一旦明确了公司应该前进的方向,并且是正确的方向,公司就可以放手让员工做必要的工作来实现这一目标。只要人们的努力方向正确,小进步和大改进就会相辅相成。事实上,这两者原本就密不可分,"不积跬步,无以至千里",有了小的改进,才能成就大的变革。渡边认为,公司里没有天才,他们只是做了他们认为应该做的事情,尽力在每天都有所提高,哪怕只是一星半点。这 70 年的星点进步积累下来就是一场革命。

(资料来源:托马斯·斯图尔特,阿南拉曼.丰田模式的未来——专访丰田汽车公司社长渡边捷昭.商业评论,2008(2):100-113.)

8.3 精益生产的实现

8.3.1 从何处着手

精益生产认为任何生产过程中都存在着各种各样的浪费,必须从顾客的角度出发,应用价值流的分析方法,分析并且消除一切不增加价值的流程。对于要实现精益生产的企业,首先要坚决树立杜绝浪费的观念,然后决定在企业哪些领域开展精益的活动。

精益生产是一项综合的管理技术,它涉及产品的设计、生产计划的编制、机器的改造、设备的重新布置、生产的同步化和均衡化、设备的预防维修、人员的再培训等方面的工作。任何一个环节不改进,精益生产的推行就可能受阻。精益生产是生产管理上的一次革命,短期内就大有成效的想法是不符合精益生产不断改进的思想的。除了推行准时制生产,实现按需生产以外,还要加强企业制度的现代化建设,把有关精益生产管理的各项相对独立的活动,用企业制度的形式固定下来,形成现代化的运行机制和企业制度体系。

可以从下面四个领域来着手执行精益的活动:

(1) 理念。在高层领导者会议上明确精益生产的愿景。

(2) 流程。要消除浪费,首先要明确顾客(包括生产线上后面阶段的内部顾客,以及最终产品的外部顾客)价值,然后绘制价值流图,进行价值流分析,设法让价值流均匀快速地流动,让顾客来拉动整个价值流,最后让实现顾客需求的价值流不断优化,将浪费减到极致。所谓价值流,即产品从原材料供应到最终交付给用户的全过程，包括原材料供应过程、零部件供应过程、非生产供应过程、生产现场和产品销售代理过程，以及产品的设计过程。在进行价值流分析时，注重对公司价值增加的改善，减少或消除不增加价值的流程或作业。

(3) 人员。培训能力强且愿意发现并解决问题的员工，培养员工完成必要的核心增值任务的能力，训练并指导公司的员工运用精益思考方式来思考，这会直接影响文化变革。

(4) 解决问题。培训员工发现问题、解决问题的能力。

8.3.2 精益生产的实施策略与方法

精益生产的实施策略与方法如图 8-6 所示。

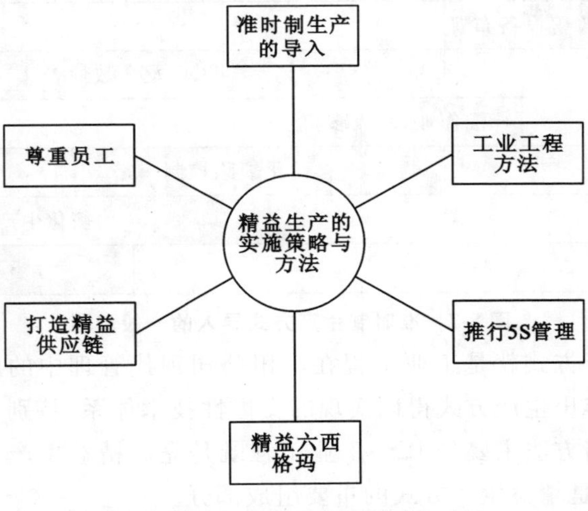

图 8-6 精益生产的实施策略与方法

(1) 准时制生产的导入

JIT 生产方式是一种生产管理理念，精益生产是对 JIT 生产方式的进一步提炼和总结。精益生产的实施是建立在一系列生产管理技术之上的，如看板管理、均衡化生产、全面质量管理、准时采购等。这些精益工具非常适合将问题暴露出来，促使员工不断成长，支持持续改善文化的建立。图 8-7 介绍了准时制生产方式导入的一般步骤。

需要注意的是，企业必须在推行 JIT 的基础上使用 MRP。

(2) 工业工程方法

工业工程(Industrial Engineering，IE)形成于 19 世纪末 20 世纪初，源

于美国人泰勒等发起的科学管理运动，是改善效率、成本、质量的一门方法学，就是把技术和管理有机地结合起来，研究如何使生产要素组成运行更高效的系统，从而实现提高生产率的目标。美国工业工程学会(American Institute of Industrial Engineering，AIIE)对工业工程的定义是：研究由人、物料、信息、设备和能源构成的集成系统的设计、改进和实施，它应用数学、物理学和社会科学的知识和技能，结合工程分析和设计的原理与方法，来说明、预测和评价这一集成系统将得到的结果。

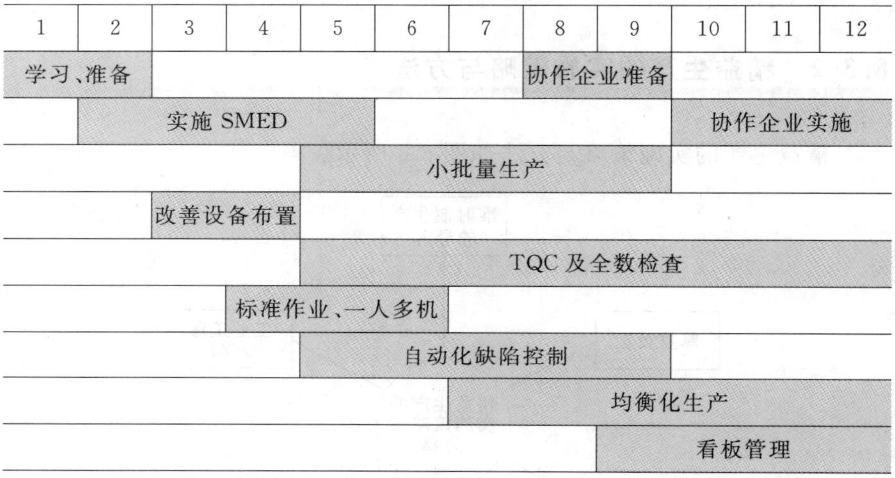

图 8-7 准时制生产方式导入的一般步骤

丰田生产方式就是工业工程在丰田公司现代管理中的应用。可以说工业工程是丰田生产方式得以实现的支撑性技术体系，特别是改善活动所依托的原理与方法主要是 IE。工业工程既是完成精益生产方式的工程与管理基础，也是精益生产方式的重要组成部分。

IE 推行简单化、专门化和标准化，通过改进方法和程序，以求降低成本，提高质量和劳动生产率，追求生产系统的最佳整体效益。日本企业在推行精益生产时，运用基础工业工程中大量的作业研究、动作研究、时间分析技术来调查机械的能力，并编制标准作业表，使精益生产不仅带来了生产组织方式的质变，而且带来了产品开发、质量控制、内外协作管理、与用户关系等一连串根本性的企业组织体制、管理体制方面的重大变化。IE 方法贯穿精益生产的整个过程中，从工作研究、作业分析、动作和微动作分析到研究制订作业标准，从各种现场管理优化到各类产品生产过程及服务过程中的增值问题等都需要 IE 发挥作用。企业在实施精益生产时要从推行 IE 入手，运用 IE 方法持续进行改善。

(3) 推行5S管理

5S是指整理(Seiri)、整顿(Seiton)、清扫(Seiso)、清洁(Seiketsu)和素养(Shitsuke)五个项目,因其日语的拼音均以"S"开头,故简称5S。整理是区分要与不要,将不需要的东西及时清理出现场;整顿是对整理后需要的物品进行合理摆放;清扫是清除垃圾、油水、杂物、铁屑等;清洁是维持整理、整顿、清扫的状态,使设备、工艺装备、工位器具、零件等无污物,环境整洁美化;素养是通过前面的"4S",使人们的道德观念和纪律得到加强,做到严格遵守规章制度,尊重他人劳动,养成良好的习惯。5S强调从小事做起,要求全员参与,通过一系列手段塑造一个干净、整洁、一目了然的工作环境,最终提升人的素养,即:有规定就按规定去做。

5S是现场管理的基础管理技术,是实现精益生产方式的基础。在一个没有实施5S的企业,员工没有养成"有规定就按规定去做"的职业素养,浪费现象便随处可见。精益生产的本质是要消除浪费,在一个没有5S基础的企业中实施精益生产是很难取得良好效果的。不推行5S管理,就难以实现精益生产。

在企业成功推行5S管理的主要步骤为:5S推行组织的建立;制订5S活动计划,包括整体规划、活动方案及日程设计,责任区域的划分及负责人确定,制订实施方法,制订评鉴方法,制订奖惩方法;5S活动的宣导、教育训练;整理、整顿;应用看板管理及目视管理;考核评分;改善实施;上级巡回诊断;检讨与奖惩;制度标准化,通过PDCA循环将推行过程中的成功方法和良好经验加以标准化、制度化,为企业持续改进打下基础。

(4) 精益六西格玛

精益生产里的自动化从源头保证了产品质量,消除了次品的浪费和检查等不产生价值的活动。但是若没有六西格玛水平的质量保证,单靠精益生产则无法从根本上加快生产速度、降低生产周期;而若没有通过精益生产消除非增值流程,减少缺陷机会,则无法真正实现六西格玛的质量水平。精益生产的方法强调整个价值流程,并在创造价值的作业之间建立无间断流程;六西格玛管理则强调改进创造价值的流程,并提出解决问题的对策。

精益六西格玛是精益生产与六西格玛管理的结合,是一种让员工致力于改进流程的方法,其本质是消除浪费。精益六西格玛不是精益生产和六西格玛管理的简单相加,而是二者的互相补充、有机结合。精益工具易于理解,可以在操作层传授,能快速取得成效;而六西格玛管理则需要更复杂、更多的投入,几个月的工程投入才能带来成本的降低。将精益生产和六西格玛管理进行有机整合,建立精益六西格玛的管理思想和方法体系,协调运用精益生产和六西格玛管理两套工具,有助于在短期内大幅度缩减成本,压缩交货期,减少整个组织的过程波动和浪费,提高质量水平,从而真正实现利润最大化和让顾客满意的双赢目的,提升组织的核心竞争力。

精益六西格玛的实施应以5S管理为基础,以流程管理为中心,进行价值流分析,只有以流程为中心才能真正发现在整个价值流中哪些是产生价值的、哪些是浪费。在日常应用中,精益六西格玛中的"精益"要避免仅仅局限于几种技术性工具,否则只是促成了点的改善,并未促成作业流程的改善,也未促成支持并维持精益变革所需的文化的变革。

(5)打造精益供应链

精益供应链就是将从产品设计到顾客得到产品的整个过程所必需的步骤和合作伙伴整合起来,以快速响应顾客多变的需求,其核心就是用尽可能少的资源最大限度地满足客户需求。这一思想源于准时制生产精益思想和TOC理论。精益思想的核心是消除流程中的各种浪费,包括库存、运输距离、等待时间等,使企业组织得以精简,流程得以优化,从而压缩了提前期,提高了对市场的响应速度。约束理论强调系统思维,合理利用企业有限的资源创造最大的价值流。

多变的顾客需求和市场环境要求企业间加强协作与信息共享,消除牛鞭效应所带来的负面影响。可以从下面几个方面打造精益供应链:

① 产品和流程模块化。将最终产品分解成可被单独制造和存储的模块,使不同产品可以用相同的流程来制造。模块化有利于并行工程的实施,从而有利于提高响应速度。

② 延迟差异化策略。将同类产品中有差异部分的生产尽量推迟,以获得更多有关差异部分的信息。

③ 用能力而不是库存。库存是浪费,能力可以转化成库存,因此,应该通过能力来应对需求的不确定性。通过保持一定的冗余产能来应对紧急订单的生产。

④ 通过协调外部资源来扩充能力。

⑤ 建立柔性的生产能力。

打造精益供应链包括两个步骤:第一步是绘制企业目前供应链的价值流图;第二步是绘制一个供应链的理想价值流图。过程中应遵循减少浪费、可视化管理、减少库存、实现均衡拉动、缩短交付期等精益原则。

(6)尊重员工

尊重员工是日本企业实现改进的关键原因,这与日本强调终身雇佣的传统也有一定关系。管理者们把员工看成是财富,给每个员工提供能充分展示其能力的机会,而员工则采取更加积极主动的态度来帮助公司完成其目标。丰田生产方式被称为"尊重人性"的制度,其包括一套专门设计以促使员工持续改善与发展的工具。在员工教育方面，丰田培养杰出的个人和团队以落实公司理念，运用跨部门团队合作方法以提高品质与生产效率，解决困难的技术问题，以改进流程。在作业改善中尊重员工人格，鼓励员工提建议，把员工的能力与有意义的作业结合起来，激发员工的热情、干劲和智慧，从而提高工作效率。

日本企业的底层管理是采用委员会或工作团队的一致意见进行管理的一种办法，体现了底层工人和管理层之间的相互信任。通过各方的合作和恰当的信息交流，在可能的最底层制订决策以达成一致意见。由员工自愿组成的质量控制小组每周碰一次头，讨论工作中遇到的问题。这些小组致力于改善活动，并努力寻找解决问题的方案，同管理者共商解决问题的方法。小组一般由一位管理者或一线工人领导，小组成员通常包括来自某一特定生产领域的员工。

精益生产把人看成是企业最宝贵的资产，并通过授权来体现这一点。自动化代表尊重人性化的考虑，在丰田汽车的生产线上，所有工人都有权利和义务在发现任何自己无法解决的异常情况时拉动生产停止线，马上进行修理，有效地保持生产顺利进行。精益生产的很多工具旨在使问题浮现出来，创造具有挑战性、迫使员工思考与成长的环境，使员工和事业伙伴(包括供货商在内)不断成长。精益生产方式要求团队工作建立在相互信任的基础上，员工一专多能，积极参与企业管理。

丰田之所以能够成功地运用这些能够暴露问题的工具，关键在于其以激励员工为基础的企业经营理念。企业在实行精益生产的过程中，培养依靠员工发现问题、持续改进的企业文化是非常关键的。

8.3.3 成功实施精益生产的关键

20 世纪 70 年代末，我国首次自日本引入准时化生产管理方式，第一汽车制造厂首次采用看板管理控制现场，自此开启了我国企业应用精益生产的先河。20 世纪 80 年代初，看板管理由中国企业管理协会在全国范围内进行宣传推广，精益生产管理思想由此在我国制造业中逐步普及开来。

我国企业在实施精益生产时应充分考虑企业自身的特点，秉承精益生产的思想，因地制宜地进行生产管理系统的优化设计。精益生产的推广是一项长期且环环相扣的技术活动，每一个细节都必须被考虑到，在实施过程中不能急于求成。需要注意的是，精益生产不仅是一种管理工具，更是一种管理思想。

企业在实施精益生产时要注意以下几点：

(1) 企业家要有强烈的危机意识。企业最高管理层的危机意识和紧迫感是实施精益生产方式的前提,而即时暴露被掩盖的问题或危机是精益生产方式的基本原则。

(2) 推行精益生产必须进行大量的宣传和改进工作。精益生产是一个完整的体系,要对整个价值流进行全面的改进。在整个企业内部,必须普及精益概念与知识,培养信奉精益理念,长期把精益概念与方法传播于整个企业的专家和团队领导者。

(3) 改变观念。从管理层到员工层都必须深入地贯彻实施精益生产的思想。只有每个员工改变原有看待问题、开展工作的方式方法,同时管理阶层参与到日常的运营作业与持续改进中,才能把精益生产措施落到实处。

(4) 员工素质的提高。精益生产方式的实施实际上是一个系统工程,是一个全员参加、不断改进的管理过程。企业要重点培训一批既具有一定理论知识又有实际操作技能的多能工,提高企业工人的整体素质,进而提升工作质量。

(5) 人员自主化。指人员与机器设备的有机配合问题。一旦生产线上出现质量问题,任何人发现故障都有权立即停止生产,主动排除故障,解决问题。

(6) 衔接得当。精益生产的推广过程是环环相扣的,对于各部分内容要合理的衔接,避免基础不牢而导致下一步工作难以开展。需要有一套切合企业自身实际情况的现场管理办法,并被现场全体作业人员掌握与实施。

(7) 从日常问题着手。精益生产的推行应从发现和解决日常问题开始,然后再加大难度着手改进其他方面。

企业在实施精益生产的过程中,应首先进行全员的意识培训,精益生产的实现必须以全员对精益生产的了解和基本认同为基础。在意识培训之后,建立一个精益生产组织,做好实施计划,并以5S为起点,让现场有序化,提高全员的改善意识。在精益生产实施一段时间后,选择一条生产线进行示范改善,让员工看到实施的成果,通过全员的主动学习和共同努力来推进精益生产方式的实施。

需要注意的是,精益生产不只是准时生产之类的生产工具。丰田生产方式背后真正的力量是公司文化,即公司管理阶层承诺并致力于持续投资于员工,并倡导持续改善。企业在推行精益生产的过程中,必须使精益生产方式渗透至企业文化中,形式依靠员工找出隐藏的问题并解决问题,使持续改善变成员工的行为习惯的企业文化。在企业文化方面,试图直接改变整个公司文化不是成功之道,必须培育出能够促进并领导文化变革的精益方法领导者,建立优秀的人力价值流,通过 PDCA 循环一步步建立适合公司背景的持续改进的公司文化。

8.4 案例讨论:长沙卷烟厂的精益生产

(1) 背景介绍

2006 年 11 月,湖南中烟工业公司与所属长沙卷烟厂、常德卷烟厂合并重组。合并重组后,湖南中烟工业公司给长沙卷烟厂的职能定位是“以生产为中心、以质量为核心,紧紧围绕生产组织、质量管理、成本控制、安全稳定和队伍建设五大任务,全力做好产品的市场供应”。卷烟生产成为长沙卷烟厂的唯一核心业务。长沙卷烟厂合并重组后召开的第一次职工代表大会,就明确提出要把长烟打造成“国际一流的行业样板工厂”的企业愿景。如何优化生产组织,以更高的品质、更低的成本、更高的效率响应市场需求,打造湖南烟草工业的制造优势,成为当前长沙卷烟厂的责任和使命。所以,必须要进一步优化和提升企业的生产管理水平。

(2) 实施精益生产的动因分析

从长烟的生产管理现状来看,其具备了优化生产组织的一系列有利条件:一是企业的业务单一,可以举全厂之力改善生产组织;二是该厂连续数年优化生产组织,推行过 5S 现场管理,生产组织模式较为灵活;三是 MES、SPC 系统等信息化技术在该厂的生产管理中逐步应用;四是该厂与国际一流的烟草企业——菲莫公司有合作经验,对国际一流的生产制造水平有直观感受;五是该厂持续推行员工职业化,员工的职业化素养有一定基础,对优化生产组织的思想认识较为一致。

如何优化和改善生产组织,采用什么方式、方法来优化和改善生产组织?从现代制造技术来看,一是要解决制造技术的先进性,二是要解决生产经营管理的先进性。制造技术主要有柔性制造系统、计算机集成制造系统等;经营管理方面主要有成组技术、准时化生产、制造资源计划、智能制造、敏捷制造、精益生产方式、虚拟制造和企业资源计划等。

实施精益生产方式的主要理由如下:一是从长烟生产的现状出发,长烟当前急需解决的不是制造技术问题,而是生产管理方面的问题,主要是提高生产管理的精细化程度;二是长烟前几年实施过企业资源计划(ERP),但效果不甚理想,根源也是管理不精细,管理过程没有实现参数化,导致流程重组和信息化不到位,故必须要从基础管理抓起;三是从持续改善和优化的现实要求来看,长烟必须从精益生产抓起,才能为敏捷制造、企业资源计划等先进生产组织方式打下良好基础。因此,实施精益生产既是长烟的现实需要,也是其未来发展的必然要求。

(3) 长烟精益生产体系设计

① 总体设计思路

以生产为中心,以质量为核心,以信息技术为支撑,围绕"安全、质量、成本、效率、团队、环境"六个方面,构建高效的专业化生产系统,不断提高生产运营能力、质量管理能力和成本控制能力,全力以赴满足市场需要,努力打造国际一流的行业样板工厂。具体设计要求如下:

a. 组织结构扁平化。扩大管理幅度,精减管理层次,实现组织结构的扁平化,以流程为核心重组企业组织架构。

b. 制造活动柔性化。从设备、管理和员工技能入手,提高设备的柔性、生产模式的灵活性和员工技能的互通性。

c. 生产计划精确化。以JIT生产系统为基础,使企业的供、产、销各个环节紧密结合,降低库存,以生产计划为牵引,构建快捷的信息传递通道。

d. 生产过程最优化。审视、改进与构建生产流程,确保生产流程不断优化。

e. 管理控制精细化。以安全、质量、成本、效率为主要监控点,整合内部管理体系,对生产环节实施全过程管理。

f. 坚持质量是生产出来的,也是管理出来的。创建质量零缺陷的质量管理文化,提高员工质量意识,规范员工质量行为,以过程控制为主保证产品质量。

g. 实施成本领先战略。完善成本控制体系,将成本目标分解到工艺流程、操作行为、质量控制的每个环节,开展成本控制活动,大力提倡节俭意识。

② 长烟精益生产计划与控制设计

设计思路:持续提高生产系统运作效率,提高快速反应市场的能力,建立快速响应市场需求的生产指挥调度运行机制。充分考虑物料的加工周期和运输时间,优化物料的储备、配送流程,形成一体化的计划与物料调度以及一体化的生产管理与控制,建立高度集成化的生产调度系统,搭建信息集成沟通平台,建立实时生产指挥系统,统一调度,整体协调,科学安排生产品种与进度,压缩生产业务流程,提高生产效率与响应速度。

③ 长烟精益生产流程与生产组织设计

设计思路:

a. 生产作业流程化:用流程规范来建立流程,使生产作业完成路径清晰。

b. 信息管理自动化:车间生产信息的传递、数据的采集、信息的查找、过程的控制与监控、数据的统计与分析等实现自动化。

c. 生产组织柔性化：设计两条并行的制丝生产线，即A线和B线。根据生产计划的需求，科学地选择生产组织流程。卷包生产区域设置柔性作业区和规模作业区，以提高生产效率。建立生产换牌设备准备、调整技术库。

d. 系统集成管理：集成管理主要是指计划、信息、控制、管理高度集成，一切操作信息以中控室为准，操作人员只对中控室下达的命令负责，将生产计划控制、过程质量监控、分析与调整等职能统一划拨至中控室，流程唯一，责任唯一。

e. 管理工具化：采用国际通用的报表、图例、分析模型、管理工具，建立通用的工作语言工具，把生产过程中的控制点数据化，应用信息技术进行分析。

④ 长烟精益生产物流管理设计

设计思路：反应最快、路线最短、成本最低、配送及时准确。"反应最快"就是以生产管理信息系统为基础，建立快速反应的物流信息系统。"路线最短、成本最低"主要是分区储存、分区配送，检验前移，避免重复转运。"配送及时准确"则是要求统一配送流程，分级配送，确保货物周转次数最少，配送路径最短，并通过信息系统实施统一管理。

⑤ 长烟精益生产质量管理设计

设计思路：以预防控制为重点，以标准化作业为主线，以工序过程能力(CPK)为基础，持续推进过程质量精细化管理，逐步实现基于SPC的生产过程质量管理模式，最终以稳定的过程确保产品稳定与优质，实现过程工艺质量的精益控制。

⑥ 长烟精益生产成本管理设计

设计思路：以过程控制为重点，以目标管理为牵引，初步搭建全过程、全要素、全员参与的成本控制模式，推进成本信息化网络建设，逐步形成以质量、设备、技术、成本四位为一体的信息化集成、监控、分析、改进和预警快速反应流程，实现成本管理由结果评价向过程精细化控制的转变，在稳定产品质量的前提下，改善和消除过程松弛点，确保生产成本持续降低，提升成本管理水平。

⑦ 长烟精益生产设备管理设计

设计思路：推行以生产为中心的设备零故障预防维修模式，实现设备维护由结果管理向预防管理的转变。加大维修团队的职业化建设力度，全面提升维修水平。将绿色维修理念运用到设备管理中，实现企业绿色烟草可持续发展战略。

⑧ 长烟精益生产现场管理设计

设计思路：在生产管理实践中，不断总结、提炼、优化，在传统"5S"现场管理思想的基础上,创造性地实施以“精耕细作,精细化管理”为思想精髓的“7S”现场精细化管理。“7S”就是在“整理、整顿、清扫、清洁、素养”五个要素的基础上,增加“节约”和“安全”两个要素,并运用看板管理、目视管理等管理手段,建立一套标准化作业体系,实现生产全过程高度受控。

⑨ 长烟精益生产职业化体系设计

设计思路:夯实基础工作,畅通沟通渠道,健全风险防范长效机制,不断增强抗风险能力;优化职业化建设平台,完善评价激励机制,全面提升员工综合素质;全力打造职业化生产线——将制造员工队伍打造成一支“作风优良、技能过硬、团结和谐、高度执行”的职业化团队。

(4) 长沙卷烟厂精益生产体系实施程序与保障措施

① 实施程序

根据精益生产方式“整体引进、分步实施、重点突破、追求实效”的指导思想,企业实施精益生产方式的程序可以分为三个阶段进行:实施准备阶段、组织实施阶段和总结推广阶段。

a. 实施准备阶段

实施前的调查研究;选择试点;建立精益生产项目领导小组;做好精益生产方式基本知识宣传;对工人进行业务素质培训;调整组织机构,建立新的管理体制。

b. 组织实施阶段

制订各种技术标准;健全各种管理制度;流水线与现场布置;试运行。

c. 总结推广阶段

② 保障措施

a. 切实转换企业管理模式。

b. 牢固树立“以人为本”的观念。

c. 加强基础管理工作。

(a) 标准化作业是实现生产均衡化和“一个流”生产的重要前提。加强生产的标准化和系列化工作,并向国际标准靠拢,如进行职业健康体系14000认证等,为产品打入国际市场打下基础。

(b) 减少浪费和无效劳动是精益生产方式的核心思想。因此,制订科学的劳动定额和物资消耗定额,减少物料工具的无效消耗;降低储备定额,根据烟叶储备的特点和要求,逐步实现准时化供应。

(c) 加强企业内部信息管理工作,以确保对卷烟生产以及市场动态信息采集的及时性和准确性,提高卷烟生产效率和企业效益。

(d) 按照精益生产方式的要求制订规章制度和管理文件,规范员工行为。

d. 建立有效的激励机制和分配制度。

e. 促进卷烟技术和卷烟工艺的不断进步。

f. 高度重视质量管理工作，推行全面质量管理。

g. 加强配送工作，实行准时化配送。

分析与讨论：

（1）长沙卷烟厂的精益生产方式与丰田生产方式有哪些相同点和不同点？

（2）企业在推行精益生产方式的过程中应注意哪些关键问题？

本章小结

本章对精益生产的思想进行了全面阐述。首先介绍了丰田生产方式的两大支柱——准时生产JIT及自働化；分析了推式系统与拉式系统的实质，介绍了丰田的看板系统的构成与运行机制；阐述了精益生产的起源，提出了精益生产的基本思想和主要内容，以及精益生产的实施策略和方法及实施要点。

本章思考题

（1）精益生产的目标是什么？
（2）何为丰田生产方式？
（3）JIT系统的设计与计划技术有哪些？
（4）JIT系统现场生产控制技术有哪些？
（5）简述推式系统与拉式系统的区别。
（6）何为看板？
（7）简述看板系统的工作过程。
（8）何为自动化？
（9）精益生产的实现策略与工具有哪些？
（10）企业在实施精益生产的过程中要注意哪些问题？
（11）何为精益生产的解决方案？

9 运营系统的维护与改善

开篇案例——副院长的烦恼

某高校工商管理学院负责教学设备维护工作的副院长常为该学院的投影仪维修工作而苦恼。以前,该学院要等到投影仪出现故障后才找人维修。每当投影仪发生故障,学院先要打电话给维修公司,等待维修人员把出故障的投影仪带回公司修理,这个过程需要一段时间。接下来是投影仪的修理,这也需要一段时间。从投影仪出现故障到投影仪恢复功能并投入使用需要一个漫长的等待时间,这就会影响到教师上课,使得教师、教务中心要为安排教室大费心思,因为很多教室同时在上课,调整上课时间又有可能与其他事先安排好的课程在时间上相冲突。另外,投影仪出故障的教室只能空着,使得资源闲置。后来他们改变了策略,与外面的专业维修公司签订合同,要维修公司保证投影仪不会影响到教学工作,若出现影响教学的事件,则给予维修公司处罚。这样使得维修公司重新制订设备保养和检查计划,定期为设备做保养检修,即使期间有设备出现故障,该维修公司也能提供备用投影仪替换进行,使得教学工作不再受到投影仪故障的影响。经过核算,维修策略改变后,费用并没有增加,但设备的可靠性却得到了很大的提升,使设备对教学的影响降到了最小。

运营系统投入使用后,由于经营环境的变化、技术革新等各方面因素的影响,企业运营过程中会不断地遭遇到各种困难和挑战。对于一些企业管理层无法很好解决的问题,借助专业咨询顾问的力量尤为必要。运营系统是企业持续有效经营并赢得竞争优势的重要保障,本章将通过对运营咨询与诊断、现场改善、设备维修管理、业务流程再造与业务流程改善等相关管理技术、方法和工具的介绍，加强企业在维护与改善运营系统方面的认识和理解。

9.1 运营咨询与诊断

9.1.1 运营咨询与诊断概述

在企业的运营过程中，可能会遇到以下问题：连续几年的销售收入徘徊不前；原材料价格上涨，利润空间缩小；市场竞争激烈，降价压力大；订单履约率低；制造成本高于同行业；资金占用高，周转慢，现金流紧张；生产周期与行业平均水平相比处于劣势；生产优先顺序经常调整，生产人员感到无所适从；生产安排忙闲不均，生产能力没有被均衡利用；产成品质量不稳定，返厂维修率较高；半成品不合格率较高；生产现场不规范，各种物料没有实行定置管理，现场缺少必要的标识标线。当遇到这些问题时，企业需要通过运营咨询与诊断来解决。

(1) 运营咨询的定义

运营咨询是提高运营管理水平的一种方法，其目的在于帮助客户制订运营战略和改善运营流程。在战略制定方面，根据企业层战略、竞争战略来制订运营战略。在运营流程的改善方面，其重点是根据实际情况，运用各种工具和方法，对企业的流程进行再造或者改善，以提高各部门的运营水平、加强部门之间的流程协调，从而提高企业运营绩效。

(2) 运营咨询领域

企业根据自身需要在运营系统的设计、实施、运行、维护和改善各阶段进行运营咨询。运营咨询的领域主要包括以下几个方面：

① 工厂(Plant)：厂址选择、厂址增设、设备更新、生产线调整等；

② 人员(People)：质量改进、工作标准的制订与修改、学习曲线分析；

③ 零部件(Parts)：自制与外购决策、供应商选择决策；

④ 流程(Processes)：技术评价、流程改善、流程再造；

⑤ 计划与控制系统(P&C System)：供应链管理、企业资源计划(ERP)、车间现场管理、库存管理、分销管理、全面质量管理(TQM)、6σ管理、ISO 9000 认证。

(3) 运营咨询的注意事项

很多咨询公司在运营咨询过程中积累了丰富的经验，埃森·拉塞尔在其所著的《麦肯锡方法》一书中指出了运营咨询中需要注意的事项，为指导运营咨询提供了一些实际的参考意见，具体如下：

① 少承诺,多做事。在合同中谨慎作出承诺。

② 正确组建团队。根据咨询项目挑选合适的组员,组建项目团队。

③ 遵循 80∶20 法则,如将 80%的时间花在 20%的重要工作上。

④ 咨询范围不要太广泛。在咨询中,不要试图分析所有的事情,应该有所选择。

⑤ 使用"电梯测试法"。如果在 30 秒钟的电梯路途中,你能向客户清晰准确地阐明你解决问题的方法,那么这个方法就可以推销给客户。

⑥ 养成 PDCA 法工作习惯。在咨询过程中,计划、执行、检查、处理依次进行,不断循环。

⑦ 逐个解决问题。你不是万能的,不要企图解决所有问题,最好是一个一个地解决。

⑧ 不要接受"我不知道"的观点。客户和员工通常都知道一些情况,所以要正确引导,合理提出问题。

⑨ 让客户参与到过程中。如果客户不支持你,你的计划就会受到阻碍。应让客户参与进来。

⑩ 通过组织获得内部支持。你的解决方案可能会影响到整个组织,必须要得到整个组织的支持。

⑪ 严格执行方案。让变革实实在在地发生需要做大量的工作,因此,方案实施起来应该严格而周全,要确保有人承担完成这项工作的责任。

(4) 运营诊断

诊断是管理咨询的重要过程。诊断从内部指标(如利润总额、销售收入增长率、净资产收益率等)和外部指标(如客户满意率、市场占有率、质量投诉率等)切入,逐步扩展与深入,通过与企业自身的历史数据进行比较,与行业平均水平和标杆企业进行比较,概要了解企业运营的总体状况,确定企业面对的主要问题。

9.1.2 运营咨询与诊断的阶段划分

在典型的咨询项目中,咨询顾问和客户为实现期待的目标和变革所必须开展的活动称为咨询过程。咨询过程一般可划分为五个基本阶段:准备、诊断、行动计划、实施和结束阶段。

(1) 准备阶段

在这一阶段,咨询顾问开始与客户接触,讨论客户要达到的目标、要进行的变革,对单位存在的问题作出初步诊断,并对问题的初步分析准备项目计划,向客户提出项目建议,进而签订咨询合同。

(2) 诊断阶段

此为咨询的第二阶段,需要对所要解决的问题进行深入诊断。在这一阶段中,咨询顾问与客户合作,共同分析需要进行的变革种类,详细确定所要达到的目标。咨询顾问根据需要通过多种渠道收集数据,对数据进行分析与综合,并得出结论。

(3) 行动计划阶段

此为咨询的第三阶段,需要找出解决问题的方案,评价被选方案,将方案提交客户进行决策,制订实施计划。在这一阶段,要寻找和设计可行的方案,并采用严密、系统的方法对方案进行评估,对各种建议进行排序。

(4) 实施阶段

此为咨询的第四阶段,咨询顾问协助客户实施方案,并针对实施过程中遇到的新问题、新障碍或原先计划、方案中的错误之处对方案作出调整,对企业员工进行培训。很多咨询公司在第三阶段提交完行动方案后,咨询就结束了。但这是不够的,即使一份优秀的咨询报告也不可能完全保障所提方案承诺的结果能够达到。

(5) 结束阶段

此为咨询过程的最后一个阶段,咨询顾问同客户一起评价咨询顾问的表现、所采取的方法、得到的结果。咨询顾问根据咨询项目的情况,向咨询公司的数据库中添加新记录,并对项目作出总结,为未来项目提供正式的或标准化的好主意。

9.1.3 运营咨询与诊断工具

运营咨询与诊断过程中要用到多种工具,这些工具可以分为以下五类:问题界定工具、数据收集工具、数据分析与方案开发工具、成本与收益分析工具、执行工具。

(1) 问题界定工具

咨询过程中的准备阶段和诊断阶段需要对问题进行界定、分析,通常用到的方法有问题树分析法、顾客调查、差距分析、雇员调查、波特五力分析模型等。

① 问题树分析法。又称逻辑树分析法。逻辑树是将问题的所有子问题分层罗列,从最高层开始,并逐步向下扩展。先把一个已知问题当成树干,然后开始考虑这个问题与哪些问题相关。每想到一点,就给这个问题(也就是树干)加一个"树枝",并标明这个"树枝"代表什么问题。一个大的"树枝"上还可以有小的"树枝",依此类推,找出与问题相关联的项目。找

到了问题树,也就找到了可能的解决办法。

② 顾客调查。运营咨询人员运用顾客调查方法可以发现顾客的满意率及满意的地方、顾客的不满意率及不满意的地方、顾客的渴望、顾客的需求等。这些信息的获得有利于咨询人员对组织进行深入研究,找出与客户直接相关的运营因素。顾客调查的常用方法有顾客调查问卷、电话调查、面谈/召开座谈会。顾客调查的过程为:界定顾客群,选择被调查人员,回顾现有资料,设计问题,模拟、反馈、修改,正式实施,分析结果,通报、改善。

③ 差距分析。差距分析就是将实际业绩与期望的业绩进行对比,找出差距,分析差距产生的原因并提出减小或消除差距的方法。差距分析可以是对单位的服务水平、质量、有效性的分析,也可以是分析公司流程与标准流程之间的差异。

④ 雇员调查。包括雇员满意度和意见调查,用来了解企业的运营情况。

⑤ 波特五力分析模型。五力分析模型用于评价企业的竞争地位。五力模型确定了竞争的五种主要来源,即供应商和购买者讨价还价的能力、潜在进入者的威胁、替代品的威胁以及同行业公司间的竞争。咨询顾问应用此模型时,需要分析各种力量下的各种要素,以确定企业的竞争地位。

(2) 数据收集工具

在诊断阶段,要用到数据收集工具。常用的数据收集工具有工厂巡查与审核、工作抽样、流程图、组织图。

① 工厂巡查与审核。这是咨询人员常用的数据收集方法,咨询人员一般要到现场去巡查生产设备和业务流程。

② 工作抽样。又称瞬时观察法,就是对现场操作者或机器设备进行瞬间观测和记录,调查各种作业活动的发生次数及发生率,进行工时研究,目的在于对工人花费的时间和设备利用情况有一个统计上的了解。工作抽样可以通过现场观察和工作日记实现。工作抽样的一般步骤为:确定调查目的、调查对象、观测次数,现场观察,检验数据,评价结果。

③ 流程图。流程图是流经一个系统的信息流、观点流或部件流的图形代表。它可以解释零件的制造工序、组织决策的程序、完成一项任务的管理过程,让咨询人员清楚地知道问题可能出在什么地方,从而确定出可供选择的行动方案。

④ 组织图。组织图能够简洁明了地展示组织内的等级与权力、角色与职责、功能与关系之间的联系。咨询人员可通过组织图了解和认识客户。

(3) 数据分析与方案开发工具

咨询人员收集到数据后要对数据进行分析并开发出方案。数据分析与方案开发的工具有 SPC 工具、瓶颈分析、计算机仿真等。这些工具在诊断阶段、行动计划阶段都会用到。

① SPC 工具。即统计过程控制工具,也是问题分析工具,是运营管理中的常用工具,包括排列图、散点图、控制图、鱼刺图、相关分析和回归分析等。排列图在库存管理问题上应用得较多;鱼刺图又称因果图,是一种分析问题的好方法;而散点图、控制图是咨询人员应该了解的;相关分析和回归分析也是数据分析的常用工具。

② 瓶颈分析。企业可能会面临效率低下、资源闲置浪费的情况,部门间矛盾增多,无端的抱怨增加,这些现象都可以归因于企业运作中存在的瓶颈环节。如果企业存在瓶颈环节,就势必会产生资源浪费。瓶颈分析就是探索企业运作过程中的薄弱环节,从而确定瓶颈,以便消除瓶颈。

③ 计算机仿真。它是一种定量分析方法,就是通过建立某一过程和某一系统的模式,来描述该过程或该系统。计算机仿真实验可以模拟各种因素变化下的复杂情况,得出数量指标,为决策者提供定量分析结果,并作为决策的理论依据。

(4) 成本与收益分析工具

在行动计划阶段,咨询人员会设计出多种备选方案,这时就需要对各种方案进行评价,对各种方案的成本、收益进行分析。常用分析工具有以下几种:

① 决策树。决策树是广泛应用于风险分析的基本工具,是用二叉树形图来表示处理逻辑的一种工具。决策树可表示多种方案。在利用决策树解决问题时,应从决策树末端起,从后向前,一步步推进到决策树的始端,并在向前推进的过程中计算每一种方案的期望值。计算完毕后,开始对决策树进行剪枝,找到期望值最高的方案,即解决问题的最佳方案。

② 利益关联方分析。一个组织的利益关联方主要有:股东、顾客、雇员、供应商和社会。这些利益关联方能够影响组织,他们的意见一定要作为决策时考虑的因素。但是,所有利益关联方不可能对所有问题都保持一致意见,当其中一些群体比另一些群体的影响力大时,需要咨询人员作出分析。

③ 平衡计分卡。平衡计分卡(BSC)是一种战略管理和业绩评估工具,为企业提供了一种全面评价系统,主要对企业的四个基本方面进行评价:财务业绩指标、客户方面业绩指标、内部经营过程业绩指标以及学习与增长业绩指标。平衡计分卡能反映财务和非财务衡量方法、长期目标和短期

目标、外部和内部、结果和过程、管理业绩和经营业绩等多个方面的平衡。还能反映组织的综合经营状况,使业绩评价趋于平衡和完善,有利于组织长期发展。

(5) 执行工具

咨询项目在实施过程中常用到的执行工具有责任表和项目管理技术。

①责任表。责任表常用矩阵形式表示,用于明确各单位或个人的责任,以便于项目管理部门在项目实施过程中的管理协调。责任表的纵向为工作任务,横向为项目成员或部门名称,纵向和横向交叉处表示项目成员或部门在某个工作任务中的职责。

②项目管理技术。咨询人员可使用甘特图和网络计划(CPM/PERT)等项目管理技术来编制项目计划,并结合挣值法监控项目的进度、费用,使咨询项目在预算费用下按时、保质地完成。Microsoft Project、Artemis Viewer、P3 和 Project Scheduler (PS)是这类常用项目管理软件的代表。

9.2 现场改善

9.2.1 现场管理概述

现场指的是实地,即实际发生行动的场地。所有的企业都要从事三项直接与获取利润有关的主要活动:研发、生产与销售。就广义而言,现场指的是这三项主要活动的场所;就狭义而言,现场是指制造产品或提供服务的地方。而这往往是最容易被管理部门忽略的领域,管理部门若能注重现场,就会发现有很多机会可以使公司经营得更为成功。

(1) 现场管理的含义

现场管理有广义和狭义之分。广义现场管理是指企业所有现场作业活动的管理,包括生产现场管理、经营现场管理、办公现场管理等。狭义现场管理指的是生产现场管理。生产现场管理就是运用科学的管理思想、管理方法和管理手段,对现场的各种生产要素,如操作者、管理者、机器设备、原材料、工艺、检测方法、环境、资金、能源、信息等,进行合理配置和优化组合,通过计划、组织、控制、协调、激励等管理职能,保证现场按预定的目标,实现优质、高效、低耗、均衡、安全、文明的生产。

(2) 现场管理之屋

根据现场管理的含义构建的图形称为现场管理之屋,如图 9-1 所示。处于屋顶的是企业利润,现场管理追求的最终目标就是利润。在可持续发展的前提下,利润最大化永远都是企业的理想。屋顶之下是质量、成本、交货期三因素，这是企业实现其最终目标的策略。影响这些策略成功与否的因素就是所谓的现场4M管理，即对工人作业、机器设备、产品及材料、工艺方法（现在有些企业增加了环境和检测）的管理。换句话说，对这四种资源的管理和利用就是现场管理人员每天在做的事情，企业是赢利还是亏损，在现场最终的差别也就体现在企业在这四个方面的管理理念和管理水平的差异上。

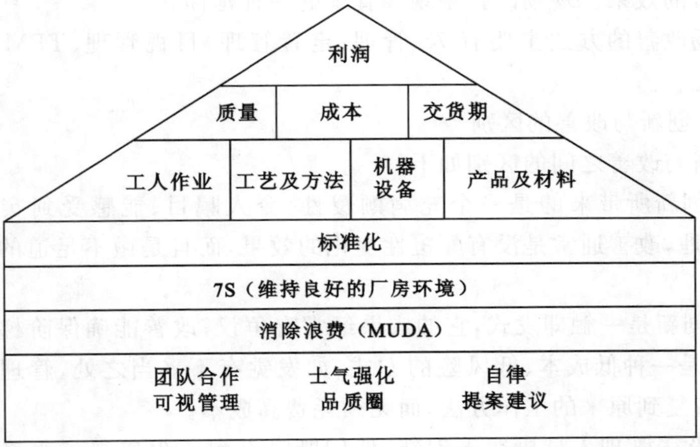

图9-1 生产现场管理之屋

无论是4M中的哪一个，其管理的基础必定是标准化。在没有标准化之前，要对各种资源进行整理和整顿，寻求一个稳定的状态是非常有必要的，这些工作就是7S，即对现场所有涉及的人、事、物的秩序进行分析规划，以提高效率，消除浪费。处于现场管理之屋底层的是团队合作、士气强化、自律、可视管理、品质圈和提案建议等，这些因素是支撑以上管理活动的基础。

（3）现场管理的金科玉律

推行现场管理的金科玉律有：

① 当问题（异常）发生时，要先去现场；

② 检查现物（有关的物件）；

③ 当场采取暂行处置措施；

④ 发掘真正原因并将其排除；

⑤ 标准化以防止再次发生。

9.2.2 现场改善概述

现场改善是日本企业成功的基石，是日本企业管理（包括JIT、TQC、

TPM)的精髓,已成为一种重要的管理观念与管理改进的方法。

(1) 现场改善的基本概念

New Shorter Oxford 于 1993 年指出改善是一种企业经营理念,用以持续不断地改进工作方法和员工的效率等。在日文中,“改善”的意思是连续不断地改进、完善,现场改善是指对企业不同领域或工作岗位所做的不断改进和完善。改善是一小步一小步阶梯式的,但随着时间的推移,它会带来显著的效果。现场改善是现场管理的一种延伸。

现场改善的方法主要有 7S 管理、定置管理、目视管理、TPM、JIT 和 TQC 等。

(2) 创新与改善的区别

创新与改善之间的区别如下:

① 创新所带来的是一个充满颠覆性、令人瞩目、能感受到实质的成果;相反地,改善通常是没有颠覆性变化的效果,而且是微不足道的小改变效果。

② 创新是一触即发式,它的成果经常有争议;改善能确保阶梯式的持续进步,是一种低成本、低风险的方式,如发觉有不妥当之处,管理人员随时都可恢复到原来的工作方法,而无须耗费高成本。

③ 欧美管理人员执迷于创新,他们既没有耐心也忽视了改善能长期给公司带来利益。相反,改善则是强调要以员工的努力、士气、沟通、训练、团队、参与及自律来达成目标,这些都是常识性和低成本的改进方式。

(3) 改善必须遵循 PDCA 循环

在改善的过程中,第一步是以 PDCA 循环作为改善持续运作的工具,以达成“维持标准”和“改进标准”的目标。计划 P 是指建立改善的目标;执行 D 是指依计划推行;检查 C 是指确认是否按计划的进度实行,以及是否达成预定计划;处置 A 是指新作业程序的实施及标准化,以防止原来的问题再次发生。PDCA 不断地旋转循环,一旦达成改善目标,改善后的现状便随即成为下一个改善的对象。PDCA 的意义就是永远不满足现状,因为员工通常喜欢停留于现状,而不会主动去改善,所以管理人员必须持续不断地设定新的挑战目标,以带动 PDCA 循环。

9.2.3 7S 管理

7S 是生产现场一切工作的基础,7S 改善是一切改善活动的起点。日本的许多企业长期推行 7S 管理,取得了十分显著的效果。

(1) 7S 管理概述

① 7S 管理的含义

7S 管理是指对生产现场各生产要素所处状态，不断进行整理、整顿、清扫、清洁、素养、安全、速度/节约，以达到提高素养的活动。其中“整理、整顿、清扫、清洁、素养”这五个词在日语中的拼音的第一个字母都是“S”，而“安全、速度/节约”这两词的英文开头字母也为“S”，所以把这一系列管理简称为 7S 管理。

a. 整理(Seiri)。将工作场所的物品区分为有必要与没有必要两种，保留必要的，去除不必要的。其要点在于将常用的物品放在顺手的地方，不常用的物品专地存放。整理的目的是为了提高工作面的利用率，防止物品误用、混用。

b. 整顿(Seiton)。把留下来的必要的物品依规定位置摆放，并放置整齐，加以标示。必要品存放在不同的分区，一般放置区分为常用物品放置区、不常用物品放置区、待确认物品区和不良物品(废品)区。

c. 清扫(Seiso)。将工作场所清扫干净，保持工作场所干净、亮丽，以保证安全、优质、高效率地工作。

d. 清洁(Seiketsu)。在整理、整顿、清扫的基础上，加以认真维护，保持完美和最佳状态。清洁活动的要点在于定期或不定期检查督促、自我检查与组织或部门检查相结合、上下班时的 3～5 分钟要定期清洁。

e. 素养(Shitsuke)。每位成员应养成良好的习惯，并遵守规则，培养主动积极的工作态度。

f. 安全(Safety)。要维护人身与财产安全，以创造一个零故障、无意外事故发生的工作场所。实施的要点是：不要因小失大，应建立、健全各项安全管理制度；对操作人员的操作技能进行训练；勿以善小而不为，勿以恶小而为之，全员参与，排除隐患，重视预防。

g. 速度/节约(Speed/Saving)。就是对时间、空间、能源等方面进行合理利用，以发挥它们的最大效能，从而创造一个高效率、物尽其用的工作场所。实施时应该秉持三个观念：能用的东西尽可能利用；以自己就是主人的心态来对待企业的资源；切勿随意丢弃，丢弃前要思考其剩余使用价值。节约是对整理工作的补充和指导，尤其是我国，由于资源相对不足，更应该秉持勤俭节约的原则。

② 7S 的作用

实施 7S 管理能为企业带来巨大的效能，实施 7S 管理给企业带来的作用如下：

a. 效率提升。良好的工作环境和工作气氛，物品的有序摆放，有助于提高员工的工作积极性,自然也会提高工作效率。

b. 减少浪费,节约资源,降低生产成本。

c. 安全有保障。建立、健全安全管理制度,工作现场井然有序,生产事故就会减少。

d. 品质有保障。不断净化的工作环境,能保证设备的性能,提高产品的品质。

e. 提升员工归属感。良好的工作环境,企业的高效益,会提升员工的自信心、归属感。

f. 优质、高效、低耗、安全、文明的生产,提升企业形象。

③ 7S 之间的关系

整理、整顿、清扫、清洁、素养、安全、速度/节约之间是相互关联、密不可分的,它们之间的关系如图 9-2 所示。

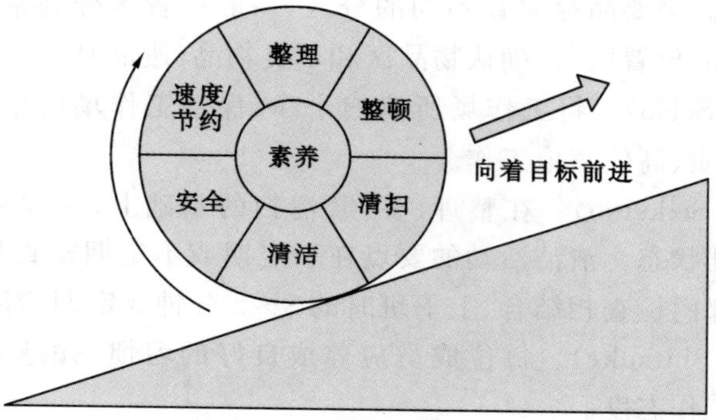

图 9-2　7S 关系图

从图 9-2 中可以看出以下几点:

a. 7S 活动中,整理、整顿、清扫、清洁、素养是依次进行的过程。

b. 7S 活动是一个不断循环的过程,要持续不断地进行,一个循环一个循环地往上走,每完成一个循环达到一个新的高度,素养就会有新的提高。

c. 素养是 7S 活动的核心。7S 始于素养,也终于素养。

(2) 7S 推进步骤

企业在推行 7S 的过程中,总结出了一套 7S 推进步骤:

① 成立各级 7S 推进组织,明确各级组织的职责;

② 开展 7S 管理的宣传活动,如领导发表宣言、晨会宣导、标语宣传等;

③ 进行 7S 课程教育训练;

④ 7S 规划设计,即制订活动方案、实施方法、评鉴方法和奖惩方法等;

⑤ 7S 实施,即根据规划设计实施;

⑥ 对 7S 进行检查、考核、评比；

⑦ 7S 成果揭示，即分析问题原因及督促改进，鼓励优秀、鞭策后进，创造持续改进的动力；

⑧ 7S 规则固化，即各种制度的制订、贯彻实施，使 PDCA 循环巩固并推进 7S 成果。

(3) 生产现场导入 7S 的规律

生产现场成功导入 7S 管理的十条规律如下：

① 高高兴兴地持续进行 7S；

② 7S 是现场工作的一部分；

③ 7S 是现场改善的起点和切入点；

④ 仅喊 7S 口号是不够的；

⑤ 现场管理人员是 7S 的关键人物；

⑥ 7S 的目的是改善企业的体质；

⑦ 培养 7S 人才；

⑧ 7S 是改善生产现场的宝库；

⑨ 7S 通过排除各种无效浪费从而达到降低成本的目的；

⑩ 7S 的基本功能就是发现无效。

9.2.4 定置管理

定置管理起源于日本，是现场管理的一个重要方法，也是 7S 的深入和发展。

(1) 定置管理的概念

"定置"是研究对物品进行整理和整顿的专业术语。定置管理以生产现场为对象，研究生产要素中人、物、场所及其有关信息之间的关系。定置管理通过整理和整顿，把与生产现场无关的物件清除，把生产现场所需的物件放在规定的位置，并以信息系统为媒介，使人、物、场所处于最佳结合状态，达到生产现场管理的科学化、规范化和标准化。

(2) 定置管理的原理

在定置管理中，要处理好人与物、物与场所、信息媒介与定置的关系。

① 人与物的关系

在生产现场，人与物的结合有以下四种基本状态：

a. A 状态：人与物能马上结合并发挥作用的状态。如工人使用的工具，由于摆放地点合理而且固定，工人需要时能立即拿到。

b. B 状态：人与物不能很好发挥效能的状态。如工人需要工具时，要花费时间寻找。

c. C 状态:人与物处于松散状态,已不需要结合。如在一道工序加工完后等待进入下一道工序的物品。

d. D 状态:人与物失去联系的状态。这种物品与生产无关,不需要与人结合。如报废了的设备、模具等。

定置管理就是要采取措施减少 C 状态,消除 D 状态,改善 B 状态,使其达到 A 状态,把有价值的物品放到需要的地方,把不需要的、无价值的物品移出现场。

人与物的结合成本可以定量化。在人与物相结合时,应尽量减少结合成本。假定物的原来价值为 V_0,存在价值为 V,结合成本为 G,则有公式如下:

$$V_0 = V + G \quad 或 \quad G = V_0 - V \tag{9.1}$$

当人与物处于 A 状态时,结合成本几乎为 0,此时物的存在价值与原来价值相等。当结合成本不为 0 时,物的存在价值要小于原来价值。例如,某企业冲压车间加工某零件,需要到模具库取用模具,需耗时 24 分钟,工人工时费为 10 元,模具原来价值为 1000 元,则可计算模具的存在价值为:

$$V = 1000 - 10 \times \frac{24}{60} = 996(元)$$

② 物与场所的关系

生产现场与物的有效结合是实现人与物合理结合的基础。物与场所的结合状态有以下三种:

a. A 状态:良好状态。工作环境良好,场所作业面积、照明、通风等符合标准。

b. B 状态:需要改善的状态。这种状态的生产现场,布局不尽合理,或只满足人的生理要求,或只满足生产要求。

c. C 状态:需要彻底改造的状态。这种状态不符合现场人员在生理、安全、精神上的要求。

定置管理的任务是要保持 A 状态,而对于 B、C 状态,则要采取措施,使其转为 A 状态。

③ 信息媒介与定置的关系

信息媒介是指人与物、物与场所结合过程中,起着指导、控制、确认等作用的信息载体。信息媒介是实现定置的关键。信息载体是用来回答生产现场物在何处的各式台账。定置管理中的代表性信息载体为定置图。在定置图上,形象、准确地表示着什么物品放在什么地方。定置管理中,首先要使各类物品与人的联系信息标准化,即对物、生产现场的名称实行标准化管理，且多应以符号或数字代码称呼。

良好的定置管理要求信息媒介达到以下要求：生产现场设有定置图；位置台账齐全；场所标志明显，一目了然；存放物的序号、编号齐全；信息标准化等。

(3) 定置管理图的绘制

定置管理图是将生产现场的定置管理用标准化的形式反映出来的一种方法。它要对生产现场的物品进行位置规定。

在绘制定置图时，不用的物品不可出现在现场，而现场的物品必须全部绘制在定置图上，这就要求现场物品是必需的：现场有什么，图上就有什么；图上有什么，现场就必有对应物品。定置管理图上的物品一律用图形符号表示。

(4) 定置管理的实施与考核

定置管理的实施就是按照设计要求对生产现场进行科学的整理和整顿。将现场的所有物品进行定位，应实现物必有区、按区存放、按图定置、图物相符。

在实施阶段时，要做到：领导始终身先士卒，带头贯彻执行；全面发动、依靠群众；严格按定置图进行科学定置。

实施定置管理后，需对企业的定置管理进行考核。考核的基本指标是定置率，其计算公式为：

$$定置率=\frac{实际定置物品的种类(数量)}{定置图规定的定置物品的种类(数量)}\times 100\% \quad (9.2)$$

举例说明，A、B、C 三个定置区应存放 16 箱物品，但有 3 箱物品摆错位置，1 箱物品没有放到指定的定置区，则

$$定置率=\frac{16-(3+1)}{16}\times 100\%=75\%$$

9.2.5 目视管理

随着计算机、液晶显示在现场管理中的应用，目视管理起到越来越重要的作用。

(1) 目视管理的定义

目视管理是利用形象直观、色彩适宜的各种感知信息来组织现场生产活动，提高劳动生产率的管理工作。在生产现场，可以给仪器安装一些装置，在异常情况发生时，能让现场人员及时进行检查，实现目视管理。所以目视管理是一种尽量让各种管理状况"一目了然"、"一看便知"的管理手

段,使全体员工容易明白、易于遵守,有利于减少差错。

(2) 目视管理的内容

① 目视管理将作业任务、计划、要求、进度等情况公开化、图标化,使生产人员对其目标和工作状况一目了然。

② 目视管理将生产现场的规章制度、工作标准、工作要求等公开显示出来,时刻提醒工作人员。

③ 现场许多标识采用色彩管理,不仅醒目,而且有利于员工身心健康。

④ 现场管理要求现场物品摆放整齐,员工着装整齐划一。

(3) 目视管理的类别

目视管理形式多样,应根据企业实际需要加以采用,有红牌、看板、信号灯、操作流程图、反面教材、提醒板、区域线、警示线等。

① 红牌:用来区分日常生产中的非必需品,用于 7S 管理中的整理阶段。

② 看板:用来表示使用物品、放置区等基本状况的告示板,主要用来告诉员工物品的具体位置在哪里,用来做什么,数量为多少,由谁负责。

③ 信号灯:提示现场人员,设备是否正常作业。

④ 操作流程图:指导生产工人生产作业的简要说明。

⑤ 反面教材:起警示作用,让生产现场的每个人了解、明白不良现象导致的后果。

⑥ 提醒板:使员工减少遗忘或疏漏。

⑦ 区域线:对现场的各区域用醒目的线条区分开,保持生产现场的良好秩序。

⑧ 警示线:为仓库、生产现场设置的,表示最大或最小的存放量。

9.3 设备维修管理

设备是企业进行生产的重要物质技术基础,是企业固定资产的重要组成部分。机器设备的状况好坏直接影响着企业的经济效益和竞争力。

9.3.1 设备维修管理概论

设备维修管理是随着工业生产的发展、设备现代化水平的不断提高以及管理科学和技术的发展逐步发展起来的。

(1) 设备管理的基本概念

① 设备管理的全过程是指设备的研制、设计、制造、选购、安装调试、

使用、维修、改造、更新、报废的整个过程。

② 设备生命周期指设备从开始投入使用时起，一直到因设备功能完全丧失而最终退出使用的总时间长度。

③ 设备维修管理是指依据企业的生产经营目标，通过一系列技术、经济和组织措施，对设备生命周期内的所有设备物质运动形态和价值运动形态进行的综合管理工作。

④ 平均故障期(MTBF)是指设备先后发生两次故障之间的期望时间。

平均维修时间(MTTR)是指设备的平均修理时间。

设备的可用性是指机器设备运行时间的平均值，记为 A，其计算公式为：

$$A = \frac{MTBF}{MTBF + MTTR} \tag{9.3}$$

(2) 设备维修发展史

设备维修体制的发展过程可划分为事后维修、预防维修、生产维修、维修预防和设备综合管理几个阶段。

① 事后维修

事后维修是指设备发生故障后再进行修理。此法的优点是能充分利用设备的寿命；其缺点是会占用设备的工作时间，打乱生产计划，影响交货期。目前，不重要的设备采用该方法。

② 预防维修

预防维修制度始于第二次世界大战。这种维修制度强调以预防为主，在使用设备时，要做好维护保养，加强检查工作，在故障发生前有计划地进行修理。该方法使设备修理停歇时间大为缩短，提高了设备效能。

③ 生产维修

预防维修会导致维修过剩，增加了维修工作量和费用。为此，1954 年出现了生产维修。该方法要求对重要设备采用预防维修，对次要设备采用事后维修。

④ 维修预防

1960 年美国出现了维修预防的设想。维修预防要求在设备设计、制造阶段就考虑维修问题，以提高设备的可靠性和易修性。从此，维修从维修部门扩展到了设备设计、制造部门。

⑤ 设备综合管理

20 世纪 70 年代产生了设备综合工程学，从行为科学、系统理论的观点出发，对设备实行全面管理的一种重要方式。日本在引进、学习的过程中，创造了全面生产维修制度。随着计算机技术在企业的应用，出现了预知维修。预知维修是根据监测设备监测的结果对机器设备进行必要的修理。

(3) 设备的磨损规律

设备磨损大致可以分为三个阶段,即初期磨损阶段、正常磨损阶段和急剧磨损阶段,如图 9-3 所示。

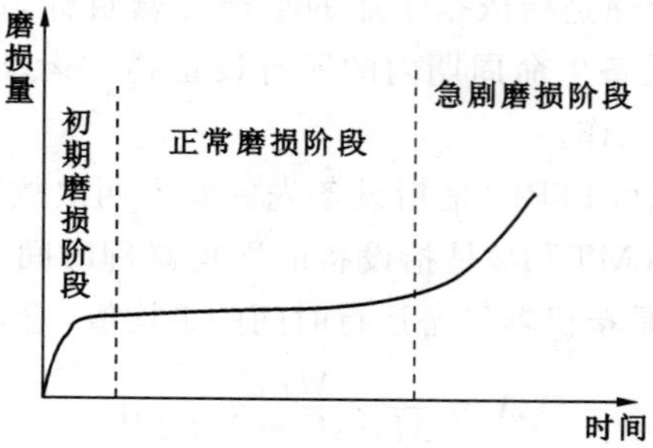

图 9-3 设备磨损示意图

① 初期磨损阶段。这一阶段磨损较快,但对设备没什么危害,是一个磨合阶段,时间较短。

② 正常磨损阶段。经过初期磨损后,设备进入正常工作状态,这时设备磨损很慢。设备处于这一阶段时,应注意保养,尽量延长正常磨损期。

③ 急剧磨损阶段。设备进入这一阶段后,零件磨损加剧,为了不影响生产,应尽早更换零件或设备。

(4) 设备故障率曲线

设备故障率是指设备在单位时间内发生故障的比率。因设备故障率曲线的形状似浴盆,所以又称为浴盆曲线。设备故障率曲线图分为三个阶段,如图 9-4 所示。

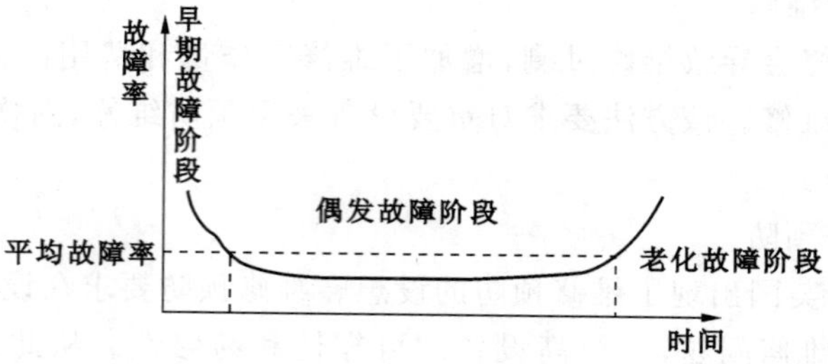

图 9-4 设备故障率曲线图

① 早期故障阶段。由于设备本身的质量、安装、操作者不适应等原因,故障率较高。

② 偶发故障阶段。设备进入该阶段后,故障率较低,偶尔由于操作失误或是维护不好引起设备故障。

③ 老化故障阶段。这个阶段,故障率急剧上升,主要是因为零件老

化。在这一阶段,应更换失效的零件。

(5) 设备的维护保养和检查

① 设备维护保养

设备维护保养按工作量的大小可以分为以下几类:

a. 例行保养。主要是对设备外部进行清洗、润滑、紧固,由操作工人完成。

b. 一级保养。主要是对设备内部进行清洁、润滑、部分调整,由操作工人完成。

c. 二级保养。对设备进行局部解体检查和调整,由维修人员承担,操作工人协助。

d. 三级保养。对设备主体部分进行解体检查和调整,更换掉那些达到磨损限度的零件,并对零件的磨损情况进行记录。

② 设备检查

设备检查是指对设备的运行情况、工作精度、磨损程度进行检查和校验,按时间间隔可分为日常检查和定期检查。

日常检查在交接班时由操作工人完成,以便及时发现异常的设备状况,进行必要的维护和检修。定期检查是按照计划,在操作者参与下,由维修人员进行检查,通过检查,全面掌握零件磨损的实际情况,确定是否要对设备进行修理。

9.3.2 全面生产维修

20 世纪 70 年代到 20 世纪 80 年代,日本经济处于高速发展期。全面生产维修等改善活动伴随着日本企业的发展,成就了日本制造业在世界上的霸主地位。

(1) 全面生产维修概述

① TPM 概念

全面生产维修(Total Productive Maintenance,TPM)又译为全员生产保全。1989 年,TPM 被重新定义,是指以建立健全追求生产系统效率化极限的企业体质为目标,在包括生产、开发、设计、销售及管理部门在内的所有部门,从生产系统的整体出发,通过公司高层到一线员工的全员参与,以及不间断的小集团活动,构筑能防患于未然的所有损耗(灾害、不良品、故障等)发生机制,最终达成零损耗的目的。

② TPM 发展史

TPM 活动是一种来自于生产现场的改善活动,是由美国的 PM 活动演变过来的。

20世纪50年代,美国制造业空前发展,在制造业内广泛开展各类设备保全活动,如设备生产性保全(Productive Maintenance)或预防性保全活动(Preventive Maintenance)等,这些活动习惯称之为PM活动。

到了20世纪60年代,日本引进了PM活动,并使PM不断完善充实。为了促进PM的普及,设立了PM奖。

1971年,丰田公司属下的日本电装公司在开展PM活动过程中,对PM活动进行了发展,并首次提出了TPM概念,并以卓越的TPM成果获得了当年的PM奖。

为了引导企业有效开展TPM活动,日本社团法人首次制订了统一的TPM活动的定义。之后10年,日本许多企业依据TPM活动定义开展了这项活动,并逐步取得成绩。1982年第一本标准化字典式的TPM专著问世,即《TPM活动程序》。

1989年,TPM活动的定义又一次被修订,活动本身被注入了更多的内容。从这时起,TPM活动在日本得到了较大的普及,并从日本逐步走向世界。

如今,日本工厂里的改善活动无处不在,TPM就是其中最受关注而且最有成效的改善活动之一。

③ TPM观念

a. 设备故障是人为造成的;

b. 人的思维及行动改变后,设备就能实现零故障;

c. 设备没坏,就设法不让它坏;

d. 要从“设备产生故障”的观念,转变为“设备不会产生故障”、“能实现零故障”;

e. 实现零故障的对策:具备基本条件、严守使用条件、使设备恢复正常、改进设计上的缺陷、提高技能。

(2) TPM的内容

TPM活动的内容可分为:个别改善,自主保全,专业保全,初期改善,品质改善,安全、卫生、环境,事务改善,人才培养等。图9-5所示为TPM的活动体系图。

① 个别改善

开展个别改善活动需要解决以下三个问题:一是有效把握自己部门及岗位存在的问题和损耗;二是对照公司或部门目标,确定在某个时期内需要解决的改善课题;三是以最短的时间完成课题改善活动,达成改善目标。通过这项活动的开展,提升员工根据公司方针确定改善课题的能力,培养员工发现问题、分析问题、解决问题的能力。

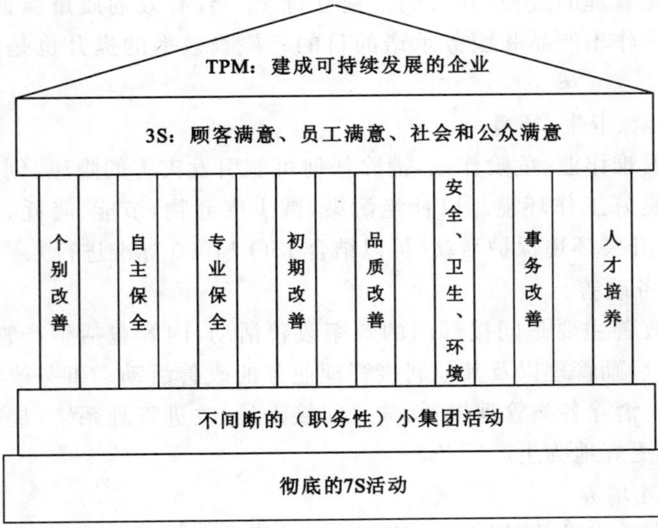

图 9-5 TPM 活动体系图

② 自主保全

通过员工自主参与到对场所、设备、工厂的保全活动，追求工作场所的高水平整备。要做到自己的设备自己维护，自己的工厂自己管理。自主保全分五个步骤：初期清扫，发生源和难点问题的解决，总点检，点检及管理工作效率化，自主管理体制建立。自主保全最终要实现建立健全工厂自主管理体系的目的。

③ 专业保全

为了完善工厂及设备的保全体制，必须提高专业保全部门的水平，建立一支值得信赖的专业保全队伍。专业保全队伍要有能力指导和帮助自主保全活动的开展。但专业保全队伍的建立也不排除外部专业机构实施某些特殊的保全业务。

④ 初期改善

产品设计的初期改善是指实现易于制造的产品设计的过程。如何将顾客的需求（使用的方便性）和生产现场的问题（生产的方便性）反映到设计工作中去，是初期管理的重要内容。设备及生产技术的初期改善指的是通过生产技术革新，达成新产品的垂直导入（在极短的时间内完成新产品的试验，并快速开始批量生产的活动）以及设备的保全预防设计。

⑤ 品质改善

品质改善活动就是将通过检查来确保产品质量的现行做法，改为以控制生产制造过程的诸条件来达成质量目标的新方法。品质改善活动也是实施标准化管理的过程,其目的是建立健全一套有效的质量保证体系,以达到向客户作出产品和服务承诺的目的。检查效率的提升也是其活动内容之一。

⑥ 安全、卫生、环境

消除困难作业、危险作业,消除任何可能引发灾害的隐患,创造适合人和设备的良好工作环境。以杜绝污染,减少废弃物,节能、降耗、资源再利用为主题,开展环境保护活动(可以结合 ISO 14000 标准进行)。

⑦ 事务改善

事务改善主要是间接部门的效率改善活动,内容包括生产管理、销售管理、行政后勤管理以及其他间接管理业务的改善活动。事务改善活动的目的主要是消除各类管理损耗,减少间接人员,改进管理系统,提高办事或事务效率,更好地为生产服务。

⑧ 人才培养

为了有效推进 TPM 活动,实现对现有工作的变革,员工必须具备良好的思想意识,掌握必要的各种技能。企业和部门必须根据活动的需要,积极开展对员工的教育和培训,全面提升员工素养(良好的习惯)和各方面的能力。

(3) TPM 活动的推进

企业推行 TPM 活动分为四个阶段:导入准备阶段、启动阶段、活动开展阶段和总结提高阶段。表 9-1 是对各阶段的活动步骤及要点的叙述。

表 9-1 TPM 活动推进表

阶段	活动步骤	活动要点
导入准备	公司高层宣布导入 TPM 活动	会议及其他场合宣布
	TPM 培训和宣传	对干部和员工进行培训,进行必要的宣传鼓动
	推进组织的确定	确定公司活动推进组织,确定活动负责人
	活动方针和目标设定	活动方针、效果及目标的设立
	制订 TPM 活动大计划	制订从活动开始至活动达成,直至自主推进为止的大计划
启动	正式启动 TPM 活动	以宣传(发布会、招待会)形式宣布活动启动
活动开展	彻底的 7S 活动	开展全员参与的 7S 活动,为后续活动打下基础
	员工提案活动展开	为营造改善氛围,促进全员参与,开展提案活动
	自主保全活动展开	提高工厂管理水平,提高自主保全意识和水平
	效益最大化活动推进	开展以提高效率、降低成本为目的的大课题活动
总结提高	活动成果总结	成果总结、揭示及报告
	自主管理体制的建立	持续自主推进改善活动

9.3.3 基本维护决策

企业对设备进行维护时要作多种决策，在保证设备可靠性的前提下，使维护成本降到最低。

(1) 集中维护与分散维护

集中维护是指企业集中所有维修力量组成一个专门的设备维修部门，这种维护有利于维修工作负荷的分配，有利于集中力量解决复杂、技术难度大的维修任务，但可能导致生产与维修的脱节。

若企业各个部门都使用不同的设备，或是设备需要及时得到维护，那么最好在各部门设置小型的维护部门，这种分散维护的缺点在于容易造成维修人员冗余。

(2) 内部维护与外部维护

有的公司规模小，没有足够的设备和工具来组建一个维护部门，可以委托外部维护部门进行维护。当公司的规模较大时，应组建自己的维护部门，但对于那些偶尔发生的、技术很复杂的和具有季节性的维护工作，同样可以外包出去。

(3) 备用设备

备用设备问题类似于库存中的经济订购批量问题。备用设备的总成本等于备用设备的维持费加上停工损失费。备用设备的维持费随着设备台数的增加而增加，但停工损失费随着设备台数的增加而减少，因为一旦设备产生故障，就可以用备用设备顶替，造成的停工损失费就会减少。图9-6 所示是备用设备的总成本曲线图。

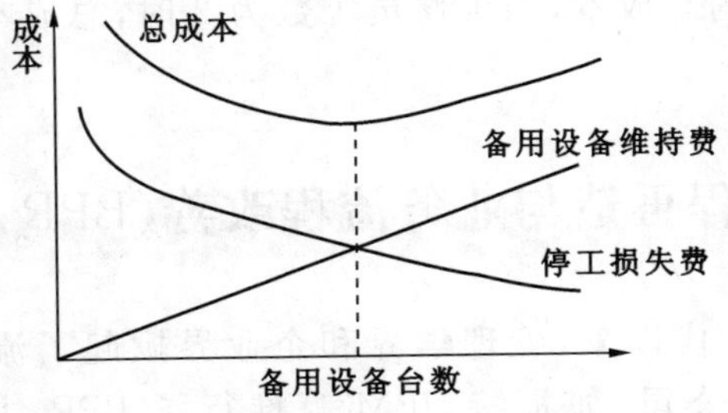

图 9-6 备用设备总成本曲线图

对备用设备台数进行决策，就是要找到总成本最小时的备用设备台数。实际上，在备用设备不足时，停工可能会导致不能按时交货，影响企业的声誉，降低企业竞争力，这些成本都应该考虑。

(4) 维护能力

公司维护能力的大小与很多因素有关,决定其内部维护能力的因素主要包括两个:其一,需要维护的设备数量和类型;其二,使用外包维护的程度。一个公司实际的设备维护能力取决于其维修人员的储备。类似于备用设备的台数决策问题,维修人员过多,会造成成本上升;维修人员过少,又不能保证生产需要,造成机器的停工成本上升。维护能力的决策在于追求总成本的最小化,即维护人员工资与机器停工成本之和最小。

维护能力决策的步骤:首先,给定维修员工数(一般是从小到大的顺序),利用泊松分布计算每一周期的平均故障设备数量 L_s(在修理和等待修理的设备数);其次,计算员工成本和停工成本之和;最后,比较在不同维修员工数下的总成本,选出总成本最小的方案。

例如,假定相邻两台机器到达的时间和每台机器接受服务的时间都服从泊松分布。假设机器平均故障率为每周 0.8,每个工人每周能修理一台机器($\mu=1$ 台/周),则工人数为 2 时,$\mu=2$。若维修员工每周工资为 1000 元,机器停工一周的成本为 3000 元,则维护能力决策过程如下:

① 当 $\mu=1$ 时,$L_s=\dfrac{\lambda}{\mu-\lambda}=\dfrac{0.8}{1-0.8}=4$,总成本$=1\times1000+4\times3000=13000$(元)

② 当 $\mu=2$ 时,$L_s=\dfrac{0.8}{2-0.8}=0.6667$,总成本$=2\times1000+0.6667\times3000=4000$(元)

③ 当 $\mu=3$ 时,$L_s=\dfrac{0.8}{3-0.8}=0.3636$,总成本$=3\times1000+0.3636\times3000=4090.8$(元)

比较各方案的总成本,当维修员工数为 2 时,总成本最小,即为最佳方案。

9.4 业务流程再造与业务流程改善(BPR/BPI)

20 世纪 80 年代以来,管理学界和企业界掀起了流程变革的浪潮。一些世界级的大公司,如福特、IBM 等推行了 BPR,并取得了巨大的成效。

9.4.1 BPR/BPI概述

(1) BPR/BPI 的概念

① BPR 的概念

1993 年，哈默和钱皮发表了《企业再造》，根据哈默和钱皮的定义，"业务流程再造(Business Process Reengineering，BPR)就是对企业的业务流程(Process)进行根本性(Fundamental)再思考和彻底性(Radical)再设计，从而获得在成本、质量、服务和速度等方面业绩的戏剧性(Dramatic)的改善"，使得企业能最大限度地适应以"顾客、竞争和变化"为特征的现代企业经营环境。业务流程再造关注的要点是企业的业务处理流程，一切"再造"工作都是围绕业务流程展开的。

② BPI 的产生

BPR 提出后，在管理界掀起了一阵旋风，大量的企业进行了业务流程再造。20 世纪 90 年代中期，当时世界 500 强中有 70%以上的企业实施了业务流程再造，更有许多企业通过业务流程再造取得了喜人的成绩。但又不得不正视一个惨痛的事实——成功的背后有大量失败的案例：BPR 的失败率竟高达 70%。据 CSC 指数对 600 余名欧美大企业的资深经理的调查，对 BPR 结果很满意的极少，满意的占 17%，超过 40%的公司认为 BPR 并没有为公司带来多大的改进，近 25%的公司承认它们的 BPR 项目已经失败。

1995 年，针对 BPR 的问题，英国克兰菲尔德管理学院信息系统研究中心的高级研究员乔·佩帕德，在他与菲利普·罗兰合著的《业务流程再造精要》一书中指出，根据几年实践的经验来看，提出业务流程再造应当采取渐进的方式。他们给 BPR 下的定义是："BPR 是一种改进哲理。它的目标是通过重新设计组织经营的流程，以便使这些流程的增值内容最大化，从而获得绩效改善的不断渐进。这种做法既适用于单独一个流程，也适用于整个组织。"于是产生了对 BPR 的"激进"与"渐进"的理解，出现了 BPI 的观点。

业务流程改善(Business Process Improvement，BPI)综合了 TQM 和 BPR 的思想，以渐进的方式来支持企业在单个操作流程或涉及有限部门的操作流程的业绩明显改善，可以简化或消除不能增加客户价值的活动，系统性地修改当前流程或者建立新的流程。

(2) BPR/BPI 分类

根据业务流程范围和重构特征，可将 BPR/BPI 分为以下三类：

① 功能内部的 BPR/BPI。它通常是指对职能内部的流程进行重组。此工作量大且繁，但在同一部门比较容易实现。BPI 的特点是每一个改进

的效果不大,但累积起来将产生意想不到的效果。

② 功能间的BPR。它是指在企业范围内,跨越多个职能部门的业务流程再造。虽工作量较小,但跨部门比较难以实现。BPR的特点是一旦实现将产生显著性效果。

③ 组织间的BPR。它是指发生在两个或两个以上企业之间的业务再造。

(3) BPR/BPI的联系与区别

① BPR与BPI的联系

作为流程变革的两种方式,BPR与BPI有着许多共同特性,这些共同特性包括:

a. 强调顾客满意度,以提高顾客忠诚度为重要目的;

b. 二者均强调流程变革应该为提高企业竞争力、业绩服务,且都使用质量、成本、灵活性、满意度等指标来进行评价;

c. 强调团队合作;

d. 在流程改造过程中,对企业的价值观进行改造。

② BPR与BPI的区别

a. 范围不同。BPI强调在部门内部或是有限部门内的小范围的变革。而BPR则强调跨职能部门的流程再造,也可以是跨组织的流程再造。

b. 变革的程度不同。BPI强调一种渐进性的、逐步的变革方式。而BPR则强调一种根本性的、彻底性的变革方式。

c. 变革的性质不同。BPI强调在原有的基础上进行改进。而BPR则强调彻底的、围绕目标进行重新设计的变革。

d. 变革的风险不同。BPR的风险大大超过了BPI,因为BPR是彻底的变革。

e. 变革的对象不同。BPI变革的对象是那些问题不大、尚未对企业发展构成严重阻碍的一般流程。而对于那些问题比较突出、已经成为企业发展"瓶颈"的流程,在原有基础上进行修改已经不可能解决的问题,则需要使用BPR。

(4) 基于PDCA循环的BPR与BPI的结合

企业可根据实际情况选择对企业进行业务流程再造或者是改善。对于一些仍有改进余地,尚未对企业的发展构成严重阻碍的一般性流程来说,应该采用BPI的方法进行改善。而对于那些确实已成为企业发展"瓶颈"的流程,则应该选择BPR,围绕企业的战略目标进行彻底的改造。企业在实施完BPR后,应对流程进行不断的完善。随着企业内外部环境的变化,企业要结合实际情况对流程进行新一轮的再造或改善,这样经过不断地对业务流程进行再造及改善,企业的管理水平和竞争力将得到不断提高。

9.4.2 基于 BPR/BPI 的组织结构

基于 BPR 的企业组织结构有别于传统的组织结构,它要求减少企业组织结构,甚至消除那些不产生附加价值的中间环节,并以经营流程为企业组织的主干,彻底改造企业的组织结构模式。图 9-7 所示是基于业务流程的组织结构图。

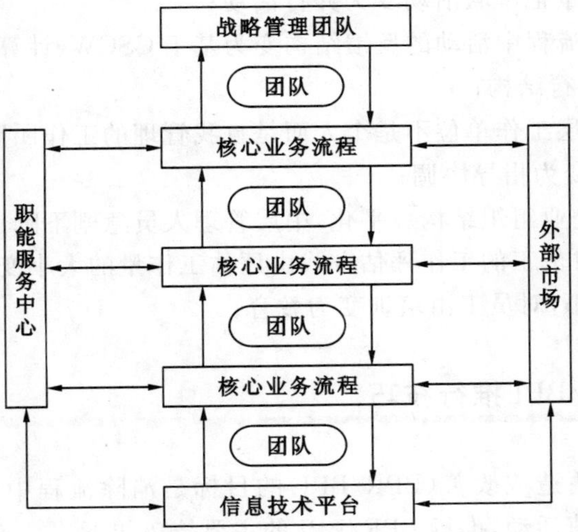

图 9-7 基于业务流程的组织结构图

基于 BPR/BPI 的企业组织结构的特点是:

(1) 企业组织是流程型组织。企业组织以关键流程为主干,彻底打破了传统的职能分工模式,把同一流程内的工作合为一个整体,使流程内的工作按自然顺序进行。

(2) 强调流程经理的作用。基于 BPR/BPI 的企业组织结构类似于项目的矩阵式结构,二者经理的作用有相似之处,但流程经理的权力更大,其是一个完整流程的最高负责人。

(3) 注重现代信息技术的支持作用。现代信息技术已成为新型企业的物理框架,对整个企业组织的各个方面都起着支持作用。

9.4.3 推行 BPR/BPI 的基本原则

企业在实施 BPR/BPI 的过程中,总结出了很多值得借鉴的参考性意

见,以下是企业推行 BPR/BPI 时应遵循的基本原则:

原则 1:回归自然,变职能管理为流程管理;

原则 2:面向顾客需求,实行对顾客的单点接触;

原则 3:充分利用信息技术;

原则 4:变事后管理为事前管理,减少不必要的审核、检查、控制等活动;

原则 5:分析流程的各个活动,减少不增值的活动;

原则 6:减少中间环节,适当对活动给予合并;

原则 7:尽量把串联活动变为并行活动;

原则 8:把流程中活动的反馈结构变为基于 CSCW(计算机支持的协同工作)方式的并行结构;

原则 9:基层工作单位不是个人而是自我管理的工作团队,管理者的工作角色由监督变为指导协调;

原则 10:企业组织结构扁平化,中层管理人员急剧下降;

原则 11:对员工的工作评估方式由评估工作量的大小变为评估对产品所作贡献的大小,对员工由培训变为教育。

9.4.4 BPR/BPI 推行技巧

业务流程再造或改善(BPR/BPI)的目标是消除流程中的非增值活动和调整核心价值活动,推行 BPR/BPI 的主要技巧如下:

(1) 完善。完善主要体现在标准化、控制点、强化和预防错误等方面。① 标准化。所有员工都应该收到同一个版本的标准化流程文件的副本,包括书面说明、流程图和相关的表格,然后按文件进行培训。应对流程文件的执行情况进行定期检查和更新。② 控制点。流程设计时应当将与资源投入有关的控制点尽量设置在流程前端。③ 强化。根据管理原理和企业需要,不同的流程在不同时期有不同的强化点,有的强化成本,有的强化效率,有的强化控制。④ 预防错误。任何事情都难免出错,要做的是减少产生错误的机会。

(2) 清除。清除就是流程中所有的非增值活动都应该清除掉,用最早创造 BPR 的米歇尔·哈默的话来说就是“彻底铲除它们”,如消除流程闭环、过量产出、等待时间、多余移动、不必要的加工运输与库存、官僚主义、重复工作、工作失误、缺陷、重排格式、多余检查与控制等。

(3) 简化。简化就是在尽可能清除了非增值的活动之后,对剩下的活动进行简化,如简化报表、程序、会议、流程、信息流、问题、技术、沟通等。

(4) 整合。整合就是对经过简化的活动进行整合,使其流畅、连贯,以满足顾客需求,实现预期目标,如整合工作、团队、顾客、供应商。

(5) 均衡。通过并行作业、改变作业顺序、消除"瓶颈"、减少干扰、改善时间控制、选取合适地点、提高效率等方法使流程均衡。

(6) 自动化。自动化就是通过信息技术加速业务流程和提高顾客服务质量,如数据的采集、传送与分析的自动化,脏活、难活、险活、枯燥作业的自动化等。

9.4.5 控制 BPR/BPI 成功实施的关键

企业开展 BPR/BPI 有一定的难度,且有较大的风险。但若控制住几个关键点,再实施 BPR/BPI 就相对容易成功。

(1) 培训先行,贯彻始终。通过培训,转变员工的观念,统一员工的意识。只有统一的认识,才会有统一的行动。

(2) 领导挂帅,权责到位。一把手挂帅,全员参与。只有一把手挂帅,活动才能得到重视。

(3) 理念先导,注重实际。理念先进,务实操作。

(4) 专家设计与全员改善相结合。专家进行功能间流程设计,全员进行功能内部流程的优化。

(5) 抓住关键,重点突破。以价值链流程优化为重点,强化增值环节,选取关键的流程作为改造的突破口,以点带面,最后取得全面突破的效果。

(6) 敏捷迭代,持续改进。通过成功实施业务流程再造或者改善活动,企业的竞争力就会得到提升,企业要根据实际情况进行持续改善,使其竞争力一个台阶一个台阶地上升。

9.5 案例讨论:晟达公司的现场改善

晟达是一家综合家用电器产品制造商,其产品畅销国内外,在同行业中一直处于领先水平,其中家用冰箱年产量达到 160 万台,是国内最大的冰箱制造商之一。晟达冰箱出口基地是由原晟达空调厂改建而成的,设计产能为日产冰箱 2500 台。出口基地于 2005 年初正式投产,刚开始产量能够稳步提高,但当产量达到约 1300 台/天后,再提升就比较困难。导致达不到设计产能的原因主要有两个:一是某些物料缺货,引起生产中断;二是内部物流系统的设计不合理。

为改变这种状况,需要对出口基地的内部物流进行深入调查,找出关键影响因素，充分利用现有物流设施，合理规划内部物流系统，使之达到与设计生产能力相匹配的目的。

为此，晟达公司邀请了管理咨询机构对其出口基地物流系统进行诊断咨询，希望通过提升出口基地物流系统能力，实现日产 2500 台冰箱的目的。

根据晟达公司的要求，管理咨询机构迅速成立了以物流管理专家尚教授为首的项目团队，提出了五步走的项目咨询思路。在晟达公司的配合下，该团队完成了对晟达公司出口基地内部物流系统深入细致的现场调查，全面掌握了晟达公司出口基地内部物流现行管理模式、物流设施、生产现场管理现状等方面的实际情况，并依据所掌握的实际情况，根据晟达公司的目标要求进行了出口基地内部物流能力测算，试图在此基础上进一步深入分析晟达公司出口基地内部物流系统存在的问题，以制订解决问题、提升物流系统能力、实现日产 2500 台冰箱的方案。

(1) 项目背景

从工程设计上看，出口基地的冰箱生产设备不完备，没有吸塑、喷涂等配套生产线，造成生产对物料的依赖性过强，理论上要求具有较强的内部物流能力，但是出口基地的内部物流设施(如仓库等)并没有跟上设计产能的要求。从物流管理和技术上看，仓库的设计不合理、物料摆放混乱，物料需求及报警信息传递不畅，造成物料供应不及时。目前，出口基地的总体物流能力仅能保障一条生产线满负荷生产，而另一条生产线不得不闲置。

出口基地的内部物流系统已成为其生产能力提升的瓶颈，生产与内部物流的矛盾日益凸显。为改变这种状况，需要对出口基地的内部物流进行深入调查，找出关键影响因素，充分利用现有物流设施，合理规划内部物流系统，使之达到与设计生产能力相匹配的目的。

为此，晟达公司邀请了管理咨询机构对其出口基地物流系统进行诊断咨询，希望通过提升出口基地物流系统能力，实现日产 2500 台冰箱的目的。

(2) 项目研究思路

根据晟达公司的要求，该管理咨询机构迅速组成了由物流专家尚教授为首的项目团队，通过与晟达公司有关方面的反复讨论，确定了该项目的主要咨询思路：第一，通过短期的访谈和现场参观，了解出口基地的需求，并根据需求制订项目安排和预期成果的总体计划；第二，针对出口基地内部物流的运输、仓储、配送、现场管理等关键环节，开展翔实的实地调研，收集数据；第三，根据收集的调研数据，按 2500 台/天的产能测算其内部物流能力，找出内部物流系统中的薄弱环节；第四，全面分析出口基地物流系统的现状，针对物流能力不足的环节提出相应的改进方案；第五，与晟达公司的相关人员讨论方案的可行性，吸取有益建议，进一步完善方案；第六，实施方案，在实施过程中，也可以对细节的不足之处加以讨论并修改。

(3) 出口基地内部物流现状

为制订切实可行的解决方案，尚教授带领项目团队，在晟达公司的协助下，对出口基地物流系统现状进行了比较系统的全面调研，调研结果整理如下：

① 内部物流系统现行管理模式

a. 物料的分类

(a) 按物料的来源分

按物料来源分为总厂生产线之间的调拨物料、看板送货物料、外协加工物料，见表 9-2。针对以上不同物料，分别考察物料的运输或调拨流程。

表 9-2 根据物料的来源分类

物料来源	物　料　名
总厂调拨	内胆、门胆、喷涂钣金件等
看板送货	门胆、内胆、果菜盒、抽屉、包装纸箱、包装泡塑件等
外协加工	侧帮、后盖板、喷涂梁、成品门、半成品门、门壳等

(b) 按物料占用的空间分

根据物料占用空间的大小分为重点物料和非重点物料。因为出口基地目前最大的问题是仓储空间不足，而冰箱生产所需的物料相当繁杂，如果对每一种物料都进行核查，势必造成调研和方案设计抓不住重点，而且工作量大，项目难以开展。重点核查的物料见表 9-3。

表 9-3 重点核查的物料

存放点	物　料　名
仓库	蒸发器、压缩机、冷凝器、底板、支架、后下梁、顶框、把手、饰条等
大棚	内胆、门胆、抽屉、果菜盒、包装纸箱、包装泡塑件等
生产现场	侧帮、后盖板、喷涂梁、成品门、半成品门、门壳等

b. 物料的仓储模式

目前，出口基地的物料仓储采用传统的仓库备货与 JIT 看板送货相结合的方式。设有代保管物料仓库和供外协看板送货商临时存放物料的大棚。另外，由于出口基地没有内胆、喷涂梁等自制件的加工能力，车间的生产现场也会用于存放一些特殊物料(主要是看板物料和自制件)。

(a) 仓库备货方式

晟达公司冰箱各生产线的仓储方式:一般物料的备货量是1～1.5天;有些小件物料或紧俏物料的备货量可达到0.5～1个月;还有些物料的备货量甚至更长,依靠大量备货来保障正常生产。

(b) JIT看板送货方式

对于看板送货的物料,外协供应商派专人驻留出口基地,负责物料的供应,保证生产线的需要。供应商一般每天会向生产现场配送当天需要的物料,而且为保障生产的正常运作,并降低运输成本,供应商会在大棚堆放比当日需求量多得多的物料。

(c) 生产现场存货方式

有些特殊物料(如喷涂件、成品的包装材料等)需要存放在生产现场,通常放置在该物料装配生产线附近的空地上,用工件箱和物料小车存放。但是,目前的存放方式没有规范,现场堆放比较杂乱。

c. 物料的运输流程

通常总部物料供应处会根据生产处的周主生产计划,向各供应商下达下周零部件需求计划,供应商考虑到以下原因,会先将物料运到总部入库:出口基地不具备检测能力的物料;总部也需要的物料,优先供应总部,全部送总部入库;由于运输成本的问题,供应商不愿意将物料直接送到出口基地。

因此,一部分物料需要从总部仓库调拨到出口基地,而另一部分物料则直接配送到出口基地。一般说来,一种物料送达出口基地可以有以下3种方式:

(a) 完全由总部调拨到出口基地

总部仓库统一安排,完全由总部调拨过来。从总部调拨的物料分为两类:一类是直接从总部的仓库向出口基地调拨;另一类从总部其他生产线(如1、2、3线,南线等)向出口基地调拨。

第一类物料首先存放在总部仓库,出口基地需要时,就与总部仓库联系,并由物料供应处负责运输到出口基地。

其信息处理过程是:通过“发邮件+打电话”的方式,向总部仓库发出调拨请求。若仓库有存货,就马上安排送货到出口基地;若仓库存货不够或没有,就马上回复出口基地,并通知采购员采购。

另一类物料(如部分胆、侧帮、喷涂梁、成型门壳等)一般由出口基地的生产调度员直接向加工单位、运输单位等发出日需求计划,物料供应处负责运输。

目前,总部共有6辆车向各生产线配货,每辆车每天最多可以运输4趟,大约有12趟是向出口基地运货。

配送路线如图 9-8 所示。

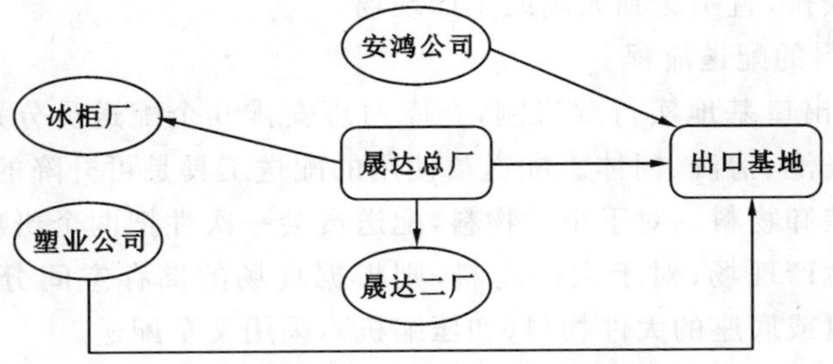

图 9-8 配送路线图

补货路线及方式说明：

安鸿公司提供板材给晟达总厂、二厂，由它们完成喷涂工序。由于安鸿公司在总厂附近，一般通过人工转运。

总厂、二厂完成内(门)胆的吸塑成型工序，生产出来的物料再由物料供应处运输到出口基地。

塑业公司到总厂，主要是运输抽屉。

冰柜厂仓库到安鸿公司，主要是运输塑料粒子。

(b) 一部分由总部调拨，另一部分直接送达出口基地

大件物料为避免重复搬运，经过检验以后直接送到出口基地。此外，某些时候为满足生产的急需，不等物料入库就直接送达出口基地。物料中转过多是不符合物流优化原理的，出现这种现象的原因是出口基地的物流尚未规范。待出口基地的物流管理逐渐规范，就会有越来越多种类的物料直接配送到出口基地。

(c) 看板送货

目前，出口基地由 5 个看板供应商负责物料的送货。物料种类有：泡塑件(侧条、盖板、底座)，包装箱，盖板；打包带；钢化玻璃搁架类、门封条；钢丝搁架类；塑料件(如瓶框、果菜盒、抽屉等)。

目前，看板送货的供应商也存在以下两类情况：

第一类是属于晟达集团的看板供应商。

目前，只有塑业公司属于这类供应商。它们生产的抽屉、果菜盒、瓶框等，先由出口基地向物料供应处报需求计划，再由物料供应处与塑业公司联系安排送货，物料供应处负责运输。这类看板送货物料只有结算采用看板方式，而运输和配送等其他方面则与生产线之间的物料调拨相同。

第二类是独立于晟达集团的看板供应商。

这类看板供应商派有跟线员驻扎生产线，当跟线员发现生产线上的物

料满足不了当天的生产需要时,就会通知自家供应商送货。补货车辆由供应商自行安排,直接送到大棚或生产现场。

d. 物料的配送流程

目前,出口基地实行双班制,仓库白班安排 6 个配送员分别配送总装线、预装、发泡、清洗、门体。配送员使用的配送工具是可升降的平板拖车,采用人工装卸物料。对于小件物料,配送员会一次性把两个班次的需求物料配送到生产现场;对于大件物料,则根据现场的储存空间分多次配送。对于有托盘或底座的大件物料(如压缩机),采用叉车配送。

e. 主要物料的运输与配送

(a) 内胆

一部分由总部生产线供应,每天一般送 2～4 车,保证 1.5 天的生产需要。通常将同种型号的内胆一个个嵌套起来,按 3 层叠加堆积存放,无包装保护。

另一部分由供应商提供,内胆装在纸箱内。内胆拆箱后,则直接送到生产线,不存放大棚,纸箱由供应商回收再利用。

(b) 门胆

一部分由总部供应,保证 1.5 天的生产需要。由于门胆是平面的,所以空间占用少,一般可累积堆放 3 层,无包装保护。

另一部分由供应商提供,门胆装在塑料袋内密封包装,部分放在大棚,部分直接送到生产线。

一般来说,每天上午把 1.5 天生产需要的物料配送到出口基地的仓库或生产现场。

(c) 喷涂钣金件

喷涂件都是由总部调拨,总部每天白班安排生产,每天下午 6 点以后往出口基地运送物料,在第二天凌晨 4 点以前运送完。按第二天需求量的 1.5 倍左右备足物料。

喷涂梁用报纸包好放在工件箱内;侧帮成对放在中转小车的单元格内;后背板一般以 3～4 个为一组放在中转小车的单元格内。

(d) 冷冻蒸发器

蒸发器的配送比较特殊,由于蒸发器的用量大、占地面积大,因此,每个班次都需要有一个专门的配送员不断向生产现场补货。冷冻蒸发器一般采用 2 个/件的纸箱包装,在配送到生产现场之前,需要把包装拆开,按照 12 个/层放在木托盘上,层与层之间用纸箱板隔开。冷藏蒸发器也采用纸箱包装,每箱有 30～90 个不等,由配送员送到生产现场,再由生产人员拆开包装。

f. 出口基地报警信息处理

当仓库配送员发现某种物料的库存量已经不能满足1天的生产需要时，会将这种信息反馈给出口基地仓库库管员，库管员根据物料的补货形式进行处理：

(a) 专用件

直接向采购员发补货信息。

(b) 总部通用物料

先向总部发出调拨信息，总部库管员核查仓库的物料数量，如果物料充足，就把该物料配送到出口基地；如果该物料短缺，总部库管员一方面立即把缺货信息反馈给出口基地库管员，另一方面要平衡其他生产线的情况，配送一定量的物料到出口基地，同时把缺货信息反馈给物料供应处。其流程如图9-9所示。

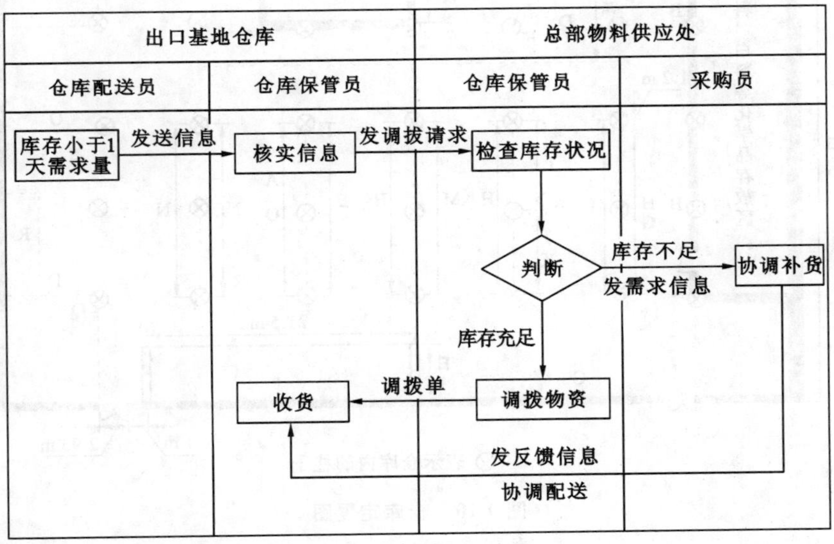

图9-9 通用物料报警信息处理流程图

② 物流设施

a. 仓储设施

仓储设施是属于仓库的有形资材，为仓储作业提供物质基础，具体包括：建筑物，如仓库、大棚、通道等；储物设施，如货架、货柜、箱子等；搬运工具，如叉车、拖车、传送带等；集装器具，如托盘、盒子、桶、斗等。

根据仓库、大棚当天的实际情况，以及被考察对象的实际尺寸（如对某个装货纸箱的体积测量），项目组记录了装满货物时的实际尺寸，而不是纸箱上标注的标准尺寸。详细情况如下：

(a) 仓库

出口基地的仓库主要用于存储代保管物料，仓库的总面积为 2433.6 m^2，实际可用面积为：$2433.6-60.84\times8.5-4\times21.5=1830.56$ m^2（包括柱子），每个柱子横截面面积为 0.3025 m^2。总的库存状态是：左边（即仓库西边）为塑料件和蒸发器等，右边为电器件和金属件等。仓库的平面定置情况如图 9-10 所示（调研时间：××××年××月××日下午）。图 9-10 中标注了仓库内货架的摆放位置和不同物料的堆放位置，以及某些设施的面积占有情况。

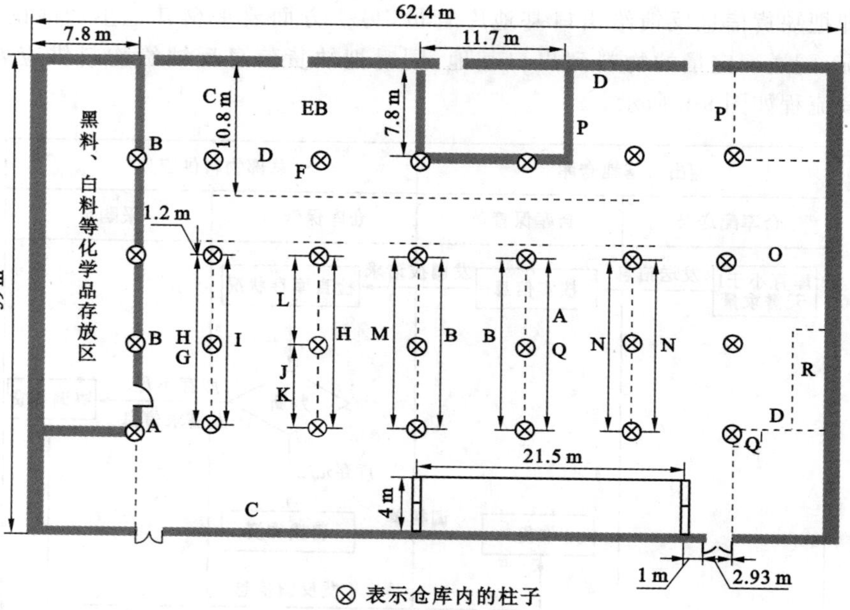

图 9-10 仓库定置图

图注：

A—小门合页、小塑料件：铁架 5 层，600 mm×1800 mm，4 盒/层；B—冷冻室蒸发器总成：2 只/盒，600 mm×420 mm×330 mm；C—顶框：10 只/盒，530 mm×335 mm×545 mm；D—冷藏蒸发器总成：1540 mm×530 mm×210 mm，30 只/盒；E—蒸发器组装：1460 mm×450 mm×400 mm，6 只/盒；F—冷凝器：50 根/盒；冷凝器弯管：2000 mm×450 mm×250 mm，100 只/盒；G—温控器；H—胶带、顶板、水管接头、灯盒等塑料制品，3 层；I—水管接头、防凝管护套等；J—把手：60、140、160、350（只/盒），525 mm×350 mm×310 mm；K—饰条：90 只/盒，525 mm×350 mm×310 mm；L—加热器；M—温控盒、冷藏灯盒、灯罩；N—机器底板、支架，3 件/层；O—压缩机：80 台/件，1120 mm×870 mm×1150 mm；P—粘胶海绵类：750 mm×60 mm×420 mm；Q—上下梁；R—待用货架：占用面积 24m^2，货架：4 个/排，3500 mm×1000 mm×1000 mm×3 层

（b）大棚

大棚主要用于存储供应商看板送货物料和生产线上物料（如内胆、门胆、侧帮等）。由于物料的存储空间不足，出口基地先后修建了两个大棚，并将其分为一号大棚（位于车间的东南侧）和二号大棚（位于车间的西侧）。一号大棚的定置情况如图 9-11 所示。

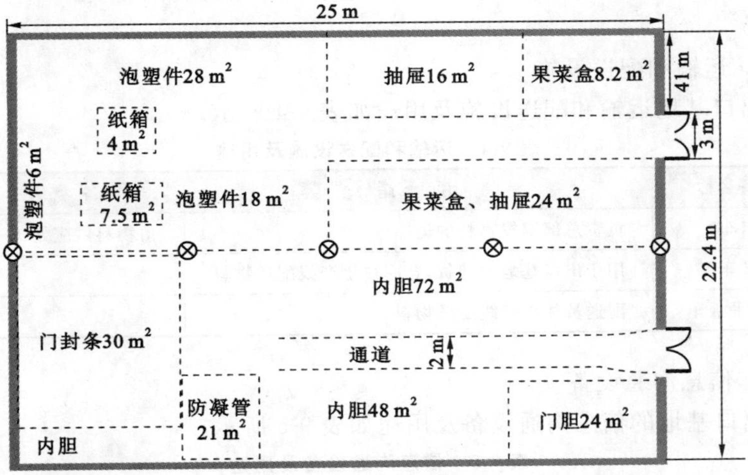

图 9-11　一号大棚定置图

图注：

大棚南侧存放的物品：内胆、门封条（临时堆放）、门胆、防凝管（平摊，临时堆放）

内胆（以下单位为 mm）：

109 冷藏：叠放长度：450×680×1080/9；单个：450×680×375

109 冷冻：叠放长度：445×370×1300/9；单个：445×370×350

18 冷藏：叠放长度：560×490×1330/9；单个：560×490×430

18 冷冻：叠放长度：690×500×1480/9；单个：690×500×430

门胆：10 个/包，750×490×190；

防凝管放置小车：1500×3000

门封条小车：1200×500×2 层，50 套/车

大棚北侧堆放物品有：果菜盒、抽屉、包装用品（纸箱、泡塑件）

果菜盒：堆放 6～8 层，4 件/箱，体积：600×370×470

冷冻抽屉：中抽屉：4 件/箱，600×410×410；上抽屉：8 件/箱，470×420×405；下抽屉：4 件/箱，470×420×390

其中抽屉包装上已经注明，最高堆码层数为 8 层。

二号大棚于当年 4 月 18 日投入使用，目前用于存放内胆和临时堆放报废成品门。其大体定置情况如图 9-12 所示。

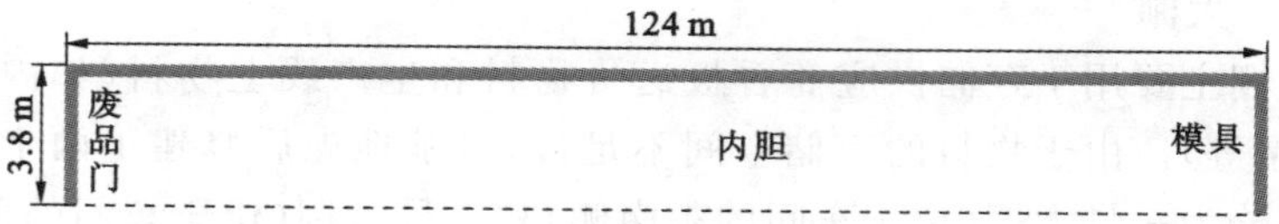

图 9-12　二号大棚定置图

图注:二号大棚平均高度为 3.2 m,主要用来存放内胆、侧帮、模具。

b. 运输和配送设施

出口基地运输和配送设施及用途如表 9-4 所示。

表 9-4　运输和配送设施及用途

设备名称	用　　途	备　　注
卡车	负责总部调拨物料的运输	由物料供应处统一安排
叉车	用于出口基地的卸货,仓库往生产线配送物料	
液压平板车	配送员往生产线配送物料	

c. 信息沟通设备

出口基地的信息沟通设备及用途如表 9-5 所示。

表 9-5　信息沟通设备及用途

设备名称	用　　途	备　　注
办公自动化系统	通过工作邮箱、公告栏等传递工作信息	
电话、手机等	工作信息的及时传递、报警信息的催办等	
Internet	信息的远程传递	

③ 生产现场管理

a. 现场的定置

生产现场是从事产品生产、制造或提供生产服务的场所,既包括生产前方各基本生产车间的作业场所,又包括生产后方辅助生产部门的作业场所,如库房、实验室等。生产现场集中着工厂主要的人力、物力、财力。

生产现场物料的流动性很大,项目组考察其定置情况如图 9-13 所示。

b. 现场的管理

目前,车间现场没有划分每一种物料的定置区域,配送员只需把物料放在现场的某个大概位置就可以了。物料包装箱一般由操作人员负责拆开,车间现场的清扫、整理等工作也由操作人员负责完成。出口基地的线长每天检查现场的管理情况,每个工位的班组长对该工位的现场管理负主要责任。用完的物料箱、废纸箱由配送员负责回收,放在现场以外的指定地点。

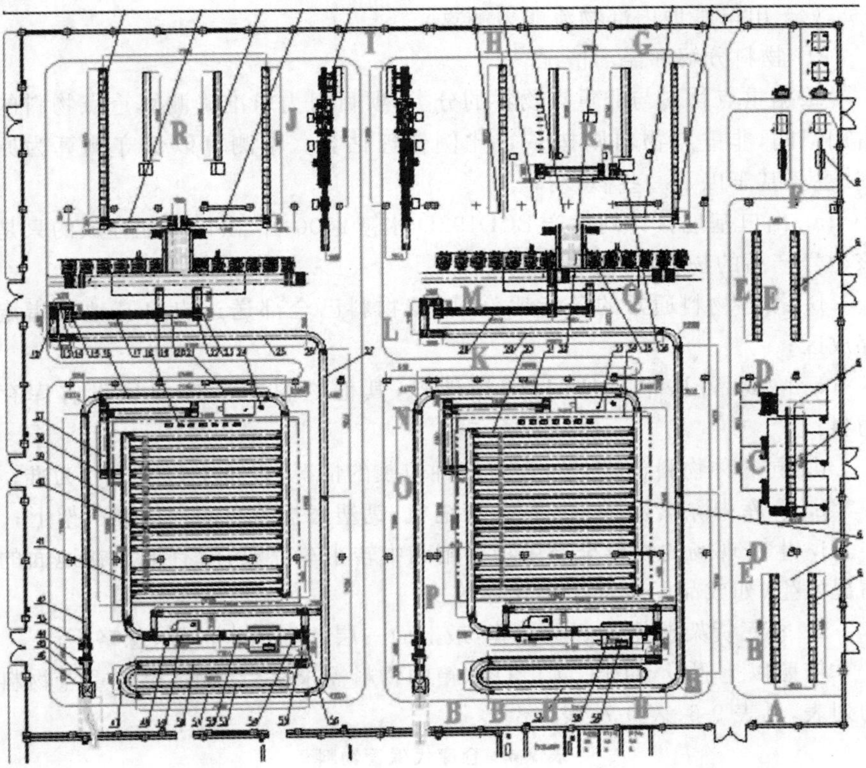

图 9-13 生产现场定置图

图注：

A—二等品门(直接堆放在地上)；

B—成品门(部分用小车堆放，部分直接贴墙堆放在地面)；

C—门胆、门封条(门胆直接堆放，门封条由小车堆放)；

D—门壳(门壳预装小车，2.36 m×0.57 m，16 或 25 个/层，2 层/车)；

E—半成品门(即发泡门体，小车堆放，1.80 m×0.60 m，20 个/车)；

F—侧帮、后盖板(小车堆放，1.90 m×0.57 m，2 层/车)；

G—支架、胶带；

H—冷藏蒸发器总成、冷凝弯管；

I—侧帮(直接堆放在地面，2 m×0.57 m/25 付)；

J—左右支架、上下梁(用物料箱放置)；

K—压缩机(托盘)；

L—包装箱底板(堆积，10 个/包)；

M—压缩机底板(托盘)；

N—玻璃隔板(铁柜，1.09 m×0.44 m×0.7 m，100 件/柜)；

O—抽屉、果菜盒(未拆包装)；

P—包装纸箱、泡塑件；

Q—内胆(直接堆放)；

R—冷冻蒸发器(部分用货架，部分直接堆放)

(4) 出口基地内部物流能力测算

① 物料分解和需求情况

根据重点物料与非重点物料的分类,项目组力求准确测算重点物料的占用空间,非重点物料则按一定比例合理估算。本测算以保守测算为原则,主要基于以下一些假设:

a. 出口基地日计划生产 BCD192D 冰箱 2500 台,出口基地存放的只是该型号产品的物料;

b. 按各物料通常的备货比例,所需物料已全部送达出口基地的指定存放区;

c. 除成品门、半成品门、喷涂件外,其他物料在生产现场没有库存物料;

d. 同一种物料(如饰条)存在多种包装的情况,以折中包装尺寸为准;

e. 仓库中除蒸发器、冷凝器、压缩机、钙塑底板外全部存放在货架上;

f. 生产现场的物料全部用物料箱和中转小车存放,没有堆放在地面的情况发生(如成品门全部用小车存放);

g. 仓库货架按使用 3 层计算,最上面一层的利用率很低,忽略不计。

依照以上假设,对 BCD192D 冰箱的物料需求进行分解,得到重点物料的列表,见表 9-6、表 9-7、表 9-8。

表 9-6　仓库代保管物料

物品分类	物品名称	单位需求数量	每天需求数量	库存比例
压缩机		1	2500	3
冷凝器	左冷凝器	1	2500	1.5
	右冷凝器	1	2500	1.5
蒸发器	冷冻蒸发器总成	1	2500	1.5
	冷藏蒸发器总成	1	2500	1.5
底板	钙塑底板	1	2500	1.5
	压缩机底板	1	2500	1.5
支架	左支架	1	2500	1.5
	右支架	1	2500	1.5
顶框		1	2500	1.5
把手	冷藏门把手	1	2500	2
	冷冻门把手	1	2500	2
饰条		3	7500	2

注:表中的库存比例表示当日备多少天的物料。

表 9-7 大棚存放物料

物品分类	物品名称	单位需求数量	每天需求数量	库存比例
内胆	冷藏内胆	1	2500	1.3
	冷冻内胆	1	2500	1.3
门胆	冷藏门胆	1	2500	1.3
	冷冻门胆	1	2500	1.3
抽屉	冷冻室上抽屉	1	2500	1.5
	冷冻室中抽屉	1	2500	1.5
	冷冻室下抽屉	1	2500	1.5
果菜盒		1	2500	1.5
包装泡塑件	包装底座	1	2500	1.5
	门保护板	1	2500	1.5
	包装盖板	1	2500	1.5
包装纸箱		1	2500	1.5

表 9-8 生产现场存放物料

物品分类	物品名称	单位需求数量	每天需求数量	库存比例
侧帮		2	5000	2
后盖板		1	2500	2
梁	上前梁	1	2500	1.3
	中梁	1	2500	1.3
	下梁	1	2500	1.3
成品门		2	5000	1
半成品门	发泡后门体	2	1250	1
	预装塑料件门壳	2	1250	1
	冲压后的门壳	2	1250	1
	门壳	2	1250	2

② 仓库和大棚的需求情况

a. 仓库

仓库代保管物料见表 9-9。

表 9-9 仓库代保管物料

物品分类	物品名称	总需求数量	理论占用面积	4 月 18 日实际面积
压缩机		7500	50.75 m^2	38 m^2
冷凝器	左冷凝器	3750	37.5 m^2	45 m^2
	右冷凝器	3750	37.5 m^2	45 m^2
蒸发器	冷冻蒸发器总成	3750	262.5 m^2	144.5 m^2+24 U
	冷藏蒸发器总成	3750	56.68 m^2	30 m^2
底板	钙塑底板	3750	14.58 m^2	7 m^2
	压缩机底板	3750	9.5 U	10 m^2+24 U
支架	左支架	3750	14.9U	
	右支架	3750	14.9U	
顶框		3750	13.9U	8U
把手	冷藏门把手	5000	2.8 U	2 U
	冷冻门把手	5000	3.5 U	3 U
饰条		15000	4.7 U	3 U
小塑料件			45 U	115 m^2+24 U
其他			16 U	7 m^2+32 U
总计			528.4 m^2+125.2 U	442 m^2+100 U

注:"U"代表单位货架,一单位货架相当于 3.5 m(长)×1 m(宽)×1 m(高)的货架空间。

仓库测算结果分析:

仓库有 120 U,除货架外的使用面积为 560 m^2。就某个时段而言(如××××年××月××日),实际的仓库货架的利用率为 83.3%,使用面积利用率为 78.9%。除此之外,由于每天不断消耗,但没有随时补货,导致库存堆放层数达不到理论堆放的层数。

如果考虑仓库动态变化中的实际占用空间,则将需要占用 670 m^2+150.3 U;如果再考虑堆放层数的影响,则其占用空间更大。

因此,仓库的物流能力不能满足设计生产能力的需要。

b. 大棚

大棚的物料存放情况见表 9-10。

表 9-10 大棚存放物料

物品分类	物品名称	总需求数量	理论占用面积(m^2)	××××年××月××日实际面积(m^2)
内胆	冷藏内胆	3250	118.7	120
	冷冻内胆	3250	158.7	

续表 9-10

物品分类	物品名称	总需求数量	理论占用面积(m^2)	××××年××月××日实际面积(m^2)
门胆	冷藏门胆	3250	10.1	24
	冷冻门胆	3250	10.1	
抽屉	冷冻室上抽屉	3750	11.6	40
	冷冻室中抽屉	3750	28.9	
	冷冻室下抽屉	3750	23.2	
果菜盒		4450	39.3	16
包装泡塑件	包装底座	3750	104	46
	门保护板	3750		
	包装盖板	3750		
包装纸箱		3750	78.125	11.2
其他			87	51
总计			713.8	308.2

大棚测算结果分析:

按照现在的堆放方式,考虑到物品堆放时的间隙,在每种单位物料之间保证 20 cm 的空隙。

内胆是大棚里占用面积比较多的物料,由于其形状的特殊性,一般是叠加堆放,根据项目组在大棚现场的观察,一般是 9 个内胆为一组,堆放 3 层。由于 182 的内胆体积比较大,产量比较高,由此,项目组按照 182 的冷藏和冷冻内胆的体积来估算。

根据看板送货商提供的数据,果菜盒在保证 1.5 天生产需要的基础上还要多放 700 套在大棚。果菜盒的包装上面标示最高可以堆放 8 层,大棚高度足够。但是目前,一般是堆放 6 层,所以在计算时只按照 6 层来堆放。

1 号大棚总面积为 25×22.4(m^2),除开通道 3×25(m^2),以及中间柱子所占用的面积 0.2×25(m^2),1 号大棚的总面积为 400 m^2;另外,2 号大棚长 124 m,宽 3.8 m,除开柱子所占用面积以及其他不方便因素,总的可利用面积为 420 m^2。综上所述,大棚总的可利用面积为 820 m^2。在供货以及配送及时的情况下,生产 2500 台冰箱需要的大棚周转面积为 733.95 m^2,小于大棚可使用面积。如果大棚仅用于存放以上物料,按理论的规则堆放,除满足这些物料的存储需要外,还能有 86.05 m^2 的剩余。大棚存放空间示意图如图 9-14 所示。

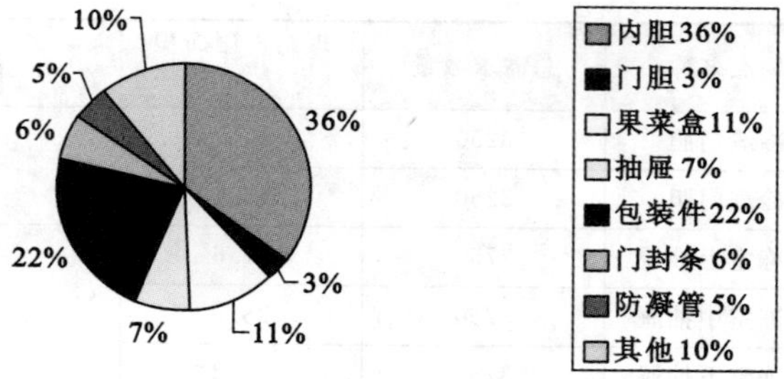

图 9-14 大棚存放空间示意图

③ 生产现场的需求情况

生产现场存放物料情况如表 9-11 所示。

表 9-11 生产现场存放物料

物品分类	物品名称	总需求数量	理论占用面积(m²)	可用面积(m²)	××××年××月××日实际面积(m²)
侧帮		10000	120.4	90	51.328
后盖板		5000	60.2	120	20
梁	上前梁	3250	4.6	20	32
	中梁	3250	4.6		
	下梁	3250	4.6		
成品门		5000	325	126	51.6
半成品门	发泡后门体	1250	75	60	32
	预装塑料件门壳	1250	74.8	75	35
	冲压后的门壳	1250	18.3	40	15
	门壳	2500	36.5	52	73.9
总计			727	583	310.8

生产现场测算结果分析:

由于目前生产现场没有设置物料的定置存放区域,现场物料堆放比较随意。出口基地正在着手开展5S管理,即将划定定置区。对于从仓库运到现场的代保管物料,通过加大配送次数,完全可以满足生产需要。而对于必须存放在生产现场的物料,则应考查现场的存放能力。生产现场的"可用面积"是基于现在的存放区域经过规则化后得到的。在生产现场,成品门的存放则能力存在较大的不足,其他物料的存放基本能够满足需要。

分析与讨论:

(1) 根据案例中所提供的背景资料,晟达公司出口基地内部物流系统存在的主要问题有哪些？

(2) 对项目组所提出的研究思路和所做的调研工作，你有怎样的评价？

(3) 如果你是尚教授，你将怎样开展下步工作？

(4) 如果你是尚教授，你打算提交的改善方案将包括哪些主要内容？

本章小结

本章首先介绍了运营咨询与诊断的领域、工具、注意事项及运营咨询的各阶段；描述了现场管理及现场改善的概念，阐述了7S管理的含义及推进步骤，定置管理的概念、原理及考核；给出了设备维修管理和全面生产维修TPM的含义、观念、活动内容，并介绍了TPM活动的推进方法；阐述了业务流程再造的概念，业务流程改善的概念，BPR/BPI的分类、组织结构、基本规则、推行技巧、知识以及BPR/BPI成功实施的关键。

本章思考题

(1) 什么是运营咨询？运营咨询与诊断过程中应注意哪些事项？

(2) 运营咨询与诊断划分为哪几个阶段？各阶段的任务是什么？

(3) 简述运营咨询与诊断的工具。

(4) 创新与改善的区别是什么？

(5) 简述7S的含义和作用。

(6) 简述定置管理的原理。

(7) 目视管理是怎样分类的？

(8) 建筑设备的磨损规律和故障率曲线是什么？

(9) TPM的观念是什么？

(10) 简述TPM的内容。

(11) BPR与BPI的区别是什么？

(12) 简述BPR的推进技巧。

参考文献

[1] RICHARD B CHASE,NICHOLAS J AQUILANO,F ROBERT JACOBS. Operation management for competitive advantage [M]. 10th ed. New York: McGraw-Hill,2004.

[2] WILLIAM J STEVENSON. Operation management [M]. 9th ed. New York: McGraw-Hillwin,2007.

[3] JOEL D WISNER,G KEONG LEONG,KEAH CHOON TAN. Principles of supply chain management: a balanced approach[M]. Mason: Thomson South-Western,2005.

[4] JAMES A FITZSIMMONS,MONA J FITZSIMMONS. Service management: Operation,strategy,information,technology[M]. 5th ed. New York: McGraw-Hill,2006.

[5] CHRISTOPHER M. Logistics and supply chain management: Strategies for reducing costs and improving services. London: Pitman/Financial Times,1992.

[6] 张仁侠.生产与作业管理.北京:中国财政经济出版社,2007.

[7] 陈荣秋,马士华.生产与运作管理.3版.北京:机械工业出版社,2009.

[8] FORRESTER J W. Industrial dynamics. Cambridge: Massachusetts. The MIT Press,1961.

[9] STEVENS J. Integrating the supply chain. International Journal of Physical Distribution and Materials Management,1989,19(8):3-8.

[10] 马士华,林勇,陈志祥.供应链管理,北京:机械工业出版社,2000.

[11] 物流术语. GB/T 18354. http://www.cqvip.com,2007-4-15.

[12] HOULIHAN J. Supply chain management. Proceedings of the 19th International Technical Conference of the British Production and Inventory Control Society,1984:101-110.

[13] 路应金,江黎黎,唐小娥.集成化供应链评价方法研究.电子科技大学学报,2004,33(2):197-199.

[14] BEAMON B M. Performance measures in supply chain management. Proceedings of the Conference on Agile and Intelligent Manufacturing Systems. New York: Rensselaer Polytechnic Institute,1996.

[15] 李阿勇.洞悉KPI.天津经济,2003(4):51-53.

[16] 吕嵘,冉宾.拒绝短板——平衡计分卡战略实施.北京:中国发展出版社,2005.

[17] SCOR 8.0 Overview. http://www.supply-chain.org/,2008.

[18] AMR Research(AMR). http://www.amrresearch.com/,2008.

[19] KAPLAN R S,NORTON D P. The strategy-focused organization. Harvard Business School Press,2000:92.

[20] KAPLAN R S,NORTON D P. The balanced scorecard-measures that drive performance. Harvard Business Review,1992(1-2):71-79.

[21] BREWER P C,SPEH T W. Using the balanced scorecard to measure supply chain performance. Journal of Business Logistics,2000,21(1):75-93.

[22] Pittiglio Rabin Todd & Mcgrath (PRTM). http://www. prtm. com,2002-12-01.

[23] [美]理查德·B. 蔡斯,等. 运营管理. 11 版. 任建标,等,译. 北京:机械工业出版社,2007.

[24] [美]克利福德·格雷,埃里克·拉森著. 项目管理教程. 徐涛,张扬,译. 北京:人民邮电出版社,2005.

[25] [美]詹姆斯·B. 迪尔沃思. 运作管理. 肖勇波,刘晓玲,译. 北京:中信出版社,2006.

[26] 陈荣秋,马士华. 生产运作管理. 2 版. 北京:机械工业出版社,2006.

[27] 陈心德,吴忠. 生产运营管理. 北京:清华大学出版社,2005.

[28] 骆珣,等. 项目管理教程. 北京:机械工业出版社,2006.

[29] 左美云,周彬. 实用项目管理与图解. 北京:清华大学出版社,2002.

[30] [美]曼特尔,等. 项目管理实践. 魏青江,译. 北京:电子工业出版社,2007.

[31] CARES J. Distributed network war[M]. Beijing:Beijing Post University Press,2005.

[32] SETHI S P,ZHANG Q. Introduction to the special issue on optimal control application to management sciences. Automatica,2006,42(8):1241-1244.

[33] TOWILL D R,ZHOU L,DISNEY S M. Reducing the bullwhip effect:Looking through the appropriate lens. Int J of Production Economics,2007,108(3):444-453.

[34] 刘丽文. 生产与运作管理. 3 版. 北京:清华大学出版社,2009.

[35] 刘光庭. 质量管理. 北京:清华大学出版社,1986.

[36] [日]石川馨. 日本的品质管理. 日本:日科技连,1984.

[37] [美]米兰·库布尔. 管理咨询专业指南. 4 版. 中国国际工程咨询公司,译. 北京:学苑出版社,2006.

[38] 后东升. 制造业生产现场管理课程[M]. 北京:中华工商联合出版社,2006.

[39] [日]今井正明. 现场改善——低成本的管理方法. 华经,译. 北京:机械工业出版社,2010.